UN COUPABLE PRESQUE PARFAIT

DU MÊME AUTEUR

Romans et récits

MONSIEUR TAC, Sagittaire, 1976 ; Folio Gallimard, 1992.
LUNE DE FIEL, « Fiction et Cie », Seuil, 1981 ; Points Roman n° 75.
PARIAS, « Fiction et Cie », Seuil, 1985 ; Points Roman n° 270.
LE PALAIS DES CLAQUES, Points-Virgule, Seuil, 1986.
LE DIVIN ENFANT, Seuil, 1992 ; Points Roman, 1994.
LES VOLEURS DE BEAUTÉ, Grasset, 1997 (prix Renaudot) ; Le Livre de Poche, 2008.
LES OGRES ANONYMES, Grasset, 1998 ; Le Livre de Poche, 2001.
L'AMOUR DU PROCHAIN, Grasset, 2005 ; Le Livre de Poche, 2007.
MON PETIT MARI, Grasset, 2007 ; Le Livre de Poche, 2009.
LA MAISON DES ANGES, Grasset, 2013 ; Le Livre de Poche, 2014.
UN BON FILS, Grasset, 2014 ; Le Livre de Poche, 2015.
UN AN ET UN JOUR, Grasset, 2018.

Essais théoriques et critiques

LE NOUVEAU DÉSORDRE AMOUREUX (en collaboration avec Alain Finkielkraut), « Fiction et Cie », Seuil, 1977 ; Points Actuels, 1981.
AU COIN DE LA RUE, L'AVENTURE (en collaboration avec Alain Finkielkraut), « Fiction et Cie », Seuil, 1979 ; Points Actuels, 1981.

(suite en fin d'ouvrage)

PASCAL BRUCKNER
de l'académie Goncourt

UN COUPABLE PRESQUE PARFAIT

La construction du bouc émissaire blanc

BERNARD GRASSET
PARIS

Photo de couverture : Getty Images / EyeEm

ISBN 978-2-246-82643-9

« La glorification d'une race et le dénigrement corollaire d'une autre ou d'autres a toujours été et sera toujours une recette de meurtre (...). Quiconque avilit les autres s'avilit soi-même. »

James BALDWIN, *La prochaine fois, le feu*

À Rihanna, ma Tutsie du Thalys

PRÉAMBULE

En septembre 1909, Sigmund Freud est invité aux États-Unis pour donner une série de conférences à la Clark University. C'est alors qu'il fait à ses disciples, Carl Jung et Sándor Ferenczi, cette confidence devenue célèbre : « Ils ne savent pas que nous leur apportons la peste. » Un siècle plus tard, ce sont les États-Unis qui nous renvoient une autre peste : la tribalisation du monde, l'obsession raciale, le cauchemar identitaire. Mais c'est une peste à laquelle nous, Français, avons largement contribué dans les années 1970 en exportant outre-Atlantique nos philosophes les plus en pointe dans la démolition de l'humanisme et des Lumières. Nous avons fourni le virus, ils nous renvoient la maladie. Le boomerang est anglo-saxon, la main qui l'a lancé est française. L'Amérique a toujours allié le plus grand pouvoir de séduction au plus grand pouvoir de répulsion. Si elle préfigure l'avenir du monde occidental, le nôtre est sombre. Et le sien plus encore.

INTRODUCTION

Un mauvais remake

Dans un essai présenté en 2018 au magazine *Sociology of Race and Ethnicity*, des universitaires américains, inquiets de l'effondrement du débat intellectuel aux États-Unis, proposent aux rédacteurs des morceaux choisis de *Mein Kampf* en remplaçant « Juifs » par « Blancs ». Le papier est finalement refusé mais non sans recevoir les éloges de plusieurs universitaires qui prennent l'étude au premier degré : « Cet article a le potentiel pour devenir une contribution forte et singulière à la littérature traitant des mécanismes qui renforcent l'adhésion à des perspectives suprémacistes blanches. » Les trois auteurs, Peter Boghossian, James Lindsay et Helen Pluckrose, s'étaient déjà fait connaître par d'autres canulars dont plusieurs avaient été acceptés dans des revues de haut niveau : l'un sur « la culture du viol chez les chiens dans les parcs canins de Portland (Oregon) », un autre en 2017 soutenant que le pénis est une construction sociale et qu'il est responsable, entre autres choses, du réchauffement climatique. Ces chercheurs ont été menacés de renvoi par leurs universités et accusés de faire le jeu de la droite.

Une contamination foudroyante

Que nous disent ces études extravagantes ? Beaucoup sur la dégradation des mœurs universitaires nord-américaines et plus encore sur une mentalité qui est en train de gagner l'Europe. Un exemple parmi d'autres en France : un documentaire vidéo mis en ligne sur le site de France Culture en novembre 2019 explique que la couleur immaculée des sculptures grecques est « le résultat de deux mille ans d'une histoire réactionnaire ». On nous a menti : « Non, les statues grecques n'étaient pas blanches mais de toutes les couleurs. L'Histoire nous l'a caché pour promouvoir le blanc comme idéal d'un Occident fantasmé contre les couleurs, symboles d'altérité et de métissage. » Même si cette pastille a été retirée ensuite, il n'en reste pas moins, selon l'archéologue Philippe Jockey qui supervisait le documentaire, que cette polychromie a été dissimulée au public pour des raisons politiques : « Employons les grands mots : en effet c'est un rejet de l'Autre que l'on voit apparaître dès les premiers textes de Pline l'Ancien jusqu'aux pires excès de la Seconde Guerre mondiale. » Diable : voilà Pline l'Ancien campé en ancêtre du chancelier Adolf Hitler. Philippe Jockey est peut-être un archéologue compétent mais un piètre historien. Oui, la statuaire grecque est polychrome : mais ces notions qu'il agite comme des hochets sont des constructions rétrospectives apparues récemment et qu'il plaque sur la Grèce ancienne. Ni « l'Occident », ni « l'Autre » et encore moins « le métissage » n'avaient la moindre pertinence conceptuelle au moment de la statuaire grecque et c'est un contresens que de les utiliser. Rappelons que le concept de « race » n'existait pas chez les Grecs anciens (c'est une invention du XIXe siècle, période à laquelle des auteurs allemands s'emparèrent de la civilisation hellénique pour en faire l'ancêtre du pangermanisme) : ni les Grecs ni les Romains « ne voient un opprobre dans la couleur de la peau ». « Les Anciens ignoraient entièrement la discrimination raciale », la société grecque ne faisait aucune distinction fondée sur la couleur[1] et pour Aristote, la différence blanc/noir est purement accidentelle et non essentielle[2]. La plupart des esclaves des Grecs, eux-mêmes basanés, étaient blancs[3].

Mais l'usage de cette épithète « blanche » se répand comme traînée de poudre. Émettez-vous des doutes sur les propos de l'enfant star Greta Thunberg ? Vous

---

1. Frank M. Snowden Jr., cité in Christian Delacampagne, *Une histoire du racisme*, préface de Laure Adler, Livre de Poche / France Culture, 2000, p. 33 : « Des mariages entre Grecs et Noirs se produisent à l'époque hellénistique et les unions mixtes se multiplient à Rome sans que ce phénomène ne soulève de réprobation. D'un point de vue esthétique, l'homme noir exerce une véritable attirance sur les artistes gréco-romains, toujours en quête d'exotisme. D'un point de vue religieux, enfin, l'Éthiopie (…) constitue une terre sacrée (Homère déjà y situait les banquets des divinités olympiennes) tandis que l'image du Noir est parfois utilisée comme amulette ou comme gage de fécondité – sans doute par allusion à la couleur noire du limon fertilisateur. » Les Grecs n'étaient pas sensibles à la couleur de peau mais au statut social.

2. Frank M. Snowden Jr., *Blacks in Antiquity, Ethiopians in the Greco-Roman experience*, Belknap Press, 1970.

3. Catherine Coquery-Vidrovitch, « Le postulat de la supériorité blanche et de l'infériorité noire », in Marc Ferro, *Le Livre noir du colonialisme*, p. 864 sqq, Hachette, 2003.

voilà traité d'« adophobe » et de « vieux mâle occidental blanc », telle une procession de péjoratifs. Quel rapport avec la militante du climat ? Aucun ! Si un intellectuel africain critiquait la jeune Suédoise, le traiterait-on de vieux mâle noir ? Voyez encore ce qu'écrit le collapsologue Aurélien Barrau à propos de la cause animale : « Ce qui me semble vital aujourd'hui c'est, pour dire comme Jacques Derrida, la déconstruction du "carnophallologocentrisme", c'est-à-dire la remise en cause de cette terrible hégémonie de l'homme (blanc, faudrait-il ajouter), en érection (parce qu'il assujettit l'autre à son désir propre) et mangeur de viande (comme image archétypale de l'instrumentalisation des vivants non humains)[1]. » Quant au « privilège blanc » typique d'une problématique nord-américaine, il est entré dans le langage courant en juin 2020 après l'énorme retentissement qu'a eu en France et ailleurs l'affaire George Floyd, même si la notion n'a que peu de pertinence dans l'Hexagone[2].

1. A. Barrau, « Le combat animalier est frère des combats d'émancipation » (entretien publié sur le site de la revue *Ballast*, 2 septembre 2015).

2. Voir notamment Corinne Narassiguin, « Le privilège blanc, cette ineptie dangereuse », *Le Monde*, 9 juin 2020. L'auteure, secrétaire nationale à la coordination du Parti socialiste, s'insurge contre la confusion entre la lutte contre le racisme et la culpabilisation d'une partie de la population en dehors de toute réflexion sociale ou économique.

Le criminel par excellence

L'Occident a tous les titres pour faire un coupable idéal. Outre-Atlantique, il a fondé une nation nouvelle sur l'extermination des Indiens, l'esclavage des Africains et la ségrégation des Noirs. Quant à l'Europe, elle doit porter le poids de quatre siècles de colonialisme, d'impérialisme et d'esclavage même si ce sont des nations européennes qui ont plaidé les premières pour leur abolition. Ce qui fait du monde occidental le bouc émissaire par excellence, c'est d'abord qu'il reconnaît ses crimes, par la voix de ses consciences les plus lucides, de Bartolomé de Las Casas à André Gide et Aimé Césaire sans oublier Montaigne, Voltaire et Clemenceau. Il a inventé la conscience malheureuse, il pratique quotidiennement le repentir, avec une plasticité quasi mécanique. Au contraire d'autres empires qui peinent à reconnaître leurs forfaits, l'Empire russe, l'Empire ottoman, les dynasties chinoises, les héritiers des différents royaumes arabes qui ont occupé l'Espagne près de sept siècles. Nous seuls, Occidentaux, battons notre coulpe quand tant de cultures se présentent en victimes ou en candides. La Faute nous est tellement inhérente que nous assumons aussi celle des autres. De plus, l'Ouest est faible comme jamais, sans leadership ni direction depuis que les États-Unis se retirent des affaires du monde. De manière significative, il est désigné à l'opprobre alors que son rôle décline. C'est ce que les diplomates ont appelé en février 2020, à Munich, la « *Westlessness* », la disparition du bloc occidental. C'est le moment de lui régler son compte. Rien n'excite plus la rage qu'un homme tombé à terre. Déjà détesté pour son ancienne domination, l'Occident est désormais méprisé pour son déclin.

Contrairement aux espérances de 1989, ce ne sont pas la raison et encore moins la modération qui l'ont emporté après la chute du Mur. Une autre idéologie a remplacé les promesses de salut portées par le socialisme réel pour recommencer la bataille sur de nouvelles bases : la race, le genre, l'identité. Pour trois discours, néoféministe, antiraciste, décolonial, le coupable désormais est l'homme blanc, réduit à sa couleur de peau. C'est lui le pelé, le galeux, responsable de tous les maux. Rien a priori ne rapproche ces trois rhétoriques sinon la figure du Maudit, le mâle blanc hétérosexuel qui fédère des aversions identiques. Mais les femmes blanches ne perdent rien pour attendre : on verra qu'un certain suprémacisme « indigène » les désigne elles aussi à la vindicte. La Sainte Trinité de l'incrimination n'oublie personne. Dans chaque cas, ce sont les mêmes raisonnements, les mêmes mécanismes et parfois les mêmes personnes qui interviennent avec un mimétisme stupéfiant, dessinant une famille d'esprit cohérente.

Genèse de la déraison

Dans les années 1960-70, les départements de philosophie, littérature, sociologie des universités américaines furent inondés, pour le meilleur et pour le pire, de discours déconstructionnistes venus de l'Hexagone et fustigeant la métaphysique occidentale, la *French Theory*[1]. Laissons de côté la question de savoir si ces doctrines ont constitué un gigantesque bluff, pour reprendre le mot de George Steiner, une débâcle de l'esprit, à quelques exceptions près. Voilà que l'Amérique nous adresse des philosophies jadis nées en Europe et que nous embrassons aveuglément parce qu'elles sont estampillées *made in USA*. De la fin de l'histoire jusqu'à la théorie du genre en passant par le choc des civilisations, la France redevient le laboratoire malheureux de certaines chimères nord-américaines. L'hégémonie culturelle anglo-saxonne n'est plus exotique, elle est domestique d'une étrange façon : c'est soi-même sous la forme d'un autre, un hybride transatlantique mais dans un idiome étranger, tellement plus chic que le français. Ce poststructuralisme nous est réexpédié avec armes et bagages sur notre sol, avec la caution du *globish,* le nouveau pidgin global. En ces temps de désarroi des gauches européennes écartelées entre un communisme moribond et une social-démocratie aux abois, l'idéologie identitaire, en provenance du Nouveau Monde, sert de bouée de sauvetage. L'emprunt est souvent automatique, y compris sur le plan linguistique où fleurit en la matière un patois anglophone avec accent de Paname. On peut même dire que l'usage du franglais dans les médias et le monde de l'entreprise est inversement proportionnel, chez les locuteurs français, à la connaissance

1. François Cusset, *French Theory, Foucault, Derrida, Deleuze et Cie et les mutations de la vie intellectuelle aux États-Unis*, La Découverte Poche, 2005.

de la langue de Shakespeare. Moins ils la maîtrisent, plus ils en réinsèrent des blocs entiers dans le langage courant. La vitesse de propagation sémantique est quasi instantanée, portée par d'innombrables émissaires.

L'Amérique a ceci d'unique qu'elle encourage ceux qui l'aiment à l'imiter. Depuis un siècle, elle s'exporte mieux que toute autre culture. Elle s'adapte à tous les climats, toutes les croyances, elle dispose d'une puissance d'émission et de contagion inégalée. Elle est par excellence la civilisation du déguisement. Même ceux qui la détestent veulent lui ressembler. Tout le monde peut devenir américain s'il le souhaite, même sans parler anglais. En bons ventriloques, nous la copions dans tous les domaines. Nous endossons jusqu'à ses crimes alors que la France n'a jamais pratiqué l'esclavage ou la ségrégation sur son sol. Mais le chassé-croisé est réciproque : nous adoptons la vision américaine de la société au moment où les États-Unis, à la gauche du parti démocrate du moins, tentent d'élargir l'État providence et entrent à leur tour dans la longue odyssée de la repentance. Nous nous ethnicisons quand ils se teintent de rose et souhaitent réécrire le roman national à partir de l'extermination des Indiens et de la ségrégation des Noirs[1].

Il sera difficile, toutefois, de persuader 500 millions d'Européens, surtout à l'Est, de leur nocivité foncière en

1. « The 1619 Project », *The New York Times*, 14 août 2019 : « We have got to tell the unvarnished truth. » Selon le quotidien, il faut réécrire toute l'histoire américaine sous l'angle du racisme et de l'esclavage.

raison de leur carnation. Même si elle se colorise de plus en plus, surtout à l'Ouest, la population européenne reste en majorité de peau claire avec des nuances importantes entre les Suédois, les Andalous, les Bulgares, les Gitans, selon tout un dégradé chromatique : la culpabilisation de ces peuples va être un labeur gigantesque mais non impossible. Elle a déjà en partie réussi en Europe occidentale, où l'on tente d'inculquer aux individus le déshonneur d'être ce qu'ils sont. Une vaste entreprise de rééducation est en marche, à l'université, dans les médias, qui demande à ceux qu'on appelle « les Blancs » de se renier. Il y a trente ans, il restait assez de raison à droite et à gauche pour rire de ces insanités. La dernière fois que l'on avait subi la propagande de la race, c'était avec le fascisme dans les années 1930 : la disqualification a priori d'une partie de la population. On était vaccinés, merci. Cela nous revient d'outre-Atlantique déguisé en son contraire, l'antiracisme, avec de nouveaux protagonistes, et trouve un écho jusqu'au Parlement européen. Les professeurs de honte, néoféministes, décoloniaux, indigénistes, voudraient absolument nous prouver que notre mode de vie est fondé sur une exploitation effroyable des peuples et que nous devons nous repentir. Soudain toute une partie du monde occidental se découvre abominable, sous le regard de certaines minorités : comme Monsieur Jourdain était un prosateur malgré lui, nous sommes des criminels sans le savoir, par le simple fait d'être venus sur cette terre. Pour nous, exister, c'est d'abord expier.

Une autre accusation vise l'homme blanc : il a détruit la planète. Il ne se contente pas d'opprimer les femmes, de se montrer raciste et dominateur, il épuise l'environnement qui est le sien et concentre entre ses mains une bonne partie des richesses économiques et technologiques. Sa culpabilité ressemble à un mille-feuilles dont chaque étage renforce la structure de l'ensemble. Mais l'entrée, depuis une trentaine d'années, de la Chine, de l'Inde, du Brésil et de l'Afrique du Sud dans le capitalisme mondial comme grands producteurs et grands pollueurs empêche le discours écologique de se cantonner à la seule détestation de l'homme occidental et de son épiderme. Animé d'une ambition cosmique, il insiste plutôt sur la condamnation du productivisme comme tel et de l'hubris qui anime le projet de la modernité. Nous ne l'envisageons donc pas ici.

La nouvelle glaciation

L'Amérique, qui est venue sauver l'Europe en 1944 et incarnait alors l'alliance de la modernité, de la liberté et de la prospérité, cette Amérique-là est morte, rongée par l'isolationnisme et le nationalisme. Elle se tient face au Vieux Monde non comme une solution à adopter mais comme un échec à ne pas reproduire. C'est une faillite en trois temps : le mouvement des droits civiques dans les années 1960-70, qui évite au pays de sombrer dans l'apartheid, l'émancipation des mœurs et des minorités, suscite en retour une réaction violente des conservateurs, qui veulent à toute force effacer ces acquis. Cette contre-révolution, parfois brutale, engendre à son tour un retour de bâton à gauche, dans le mouvement des femmes et des minorités, qui s'exprime par un extrémisme de genre, une hypersensibilité aux discriminations, une rhétorique outrancière. L'Amérique défie le racisme dans les termes mêmes du racisme en renvoyant chacun à sa couleur de peau, au mépris de toute analyse sociale. Elle combat le mal en l'aggravant. Le résultat en est une fragmentation à l'infini. Ce pays devient fou, pris en tenaille entre le marteau des partisans de Trump et l'enclume des fanatiques de la race. À quoi s'ajoute, sur le plan militaire, l'impuissance de l'hyperpuissance américaine qui perd toutes ses guerres, faillit en Irak, décampe de l'Afghanistan après vingt ans d'occupation. Elle a beau déployer une diplomatie du matamore, elle capitule devant la Corée du Nord et les mollahs de Téhéran, abandonne le leadership mondial à la Chine, échoue à imposer la paix partout où elle intervient ; à tous égards, en attendant des jours meilleurs, un allié indispensable dont il faudra bien se dispenser, qui méprise ses amis et courtise ses ennemis !

Avec cette dérive idéologique, on a le sentiment d'un mauvais remake des années 1960 mais à l'envers. Ce qui frappe, c'est son pessimisme anthropologique. Il y a eu dans l'histoire récente de grandes périodes de dégel, 1936, Mai 68 ou la perestroïka ; aujourd'hui la recongélation est de retour, on verrouille, on incarcère. Le projet d'émancipation du genre humain a disparu car il n'y a plus de genre humain, seulement des ethnies, des espèces, des communautés. Les grands combats des années 1960-70 se déroulaient sous l'égide d'une humanité rassemblée : l'anticolonialisme avait pour but de libérer en même temps le colon et le colonisé pour les arracher à une relation d'assujettissement réciproque, le féminisme voulait instaurer une égalité économique autant que symbolique entre hommes et femmes. Quant à l'antiracisme, il demandait le respect des populations d'origines diverses dans un contexte de forte immigration et dans une Europe traumatisée par le souvenir du nazisme. Quoi de plus noble que ces idéaux ? Qu'en reste-t-il ? Un rictus haineux qui ressortit de la vengeance plus que de la générosité. Trois grandes causes sont ainsi dévoyées par ceux qui s'en réclament : les réactionnaires n'auraient pu rêver pareille aubaine. *C'est ce retournement du progressisme en obscurantisme que l'on voudrait étudier ici.* Le paysage est sombre : le racisme en Occident est plus vivace que jamais, les hommes et les femmes sont en guerre jusqu'à la fin des temps ; quant au colonialisme, il est d'autant plus virulent qu'il a disparu. On déniche chaque matin une nouvelle offense pour s'en indigner : l'univers entier est infesté d'ondes négatives. C'est toujours Sisyphe poussant son rocher. La marche vers la délivrance ne peut jamais aboutir.

La confusion des fronts

Autre paradoxe : c'est dans les démocraties occidentales, où les droits des minorités et des femmes sont les mieux respectés, que l'on proteste le plus contre la violation des libertés fondamentales. La conscience des iniquités s'accroît à mesure que ces iniquités s'effacent. Celles qui restent sont vécues comme intolérables. Qui est notre ennemi ? Non pas les dictatures ou les autocraties mais le régime qui nous accorde le maximum d'autonomie. Peut-être se situe-t-on là dans le prolongement de la fameuse loi de Tocqueville[1] : un peuple se soulève quand sa situation s'améliore, non quand elle empire. « Le désir d'égalité devient toujours plus insatiable à mesure que l'égalité est plus grande[2]. » Ce sont les réformes et les progrès qui suscitent les révolutions, non la misère. Une oppression annulée n'est pas un bonheur de gagné. C'est une étape sur un chemin sans fin et qui ressemble parfois à un chemin de croix.

Traditionnellement, la désignation d'une victime expiatoire, en cas de crise, s'accompagne de représailles : l'exil, le feu, l'épée, la noyade[3]. Nommer un bouc émissaire, c'est toujours appeler au meurtre purificatoire. Avec ce mécanisme archaïque ressuscité sous la forme du racialisme, on a quitté l'espace universaliste de la gauche, on braconne sur les terres de l'extrême droite en pensant la combattre puisqu'on partage avec elle la même haine des Lumières, de la croyance dans l'unité du genre humain. Le grand défi de toute lutte politique est de ne pas ressembler à son ennemi. Karl Jaspers notait déjà cette confusion des fronts, en 1936 en Allemagne, dans la mouvance brun-rouge quand communistes, conservateurs et nazis déteignaient les uns sur les autres et partageaient souvent

---

1. Alexis de Tocqueville, *L'Ancien Régime et la Révolution*, Idées / Gallimard, 1964, chapitre V, p. 82 sqq.
2. Id., *De la démocratie en Amérique*, livre II, 2.
3. René Girard, *Le Bouc émissaire*, Hachette, 1982.

les mêmes préjugés en croyant s'affronter. Il faut défendre aujourd'hui la thèse, déjà ancienne et datant de l'Italie mussolinienne, des deux fascismes[1] : celui de la droite extrême, bien connu, celui de l'ultragauche identitaire, plus subtil car camouflé sous la bannière de l'antifascisme, l'anti-impérialisme, l'antiracisme. Ce qu'on pourrait appeler la « doriotisation » d'un certain nombre de mouvements dits populaires, du nom de Jacques Doriot, militant communiste avant guerre passé au national-socialisme après 1940 et mort sous l'uniforme des Waffen SS. Ce rapprochement des extrêmes qui communient en croyant se détester est peut-être l'événement le plus troublant de ce siècle commençant.

Les nouveaux parias

Se met en place, du moins dans le discours de nos croisés, une nouvelle humanité qui installe une autre hiérarchie : tout en bas les parias, la lie de la terre, le mâle blanc hétérosexuel occidental. Au sommet la femme noire ou arabe ou indienne, lesbienne ou queer, nouvelle reine

1. La *sinistra fascista* qui a séduit un certain nombre d'intellectuels italiens sous le règne de Mussolini, lui-même ancien socialiste révolutionnaire. Le sociologue Irving Louis Horowitz inclut dans cette rubrique les Brigades rouges italiennes et la Rote Armee Fraktion allemande des années 1970 et trace une similitude entre les terrorismes rouge et noir. Le terme « fascisme de gauche », également utilisé par Jürgen Habermas et Viktor Klemperer, implique une fascination pour l'autoritarisme, des alliances politiques hybrides et un refus des Lumières. Ce terme a été plagié et détourné par Donald Trump en juin 2020.

de l'univers. Entre elle au pinacle et lui dans la poussière, toute la gamme des nuances, du blanc au beige, du beige au brun, du brun au foncé. Selon ces nouveaux préjugés, mieux vaudrait être foncé que pâle, homosexuel ou transgenre qu'hétérosexuel, femme plutôt qu'homme, musulman que juif ou chrétien, africain, asiatique, indigène qu'occidental. Il y aurait, comme le montrent les publicités et les plateformes, l'ancien peuple, monochrome, servile, bêtement hétérosexuel. Et le nouveau, multicolore, composé de minorités dynamiques, talentueuses, aux mille érotismes contrastés. Comment ne pas basculer instantanément de l'un à l'autre si l'on est jeune ? Si la réconciliation est impossible, si Noirs et Blancs, hommes et femmes ne peuvent plus vivre ensemble, que reste-t-il ? La séparation définitive ou le régime de la dénonciation permanente sous la houlette d'une armée de juristes, chargés d'arbitrer les différends.

Dès 1983, j'alertais sur l'irruption possible d'un racisme anti-Blancs, d'une croisade contre les visages pâles[1]. Il a pu y avoir au cours de la décolonisation, notamment en Afrique, un contre-racisme des peuples en voie de libération, notamment dans le Congo de Patrice Lumumba durant l'été 1960[2]. Albert Memmi,

---

1. Pascal Bruckner, *Le Sanglot de l'homme blanc*, Seuil, 1983, p. 276.

2. Parmi les nombreux journalistes sur place au Congo et qui constatent cette haine des Belges, c'est-à-dire des Blancs, Jean Daniel, alors jeune reporter à *L'Express*, explique qu'ayant lui-même échappé de peu à une arrestation motivée par sa couleur de peau, il a eu le sentiment de revivre l'expérience de ceux qui devaient prouver sous l'Occupation qu'ils n'étaient pas juifs (*in* coll., *La Modernité disputée, Textes offerts à*

grand militant de l'anticolonialisme, y voyait, après Sartre, un moment nécessaire de la lutte en réponse à la violence de la colonisation, une inversion du rapport dominant/dominé. Laissons les historiens trancher. Ce qui est absolument nouveau, c'est que ce sont des « Blancs » en Europe et aux États-Unis, en général appartenant aux classes aisées, qui se maudissent, dénoncent « l'insupportable blanchité de notre culture[1] » et arguent de leur couleur de peau pour prouver leur infamie. La haine du Blanc est d'abord une haine de soi de la part du Blanc fortuné. Son autoflagellation spectaculaire a quelque chose d'un show où il rivalise avec d'autres dans l'expression de son dégoût de lui-même : c'est à qui se fustigera le plus fort, le plus longtemps.

Étant moi-même ce que la novlangue actuelle appelle un homme blanc, hétérosexuel et plus tout jeune, j'ai conscience d'être disqualifié pour parler. J'incarne le monde d'hier : en abordant ces sujets, je mets ma tête sur le billot. Je cumule les handicaps. Je persiste néanmoins à dénoncer cette doctrine régressive, déguisée en discours de gauche, qui alimente et justifie en retour la folie suprémaciste[2]. Quand l'émancipation ne se distingue plus de la persécution, c'est qu'il y a quelque chose de pourri dans le parti dit « progressiste ».

Pierre-André Taguieff, CNRS Éditions, 2020, p. 582, premières polémiques autour du racisme anti-Blancs en France en 1960).

1. *National Public Radio*, Minneapolis, USA, 21 juin 2020.

2. Sur ce thème, lire l'étude éclairante de Stéphanie Roza, *La Gauche contre les Lumières ?*, Fayard, 2020.

PREMIÈRE PARTIE

Le Satan masculin

CHAPITRE 1

Y a-t-il une « culture » du viol ?

Pour la génération des baby-boomers, deux événements ont été déterminants : la libération des mœurs et le féminisme. L'un n'allait pas sans l'autre. Il est vrai qu'on revient de loin, en France : les femmes n'obtiennent le droit de vote qu'en 1945, ne sont émancipées de la tutelle maritale qu'en 1965, date à laquelle elles peuvent travailler et ouvrir un compte bancaire sans l'autorisation de leur mari. La loi de 1970 dépouille le père de son autorité exclusive qu'il partage dorénavant avec la mère. Le contrôle de la fécondité grâce aux contraceptifs, la dépénalisation de l'avortement avec la loi Veil du 17 janvier 1975 ouvrent la voie, pour les femmes, à une plus grande maîtrise de leur corps. Ultérieurement, plusieurs lois facilitent le divorce : le mariage cesse d'être pour les épouses une prison, il devient un libre choix dont elles peuvent sortir à volonté.

Nous avons aimé le féminisme jadis, parce qu'il libérait à la fois les hommes et les femmes et mêlait la colère et la générosité. Il permettait aux unes et aux autres de se réinventer et de dépasser les stéréotypes. Quel réconfort pour les unes de s'affranchir du rôle de mère et d'épouse et de pouvoir enfin conquérir leur indépendance en travaillant ! Quel soulagement pour les autres de ne plus avoir à reproduire une virilité toxique et d'abandonner l'agressivité propre au machisme, qui est aussi une oppression des hommes par les hommes ! Que s'est-il passé, depuis, pour que l'étendard de la libération brandi par certaines ne vise qu'à dresser les sexes les uns contre les autres ? Comment le féminisme *de progrès* est-il devenu un féminisme *de procès* ?

Tous violeurs ?

Quelques mots en préambule. Nous connaissons tous, dans notre entourage, une épouse, une amie, une compagne qui a été victime de viol ou d'agression. Chacun peut voir dans la rue, le bus, le métro des hommes de tous âges solliciter ou insulter les femmes qui passent. Et le danger grandit à mesure que la nuit tombe et que l'alcool, le sentiment d'impunité s'y mêlent. Chaque père, chaque mère s'inquiètent lorsque leur fille, jeune, sort le soir et risque de faire une mauvaise rencontre. Le viol est un crime, le viol de masse, en temps de guerre, une arme de destruction massive des âmes et des corps et il est obscène d'en minimiser l'horreur ou la fréquence. Mais n'est-il pas aussi douteux d'en faire le révélateur des relations entre les sexes, comme si elles se résumaient toutes entières à celui-ci ?

À en croire une nouvelle doxa, tout serait viol dans la vie quotidienne : le regard des passants, leur allure louche, leur mentalité et jusqu'à l'air que nous respirons. Le moindre sourire d'un garçon à une fille recèlerait une intention meurtrière : naître femme, ce serait naître proie ; naître mâle, ce serait naître tueur. L'immense majorité des hommes, en France comme ailleurs, pour ne pas dire la totalité d'entre eux, ne rêverait que d'abuser des corps féminins : « Le mari qui viole régulièrement sa femme s'assure de la terroriser et de l'isoler suffisamment pour qu'elle n'en parle à personne. Le chef de rayon qui harcèle sexuellement ses employées entretiendra une atmosphère suffisamment pesante pour que tous ceux au courant se taisent par peur de perdre leur emploi[1]. » Conclusion : « La culture du viol est partout, chez vous, chez moi, cher lecteur, dans les émissions que nous regardons, dans les livres que nous lisons, les conversations avec nos proches, dans nos institutions. Si difficile que ce soit à admettre, nous participons tous à la culture du viol[2]. » Tel est le message qu'un certain féminisme, rabâchant des thèses nord-américaines déjà anciennes, diffuse sans relâche depuis quelques années : ainsi que l'exprime l'ancienne présidente de l'Unef, Caroline De Haas, dans un entretien à *L'Obs* du 14 février 2018, « un homme sur deux ou trois est un agresseur[3] ». Pour citer le sociologue Éric Fassin :

1. Valérie Rey-Robert, *Une culture du viol à la française*, Libertalia, 2019, pp.150-151.

2. *Ibid.*, p. 39.

3. Ancienne dirigeante de l'Unef de 2006 à 2009, Caroline De Haas avait couvert à l'époque les nombreux viols de militantes qui étaient « castorisées » par les adhérents, c'est-à-dire bizutées comme l'animal du

« Il s'agit de penser la violence sexuelle en termes culturels et non individuels, non pas comme une exception pathologique mais comme une pratique inscrite dans la norme qui la rend possible en la tolérant, voire en l'encourageant[1]. » En d'autres termes, le viol n'est pas un écart mais une confirmation de la norme qui le porte en lui comme la nuée porte l'orage. Le même Éric Fassin, après les agressions dont avaient été victimes, la nuit de la Saint-Sylvestre 2015-2016, des femmes allemandes à la gare de Cologne et dans beaucoup d'autres villes de la République fédérale de la part de migrants d'Afrique du Nord, expliquait à la télévision : « Ce n'est pas parce que ces gens sont musulmans qu'ils ont commis ces actes. Il y a une finalité politique. À qui s'en sont-ils pris ? À des femmes allemandes, blanches. Ils ne sont pas allés violer des prostituées. Cela donne le sens de leur violence[2]. » Nous voici rassurés. Agresser des femmes blanches, donc dominantes, et allemandes de surcroît, n'est pas si grave : c'est presque un acte de rébellion anti-impérialiste. Le même Éric Fassin a signé en 2017 une pétition contre la pénalisation du harcèlement de rue,

---

même nom avec la queue. Elle a reconnu s'être rendue, par son silence, complice de ces actes. Aucune poursuite judiciaire n'est engagée contre elle, jusqu'à maintenant. Caroline De Haas gagne sa vie en organisant des formations de prévention du harcèlement en entreprise.

1. Valérie Rey-Robert, *op. cit.*, p. 38.

2. « 28 Minutes », 16 janvier 2016, sur Arte, avec Valérie Toranian et Caroline Fourest. Concernant cette nuit de la Saint-Sylvestre, les autorités allemandes ont évoqué un « taharrush gamea », très répandu dans le monde arabe, agression sexuelle de masse lors des rassemblements et qui s'est produit aussi place Tahrir au Caire pendant le « Printemps arabe ».

craignant que le texte ne stigmatise les « racisés », c'est-à-dire les migrants[1]. Tout ce qui est masculin est mauvais mais tous les hommes ne se valent pas en vilénie : ceux qui viennent de pays pauvres et dominés ont des circonstances atténuantes. Nous en reparlerons.

Le pénis, arme de destruction massive

Ce que disaient les féministes américaines dans les années 1970, 1980, 1990, des féministes françaises le répètent comme de bons perroquets dans les années 2010, 2020. En exergue de son livre sur la culture du viol à la française, Valérie Rey-Robert cite Andrea Dworkin : « Nous les femmes. Nous n'avons pas l'éternité devant nous (...). Nous sommes tout près de la mort. Toutes les femmes le sont. Et nous sommes tout près du viol et nous sommes tout près des coups[2]. » (Pour rappel : en France, l'espérance de vie des femmes est de cinq ans supérieure à celle des hommes. Bref, les citoyennes françaises sont moins près de la mort que leurs homologues masculins, inégalité dont personne ne s'indigne[3].) Fasciné par le modèle américain, un certain néoféminisme à la française

1. Anne-Sophie Mercier, *Le Canard enchaîné*, 24 juin 2020.
2. Valérie Rey-Robert, *op. cit.*, p. 7.
3. Mieux encore, selon l'Institut national d'études démographiques, cette disparité transcende les inégalités sociales. À 35 ans, un ingénieur ou un cadre supérieur a devant lui un nombre d'années moindre que n'importe quelle ouvrière ou employée du même âge. Le sexe biologique est plus déterminant que les conditions socio-professionnelles.

est dans une situation de décalque intégral par rapport à ce dernier. Nous autres Français avons tendance à reproduire, servilement, les pires défauts de nos amis américains et à négliger leurs immenses qualités.

L'ennemi est donc, aux États-Unis, le mâle blanc de plus de 50 ans puisqu'il détient le pouvoir économique, occupe les trois quarts des sièges dans les conseils d'administration et constitue plus de la moitié des élus. Tout irait mieux sans l'homme blanc qui conçoit et dirige le monde : il est la souillure qui abîme la pureté originelle du monde. Pour l'« afroféministe » Françoise Vergès, il n'est que deux types d'hommes, les prédateurs, toujours et majoritairement blancs, assistés de leurs femmes, et les « racisés » (entendez les Noirs et les Arabes mais pas les Asiatiques selon la rhétorique en cours)[1]. Le nouveau puritanisme ne diabolise plus la femme comme dans l'islam d'aujourd'hui ou le christianisme d'hier, mais l'homme. On a changé de malédiction mais non de mentalité. Tout en lui est nocif, à commencer par le *mansplaining*, cette détestable habitude qu'il a de parler aux femmes de manière condescendante (comme si des femmes ne faisaient pas preuve du même penchant les unes envers les autres). Mais aussi le *mansterruption*, cette propension des hommes à couper la parole dans une conversation ou encore le *manspreading*, habitude de certains de s'asseoir jambes écartées dans le métro ou le train. On se souvient que les féministes allemandes,

1. Françoise Vergès, *Un féminisme décolonial*, La Fabrique éditions, 2019.

dans les années 1970, voulaient déjà interdire aux hommes d'uriner debout, signe d'arrogance machiste.

Le deuxième sexe est par nature innocent même quand on l'accuse à son tour de harcèlement : ainsi lorsque la professeure Avital Ronell, qui occupe la chaire de littérature féministe à la New York University, fait l'objet, en 2017, d'une plainte de la part d'un de ses étudiants, tous ses collègues dont Judith Butler et le philosophe Slavoj Žižek signent une pétition pour la défendre et arguent de sa réputation et de son rang pour discréditer son misérable dénonciateur[1]. Elle sera suspendue pour un an. L'homme, de par sa force physique, est naturellement coupable si bien que, comme les Juifs du Moyen Âge décrits par René Girard, on ne peut le dissocier de sa faute[2]. Le combat contre lui est juste : même si des innocents sont, par accident, accusés à tort de viol ou de harcèlement, c'est le prix à payer pour une croisade indispensable. De toute façon, les femmes ont tellement de souffrances en retard depuis des millénaires qu'aucune injustice présente ne pourrait éponger cette dette : l'humanité entière est débitrice à leur égard et condamnerait-on tous les garçons vivants qu'on ne saurait rembourser le genre féminin. Être victime, pour une femme, est un statut social, presque ontologique.

C'est que l'homme est affublé d'une arme redoutable qui le condamne à l'agression : son pénis. « La

1. Cité in Douglas Murray, *The Madness of Crowds*, Bloomsbury Publishing, 2019, p. 59.

2. René Girard, *op. cit.*, p. 57.

violence, disait la féministe Andrea Dworkin, c'est le pénis ou le sperme qui en sort. Ce que le pénis peut faire, il doit le faire de force pour qu'un homme soit un homme[1]. » Doté de cette malédiction qui lui pend entre les jambes, l'homme n'a dès l'enfance qu'une obsession : tuer, annihiler. « La sexualité mâle, ivre de son mépris intrinsèque pour toute vie, spécialement pour la vie des femmes, peut devenir sauvage, s'élancer à la poursuite de ses proies, utiliser la nuit comme couverture, trouver dans les ténèbres sa consolation, son sanctuaire[2]. » Le lit conjugal est une zone de guerre, Kobané ou Stalingrad à l'horizontale. Faire l'amour, pour un garçon, est presque toujours synonyme de brutalité et, pour une femme, de souffrance. Le temps de l'innocence amoureuse n'a jamais existé : derrière les joutes érotiques, une guerre à bas bruit se livre chaque jour. Comme le conclut Laure Murat, professeure à l'université de Los Angeles : « Nous vivons dans une société globalisée qui, rigoriste ou libérale, religieuse ou non, musulmane, juive, chrétienne, met les femmes en danger[3]. » Donc toutes les femmes sont en danger, à Raqqa comme à Beverly Hills, à Goma comme dans

1. Andrea Dworkin, *Pornography, Men Possessing Women*, E.P. Dutton, 1989, cité in Pascal Dupont, *La Bannière étiolée. Voyage sur les traces de Tocqueville*, Le Seuil, 1993, p. 281.

2. Andrea Dworkin, *Letters From a War Zone*, Secker and Warburg, 1988, p. 14, citée in Katie Roiphe, *The Morning After : Sex, Fear and Feminism on Campus*, Little Brown & Company, 1993, p. 179.

3. Laure Murat, *Une révolution sexuelle ? Réflexions sur l'après-Weinstein*, Stock, 2018, p. 14.

le 7e arrondissement de Paris, la grande bourgeoise comme la prolétaire. Vraiment ?

Tous les violeurs ne sont pas égaux

Mais le souci de l'intégrité féminine est contrebalancé par l'antiracisme. Les hommes ne se valent pas dans l'opprobre : seuls les Blancs sont vraiment à blâmer. Si à Paris, des migrants africains ou originaires du Proche-Orient harcèlent des passantes, il ne faut pas punir les premiers mais élargir les trottoirs, demande Caroline De Haas le 22 mai 2017, et améliorer l'éclairage. La lutte contre le viol ou l'agression s'arrête à la couleur de peau[1]. Un violeur issu d'un pays du Sud n'est pas vraiment un violeur car il a des circonstances atténuantes. Ainsi l'essayiste Thierry Pech explique-t-il les agressions de Cologne comme celles du quartier La Chapelle-Pajol à Paris par une sorte d'habitus culturel oriental : « Les agresseurs de Cologne ont toujours connu chômage et misère sexuelle ; c'est pour cela qu'il ne faut pas les juger hâtivement. C'est l'émancipation des femmes du monde musulman qui explique la frustration des hommes

1. C'est ce que préconise aussi Valérie Rey-Robert, *op. cit.*, p. 250 et p. 238. L'auteure remarque en outre que « la pratique du vélo reste majoritairement masculine et le devient quasi exclusivement lorsqu'il pleut ou qu'il fait nuit » (p. 248). Comme la marche, le covoiturage ou les transports en commun sont le terrain de pratiques du harcèlement, voilà nos sœurs, nos épouses, nos filles condamnées à rester à la maison ! Les femmes ne peuvent plus sortir nulle part…

musulmans. Le raidissement patriarcal et machiste dans les pays arabes est la conséquence de l'émancipation des femmes. » Relativisons la portée des actes dès lors qu'il s'agit de non-Blancs, c'est-à-dire de dominés[1]. On admirera le paternalisme de ce raisonnement qui applique la culture de l'excuse à une catégorie de l'humanité jugée irresponsable par nature. « Nous ne sommes pas des corps disponibles à la consommation masculine blanche », dit clairement l'islamiste Houria Bouteldja, comme s'ils l'étaient pour d'autres couleurs de peau. « Si une femme noire est violée par un Noir, c'est compréhensible qu'elle ne porte pas plainte pour protéger la communauté noire[2] », renchérit-elle. Bref, tout viol est insupportable mais tous ne se valent pas et l'on ne peut mettre sur le même plan l'agression d'un « Blanc » dominant et d'une personne « en situation de subalternité[3] ». Quant à la philosophe américaine Judith Butler, elle enjoint aux femmes afghanes de ne surtout pas abandonner la burka pour ne pas se soumettre aux diktats faussement libérateurs de l'impérialisme américain.

1. Fatiha Haddad Boudjahlat, « Immunité du patriarcat oriental », *Revue des Deux Mondes*, avril 2018, pp. 35, 36.

2. Cité in Sami Biasoni et Anne-Sophie Nogaret, *Français malgré eux*, L'Artilleur, 2020, p. 98.

3. Les études subalternes ont été fondées en Inde, au Bengale, par Ranajit Guha, ancien militant marxiste né en 1920, qui prend en compte le sort des paysans les plus misérables et analyse les différentes formes de domination que les élites britanniques et indiennes exercent sur la population les plus démunies. Il se rattache bien qu'il s'en défende au courant des théoriciens de l'histoire vue d'en dessous (« *history from below* »).

Mieux vaut obéir au patriarcat oriental que céder un pouce à l'Oncle Sam[1].

Se focaliser sur les agressions de Cologne ou sur la personne de Tariq Ramadan, c'est donc faire preuve de racisme et stigmatiser une catégorie particulière de personnes, les musulmans et les demandeurs d'asile, pour ne pas les nommer, alors que « toutes les foules masculines matinales des transports en commun français sont déjà un danger pour les femmes, et les foules avinées davantage[2] », explique Valérie Rey-Robert, avide d'inculper le genre masculin tout entier pour mieux disculper une catégorie précise. Toutes les occasions où des foules masculines se réunissent, que ce soit l'Oktoberfest à Munich ou les fêtes de Bayonne, sont pour les femmes des moments de risques intenses où les agressions se multiplient. Quant à Tariq Ramadan, pourquoi rapporter à l'islam les accusations dont il fait l'objet alors qu'« il y a des millions de viols chaque jour dans le monde[3] » ? En dénonçant « la construction raciste des violeurs », l'auteure semble oublier que le prêcheur Tariq Ramadan se réclamait du Coran pour prôner une moralité musulmane supérieure à celle de toutes les autres confessions. Qu'importe : il faut savoir que pour les plus ardentes dénonciatrices de l'espèce masculine, il y a des viols plus admissibles que d'autres

1. Cité par Fatiha Haddad Boudjahlat, entretien avec Alexandre Devecchio, *www.lefigaro.fr*, 27 octobre 2017.

2. Valérie Rey-Robert, *op. cit.*, p. 140.

3. *Ibid.*, p. 140.

s'ils sont commis par des musulmans ou des migrants. Les considérations de genre le cèdent devant celles de la race. Tous les hommes sont coupables mais certains le sont plus que d'autres.

Remonter à la source du mal

Pour comprendre les arcanes de cette nouvelle casuistique, il faut repartir d'un concept récent, celui d'« intersectionnalité », théorisé en 1991 par la professeure de droit américaine Kimberlé Crenshaw après avoir été ébauché par Peggy McIntosh et Gloria Jean Watkins. Ce terme ingrat traduit la situation de personnes cumulant simultanément plusieurs formes de discriminations dans la société actuelle, tels le sexisme, le racisme, l'homophobie ou la transphobie. C'est une addition de disgrâces qui permet d'appréhender la situation des plus vulnérables. Cette métaphore automobile ne pouvait naître que dans un pays où la voiture est reine puisqu'elle fait penser à un échangeur d'autoroutes : chacun de nous, selon sa situation de classe, de race, de genre, d'identité, est traversé de multiples infirmités qui l'asservissent. Ces oppressions peuvent s'agréger comme de la limaille de fer à un aimant, ce sont autant de « douleurs » qui se recoupent et font office de révélateur. Chacun est la somme de ses parties blessées. Par exemple, une femme noire lesbienne peut se prévaloir de trois oppressions qui comptent comme autant de notes dans son cursus et plus encore si elle est handicapée. Dans cette hypothèse, un hétérosexuel blanc a moins de légitimité à s'exprimer, fût-il défavorisé ou malade, qu'un Noir ou un homosexuel. La bonne victime est celle qui totalise le plus de points dans la martyrologie en cours pour être reconnue. Et malheur à celui ou celle qui n'entre pas dans le cadre : ainsi une jeune femme blanche qui voulait participer à la Marche des femmes en 2017 contre Donald Trump s'est-elle vu repousser par la foule. Elle devait d'abord admettre qu'elle était partie prenante d'un système d'exploitation raciste. Pauvre et jadis victime de viol, elle se scandalisa d'être obligée de s'excuser pour ses prétendus « privilèges »[1]. Chacun devient une minorité souffrante sur mesure : la customisation consumériste et la customisation victimaire marchent d'un même pas. On porte ses préjudices comme d'autres leurs décorations : on peut être femme, vegan, homosexuelle, indienne, handicapée et toutes ces caractéristiques renforcent votre immunité symbolique.

Puisque le conflit des identités a remplacé la lutte des classes, toutes les catégories opprimées ont en commun de ployer sous le joug d'un même ennemi, l'homme blanc hétérosexuel, le coupable intersectionnel par excellence. Mais en croyant raffiner dans l'analyse des micropouvoirs, on débouche sur une très ancienne idéologie, la *malédiction pigmentaire* : c'est à nouveau

1. L'anecdote est racontée par Géraldine Smith, *Vu en Amérique, bientôt en France*, Stock, 2018, pp. 228-229.

la couleur de la peau qui prévaut dans le débat, victoire posthume de Gobineau, Chamberlain, Rosenberg. On croit innover, on réécrit autrement les lois de Nuremberg[1]. Comme au XXe siècle, le monde se divise à nouveau en races et en ethnies.

1. Les lois de Nuremberg sont trois lois adoptées par le Reichstag en septembre 1935 précisant que seules les personnes de sang allemand sont citoyens du Reich et interdisant aux Juifs les mariages ou relations sexuelles avec des Aryens, crime puni de la peine capitale pour « trahison de la race » (*Rassenverrat*).

CHAPITRE 2

Le consentement impossible

Jean-Jacques Rousseau l'avait énoncé il y a fort longtemps : « Une femme cède en résistant » et elle résiste pour sauver son honneur, rendre un ultime hommage à la vertu. On rit de nos jours de cette théorie désuète et l'on s'estime affranchi de ces préjugés. Les choses ont-elles vraiment changé ? Si l'on en croit les néoféministes, aucune femme ne consent jamais, elle capitule de guerre lasse. Pourquoi ? Parce qu'elle est, comme nous l'explique en détail Valérie Rey-Robert, abrutie par une journée de travail, sous-alimentée, épuisée mentalement et physiquement par les soins aux enfants et désarmée à la fois corporellement et spirituellement[1]. « Céder n'est donc pas consentir. Céder c'est ne pas avoir à portée de main l'éventail des choix possibles et prendre celui qui sera pour vous le moins désavantageux. » De qui parle-t-on exactement ? D'une Française, d'une Anglaise ou d'une Suédoise de la classe moyenne qui a librement choisi son époux ou son partenaire, qui travaille, gagne

1. Valérie Rey-Robert, *op. cit.*, p. 61.

son pain, dont l'espérance de vie ne cesse d'augmenter, ou d'une personne dans un pays en guerre ? Parle-t-on de la France ou de l'est du Congo, ravagé par les milices, de la Syrie de Assad, du Mexique des cartels ou du califat de Daech quand il régnait sur une partie de la Syrie et de l'Irak et qu'il mettait en esclavage les femmes yézidies et chrétiennes (ce dont nos féministes parlent rarement). Les théoriciennes de la « culture du viol » comme système sont les meilleures ennemies de leur propre thèse : l'outrance de leurs propos les dévalue, à peine énoncés. Autant il est abject de nier la tragédie du viol, autant il est douteux de l'étendre à tous les actes amoureux, ce qui est une autre façon de le minimiser. La philosophe Geneviève Fraisse, à son tour, dénie au consentement la moindre pertinence : il est le symptôme d'une servitude qui s'ignore. Pourquoi ? Parce qu'il masque toujours un rapport de force qui incite la partie la plus faible au compromis[1]. « Dans notre culture, viol et sexe consentis se mélangent », renchérit Valérie Rey-Robert. Il n'y a donc jamais de rapport érotique complémentaire et heureux. Les hommes dictent, les femmes s'inclinent.

Le patriarcat du steak

Arrêtons-nous un instant sur l'argument évoqué plus haut de la sous-alimentation : il est peut-être vrai dans les pays très pauvres ou frappés par la famine. Mais en

1. Geneviève Fraisse, *Du consentement*, Seuil, 2007.

Europe, mais en France ? Cela fait penser à la *fake news* du patriarcat du steak, démontée par Peggy Sastre[1] : les femmes seraient plus petites que les hommes parce que privées, depuis des temps immémoriaux, des protéines indispensables à la croissance et contenues spécialement dans la viande. L'anthropologue Priscille Touraille a soutenu en 2005, sous la direction de Françoise Héritier, une thèse démontrant que la différence de taille entre hommes et femmes ne serait pas due à des facteurs biologiques mais à une construction sociale remontant au paléolithique. Françoise Héritier elle-même l'admettait dans une interview accordée à Annick Cojean au journal *Le Monde* : « Depuis la préhistoire, les hommes se sont réservé les protéines, la viande, les graisses, tout ce qui était nécessaire pour fabriquer les os. Alors que les femmes recevaient les féculents et les bouillies qui donnaient des rondeurs. C'est cette discordance dans l'alimentation, encore observée dans la majeure partie de l'humanité, qui a abouti, au fil des millénaires, à une diminution de la taille des femmes alors que celle des hommes augmentait. Encore une différence qui passe pour naturelle alors qu'elle est culturellement acquise. » La sélection sexuelle proviendrait donc du sexisme et non des lois de la biologie évolutive. Les « régimes de genre », renchérit Priscille Touraille, encouragent la « limitation nutritionnelle » des femmes grandes et leur exclusion. Cette nouvelle a été accueillie par la journaliste Aude Lancelin comme un « scoop

1. Peggy Sastre, *Slate*, 22 décembre 2017.

anthropologique ». L'hypothèse de la ségrégation alimentaire est évidemment réfutée par tous les spécialistes puisque, selon le biologiste Robert Trivers, le dimorphisme sexuel n'a pas commencé au paléolithique mais est présent chez tous nos cousins primates, chimpanzés, gorilles, orangs-outans depuis des millions d'années et résulte de la sélection. Un simple argument de bon sens aurait démontré que les hommes, de tous temps, ont eu intérêt à nourrir leurs femmes pour la santé des bébés, mâles ou femelles, qu'elles portaient. Mais il n'y a aucune sottise qu'on ne doive envisager pour appuyer les thèses les plus extrêmes.

L'essentiel est de prouver qu'il n'y a pratiquement jamais de consentement libre et éclairé entre deux personnes et ce, à tout âge. Conclusion : toutes les femmes, du berceau à la tombe, se forcent quand elles s'abandonnent à un homme : « La sexualité hétérosexuelle française est fondée sur une sorte de jeu de dupes où les femmes ont l'impression d'avoir le pouvoir alors que ça n'est pas vraiment le cas. Impression de pouvoir dire non quand elles le souhaitent. Impression d'être maîtresses du jeu[1]. » Qu'en sait l'auteure ? Qu'est-ce qui lui permet de parler au nom de toutes les femmes hétérosexuelles ? (Ce qui laisse supposer que les homosexuelles sont, elles, toujours consentantes, sans doute parce que leurs relations n'impliquent pas la présence masculine.)

1. Valérie Rey-Robert, *op. cit.*, p. 217.

La France, une rose au purin

La France justement. Elle n'est rien d'autre qu'une imposture culturelle : notre pays prétend opposer la séduction au puritanisme mais c'est un leurre grossier. Au début du xxe siècle, la grande romancière américaine Edith Wharton estimait qu'en France les hommes et les femmes ont des rapports adultes en raison de l'influence capitale de ces dernières : on les voit partout, elles sont omniprésentes et indispensables à tous les échelons de la société alors que les Américaines restent entre elles et sont confinées[1]. Les Françaises cumulent mixité et visibilité. Edith Wharton se basait sur leur courage et sur le rôle formidable qu'elles avaient joué en 1870 et en 1914-1918 pendant la double occupation allemande. Dans l'Hexagone, selon elle, hommes et femmes disposent de cette denrée infiniment plus précieuse que l'argent, le Temps, nécessaire pour s'épanouir, se promener, se cultiver. La France a un art de vivre, l'Amérique fait des affaires. À ses yeux d'étrangère, les quatre mots qui dominent la langue et la littérature françaises sont : la gloire, l'amour, la volupté et le plaisir. De quoi faire hurler nos puritaines hexagonales ! Aujourd'hui, l'historienne et enseignante américaine Joan Wallach Scott, soucieuse de mettre en lumière la violence sexuelle en France, explique qu'il faut chez nous « convoquer cinq cents ans de littérature, quatre cents auteurs classiques

1. Edith Wharton, *Les Mœurs françaises et comment les comprendre*, Petite bibliothèque Payot, 2003.

et mille ans de civilisation[1] » pour forcer les dames à coucher. Dans l'Hexagone, à l'en croire, la sophistication est l'autre nom de la dureté machiste : on vous agresse mais avec des fleurs et en citant de grands poètes et dramaturges. Laure Murat, dans une allusion à l'affaire DSK, résume l'imaginaire français à la formule suivante : « Dodo la Saumure chez Madame du Deffand[2]. » En pratiquant le culte du secret et de l'ambiguïté, la France justifie le viol par la rhétorique et la littérature. Conclusion : « Dans l'ADN de la France, il y a aussi la défense des violences sexuelles[3]. »

Ainsi vont nos compatriotes gaulois : ce sont des violeurs chics qui brandissent l'argument de la galanterie pour mieux masquer leur jeu. Ils enjôlent et dupent leurs proies afin de les abuser. La séduction, le raffinement sont des ruses qui emprisonnent une personne sous couleur de l'encenser. Avis aux amateurs d'amabilités : tenir la porte à une dame ou se proposer de lui porter sa valise pourrait vous valoir de sérieuses remontrances. Comment ne pas citer ici la grande historienne Mona Ozouf, qui a de l'Hexagone une tout autre vision : « La France est une civilisation de la volupté. Elle est une langue, une littérature, le pays où tout, selon Mallarmé, doit aboutir à un livre et elle est un sexe (...). La France

1. Valérie Rey-Robert, *op. cit.*, p. 223. Joan Scott a ceci de particulier qu'elle voue à l'objet de sa spécialisation, la culture française, une détestation toute particulière. Tel un amour déçu, elle ne voit dans l'Hexagone qu'occasion de maudire, de piétiner, de démystifier.

2. Laure Murat, *op. cit.*, pp. 32-33.

3. *Ibid.*, p. 236.

est une femme, une terre que le long commerce entre les sexes a façonnée et polie[1]. » Si nos activistes post #MeToo prenaient un jour le pouvoir, nul doute que Mona Ozouf serait jetée en camp de rééducation pour propos indécents…

Les deux consentements

On confond en général dans la discussion les deux sens du mot *consentement*, accepter et désirer. Dire « Je veux bien » et « J'en ai très envie » n'est pas la même chose. Proposition tolérable d'un côté, souhait intense de l'autre. Dans un cas, on se demande : pourquoi pas ? Dans l'autre, on manifeste un appétit irrépressible. Ce qu'un certain féminisme sous-entend, c'est qu'une femme ne peut jamais désirer un homme, sinon par coercition. Toutes les femmes seraient des « fracassées du oui » (Nancy Huston), soumises à d'intolérables pressions[2]. Elles font l'amour comme on entre au bagne. Si toutes les personnes du sexe féminin sont sous influence, comment le petit nombre des clairvoyantes ont-elles échappé au conditionnement ? Cette

---

1. Mona Ozouf sous la direction d'Alain Finkielkraut, *Pour rendre la vie plus légère*, Stock, 2020, p. 41.

2. « Pourtant on sait que, le plus souvent, une femme qui dit oui au tout-venant, à des clients ou à l'homme qu'elle aime et qui l'avilit, a déjà été abusée avant. Oui, à peu près toujours, son intégrité physique a déjà été fracassée. » Nancy Huston, *Libération*, 28 juin 2018.

« lucidité » n'est-elle pas surtout la négation d'une sexualité féminine autonome dès lors qu'elle est tournée vers le sexe dit fort ? Il s'agit de faire peser le soupçon sur les rapports intimes pour suggérer que l'amour physique est un viol masqué. Ainsi le collectif « Nous toutes », fondé par Caroline De Haas, estime que de 70 % à 80 % des femmes ont des rapports sexuels sans en avoir envie et à plusieurs reprises. Oublie-t-on qu'un homme doit lui aussi consentir et se forcer parfois à des étreintes qui l'ennuient ? Que les femmes simulent peut-être le plaisir pour ne pas blesser leurs partenaires mais que les hommes disposent des mêmes stratagèmes et peuvent feindre une joie qu'ils ne ressentent pas, même si la chose est techniquement plus compliquée ? Le devoir conjugal marche dans les deux sens.

Que veut un certain féminisme contemporain : fonder les relations entre les deux parties de l'humanité sur le respect et l'agrément mutuels, ou dénoncer l'attirance entre les sexes comme une anomalie à gommer toutes affaires cessantes ? Une chose est de glorifier les femmes et de les sortir du discrédit où les avait confinées l'histoire, une autre d'abaisser les hommes comme une race maudite. De remplacer la chasse aux sorcières par une chasse aux sorciers. Autant la lutte contre le viol, l'inceste, la pédophilie est fondamentale, autant le caractère délirant de certaines accusations laisse à penser que la vraie cible n'est pas le harcèlement ou le sexe forcé mais les relations amoureuses tout court, c'est-à-dire l'hétérosexualité. Avec le risque, en refusant de hiérarchiser les infractions, de banaliser le viol en le dénonçant partout comme un continuum, un habitus culturel qui commence avec la drague insistante, les blagues sexistes[1] et finit par l'acte. Le mot lui-même est devenu un fourre-tout, une malle sémantique : il s'étend telle une ombre maléfique sur tous les gestes amoureux, du regard jusqu'à l'agression. Il peut foudroyer quiconque tente un geste malhabile envers une femme ou se retrouve pris, malgré lui, dans une situation compromettante. Jusqu'au simple fait, aux États-Unis, de prendre un ascenseur avec une femme seule ! Si elle se sent mal à l'aise en votre compagnie, entre deux étages, elle peut appeler la police. Votre présence constitue déjà une offense potentielle. Si le viol est partout, il n'est plus nulle part.

---

1. Commentant l'émission « Le Masque et la Plume » sur France Inter et sa dénonciation par Marine Turchi sur le site Mediapart, la professeure en études de genre à Lausanne Éléonore Lépinard rappelle que le rire masculin est « un plaisir de l'entre-soi masculin et blanc » qui conforte les complices dans la domination patriarcale. Mme Lépinard, toutefois, offre une porte de sortie aux hommes désireux de se racheter en leur offrant le « bien » et des « relations bonnes ». On est rassuré ! (*Libération*, 2 mars 2020.)

CHAPITRE 3

Non, c'est non ; oui, c'est peut-être

Quel est l'objectif d'un certain féminisme ? Émanciper les femmes ? Ou les tenir par la peur et ainsi les diriger ? Un demi-siècle après ladite « révolution sexuelle », l'amour est devenu un enjeu de pouvoir, le bonheur un souci dévorant, le plaisir une anxiété. La flèche de la liberté s'est retournée contre ceux qui l'avaient décochée et les transperce. Jadis, dans l'Occident chrétien ou bourgeois, l'acte amoureux était placé sous surveillance et toléré dans la sphère conjugale, aux fins de procréation. Des à-côtés étaient admis, pour les hommes uniquement, à savoir les maisons closes, à la rigueur une maîtresse, demi-mondaine, épouse frustrée, grisette ou célibataire, afin de canaliser les élans d'une libido débordante. Les conjointes, confinées à la maison dans les rôles de mère, d'éducatrice et de cuisinière, prenaient parfois des amants au risque d'être blâmées et sévèrement sanctionnées par la société ; *Madame Bovary* en constitue l'exemple littéraire le plus éclatant. Les choses ont changé depuis et les femmes ont enfin acquis, avec la contraception et le droit à l'avortement, la maîtrise de leur corps, progrès gigantesque. Mais après la brève période d'euphorie et d'insouciance des années 1960-70, l'étreinte amoureuse semble être à nouveau devenue un casse-tête, une difficulté juridique autant que politique, surtout dans les pays anglo-saxons. Finie l'incandescence du désir célébrée jadis : c'est le retour du sale petit secret.

Éros à l'université

Telle est l'expérience vécue depuis de nombreuses années sur les campus américains. Ces oasis de calme et de confort, réservées aux plus riches, sont aussi à leur manière les laboratoires de l'Amérique de demain ; il est ainsi recommandé aux enseignants, depuis les années 1990, de ne jamais recevoir une étudiante dans un bureau fermé à moins d'enregistrer la conversation pour éliminer toute équivoque, d'éviter les remarques sur le physique ou la tenue vestimentaire, de se garder de regards trop appuyés et bien sûr de s'interdire toute relation personnelle avec une élève, même lorsqu'elle a quitté le collège. En ce domaine, aucun consentement ne tient en raison de conflits d'intérêts ou d'abus d'autorité. La sanction est le renvoi immédiat et les relations entre professeurs ne sont pas moins réprouvées, sauf à déboucher sur un mariage en bonne et due forme. Les amours entre enseignants et étudiants sont aujourd'hui, dans les pays de culture anglo-saxonne, l'équivalent de *Roméo et Juliette*, le lieu d'un interdit absolu. Une Brigitte Macron, séduisant ou se laissant séduire par son jeune élève de 15 ans au collège d'Amiens où elle était professeure de français, eût été aux États-Unis impitoyablement sanctionnée. Sur les dépositaires du savoir et de la transmission pèse une méfiance a priori. C'est un climat d'inquisition qui règne et dont témoignent les romans de Philip Roth ou encore le *Disgrâce* du prix Nobel sud-africain J. M. Coetzee[1] : les autorités exercent un droit de regard sur la vie privée de leurs membres et exigent aveu et repentir de la part des récalcitrants.

Pour comprendre cette évolution, il faut revenir au désenchantement qui a suivi l'émancipation des mœurs : beaucoup de femmes ont eu le sentiment de n'avoir été « libérées » que pour servir de butin aux mâles, enfin délivrés du poids des interdits. Ne pas coucher, c'était s'avouer coincée, ringarde. En ridiculisant l'expression classique du sentiment, en plaçant le sexe sous la tutelle d'une pornographie mécanique, l'affranchissement, de façon paradoxale, a rendu l'amour plus compliqué. La permissivité des années 1970 avait discrédité les mœurs vieillotes, les convenances datées, les pudeurs mal placées. Il fallait tuer le vieux monde, à tout prix. Voilà cette liberté, à son tour, mise sur la sellette, en posture d'accusée.

Le *Titre IX* (du nom d'une loi votée en 1972) contraint aux États-Unis les établissements d'enseignement public à considérer avec gravité la moindre accusation à caractère sexuel et à enclencher sans délai la

1. Seuil, 1999.

machine administrative. Dès le début des années 1990, l'Antioch College dans l'Ohio avait promulgué une charte réglementant l'acte sexuel entre étudiants, lequel devait, si possible, faire l'objet d'un accord écrit[1]. L'avertissement délivré aux galants était clair : « Vous devez obtenir le consentement à chaque étape du processus. Si vous voulez lui enlever son corsage, vous devez le lui demander, si vous voulez lui toucher les seins, vous devez le lui demander. » C'est une sorte d'étreinte en morse qui était proposée ici, guère propice au trouble, non pas un ample enveloppement mais une série d'avancées en discontinu avec possibilité à chaque mouvement de revenir en arrière. Tel le visionnage d'une vidéo par un officier de police en quête d'un suspect. À l'époque le NOW (National Organization for Women), principale organisation féministe américaine, avait tenté de faire du code d'Antioch la matrice des relations érotiques sur les campus et, par extension, dans tout le pays. Les Américains avaient en majorité répondu négativement. Les choses ont changé, prouvant que l'histoire n'est jamais modifiée que par des avant-gardes déterminées qui infléchissent la conduite des peuples. Les nombreux cas de viols recensés, à la suite de soirées trop arrosées, ont amené les autorités universitaires à promouvoir l'*affirmative consent*, le consentement clairement formulé, par peur de perdre des financements ou d'être entraînées dans des pour-

1. J'ai longuement analysé cette évolution dans *La Tentation de l'innocence*, Grasset, 1995.

suites judiciaires. Soit par une étudiante abusée dont l'agresseur n'est pas poursuivi, soit par un étudiant injustement accusé et dont les droits constitutionnels ont été bafoués. Le consentement doit être clair, volontaire et mutuel. Le silence ou l'absence de résistance n'ont aucune valeur légale. L'approbation est invalidée si elle est obtenue par la force, sous l'emprise de l'alcool ou de la drogue. Elle est unique à chaque fois et peut être modifiée si la personne se ravise au cours de l'acte. Et cette personne ne peut être que la femme. L'échange est fondé sur le principe : « *No means no* », non veut dire non, ce qui est incontestable. En revanche, oui ne veut pas toujours dire oui, il peut vouloir dire « peut-être » si la femme change d'avis ou se trouve déçue par la prestation de son partenaire. Aucune place n'est laissée ici à l'indulgence, au tâtonnement. Un changement d'humeur et l'autorisation se transforme en refus. On imagine l'état d'anxiété où cet arbitraire place l'amant révocable. La permission d'une fois ne signifie en rien la permission pour une autre. Ce sont des contrats courts, abrogeables à tout instant.

Le regret du lendemain

Les exceptions à la règle sont multiples : si la partie féminine était éméchée, voilà le garçon fautif. Si elle est douchée par l'étreinte et n'a pas joui, si elle veut se venger d'un flirt qui l'a plantée après une simple nuit, elle peut porter plainte. C'est le « regret du lendemain matin » : on peut être déçu par un bref interlude ou réaliser après coup qu'on ne désirait pas vraiment cette personne. Cela justifie-t-il de déposer une main courante, de prendre un avocat ? L'intimité physique comme la relation amoureuse ont ceci de particulier qu'elles se construisent dans la confiance et le temps. Les soumettre aux volte-face, à la menace d'un procès, c'est en détruire la magie avant qu'elles ne soient consolidées.

Comment entériner l'assentiment ? Le passage devant un juge paraissant compliqué, on préfère recourir à une application « *Yes to sex* » où l'on énonce à haute et intelligible voix son acquiescement sur un serveur sécurisé. Le contrat peut s'énoncer, avec les fantaisies autorisées. Dans tous les cas de figure, le blâme ne peut porter que sur l'homme. Le rêve est ici celui d'une société entièrement recréée et refaçonnée par le droit jusque dans ses moindres aspects. Des « coordinateurs d'intimité », à mi-chemin entre des videurs de boîtes de nuit et des professeurs de bienséance, se placent en tiers dans des soirées, dans des bars, pour fluidifier les échanges, écarter les importuns, vérifier la conformité des conduites. D'autres universités aux États-Unis affichaient dans les années 1990 des murs de la honte, avec listes de machos ou de violeurs ou supposés tels sans qu'ils aient la possibilité de se défendre[1]. Pratiques qui ne sont pas sans rappeler les séances d'humiliation collective de la révolution culturelle chinoise.

1. Katie Roiphe, *op. cit.*, p. 19.

Des programmes de prévention dans les facultés sont développés pour éviter des poursuites, des pédagogues spécialement formés proposent des « scénarios réalistes » entre personnes pour délimiter le permis de l'interdit[1]. On imagine les enseignants, aidés de sexologues et de psys, planchant sur toutes les positions possibles pour les proposer au peuple étudiant en pleine turbulence sensorielle. On se croirait revenu, toutes proportions gardées, aux manuels des confesseurs du XVIIe siècle dans l'Europe catholique qui sondaient les dames pécheresses jusqu'aux détails les plus graveleux pour pardonner ensuite leurs égarements. Deux objectifs guident les autorités universitaires : le maintien de la discipline autant que le souci de l'épanouissement. Il faut parer aux incidents tout en canalisant les éruptions hormonales des jeunes gens. Le campus, pour une majorité de garçons et de filles entre 18 et 24 ans, sera le lieu où ils perdront leur pucelage et connaîtront leurs premiers émois. C'est aux adultes de les encadrer pour prévenir tout dérapage. Si, selon une étude de la Maison Blanche, près de 10 % des étudiantes sont victimes d'agressions sexuelles sur les campus, la pratique du viol est surtout développée dans les milieux sportifs. Ce sont ces demi-dieux, adulés par leurs pairs, basketteurs, joueurs de football américain, nageurs, qui dérapent le plus souvent et réclament ensuite l'impunité en raison de leur statut.

---

1. Barbara Will, *Report of the Presidential Steering Committee for Moving Dartmouth Forward*, janvier 2015, p. 22.

Le grand ennemi, comme en Europe, c'est l'alcool à gogo. Les jeunes gens boivent pour perdre la tête, briser les inhibitions avant de sortir. Il faut s'enivrer quitte à se faire vomir puis recommencer, et ce jusqu'au black-out. Ce qui se passe ensuite reste énigmatique et donne lieu à toutes les interprétations[1]. On est loin du *dating* des années 1940, quand un jeune homme bien élevé demandait à un père de famille la permission de sortir avec sa fille avec promesse de la ramener avant minuit. Sous l'emprise de l'alcool, on couche parfois sans même se souvenir avec qui. Difficile, ensuite, d'entrer dans la délicatesse d'un rapport amoureux partagé. Résultat : les jeunes femmes préfèrent souvent rester entre elles, dans un espace sécurisé (*safe space*), plutôt que de subir les assauts de leurs camarades éméchés. Certains week-ends, certains congés comme ceux de Pâques, les *Spring breaks* (les « Relâches de printemps ») en Floride ou au Mexique par exemple, oscillent entre l'orgie romaine et la beuverie de corps de garde et sont des moments à haut risque sur tous les plans. Ce sont les saturnales d'une société puritaine qui lâche la bride à sa jeunesse à dates fixes.

1. *L'alcoolisme masculin est directement lié aux violences domestiques et aux viols. Les féministes devraient-elles appuyer les mouvements de tempérance ?* Moira Donegan, « The temperance movements linked booze to domestic violence. Dit it have a point ? », *The Guardian*, 3 janvier 2020.

Les aléas du contractualisme

Aux victimes oubliées répondent les innocents injustement calomniés. Certains établissements, rongés par le remords d'avoir laissé passer des viols, punissent systématiquement, au risque de l'erreur judiciaire. Des centaines d'étudiants portent plainte pour violation de leurs droits. Entre les deux extrêmes du laxisme et de l'arbitraire, le choix est cornélien. Si une simple dénonciation suffit à envoyer un garçon devant un conseil disciplinaire, la tentation sera grande pour une jeune femme déçue de diffamer, voire de produire un faux témoignage pour apaiser une blessure narcissique. Mentir à son partenaire pour l'attirer dans son lit relève-t-il de la compétence des tribunaux ou des aléas de l'amour ? Va-t-on créer un ministère des Peines de cœur ? Peut-on confondre le désenchantement sentimental, souvent inévitable, avec une infraction civile ? Cela fait partie du vieux théâtre des passions que beaucoup d'activistes radicales voudraient détruire. Éros et Cupidon restent d'éternels trouble-fête. À leur tour, les hommes abandonnés par des femmes indifférentes vont-ils porter plainte ? Il n'y a pas (encore) d'assurance contre les chagrins d'amour. Dans une nation qui n'a du sentiment qu'une vision pornographique ou mièvre, les intermittences du cœur, les caprices de la convoitise sont vus comme des crimes passibles des pires châtiments, surtout s'ils sont commis par des hommes. Jadis la « lettre écarlate », le A d'adultère, était réservée aux femmes infidèles, comme l'a merveilleusement décrit Nathaniel Hawthorne. Le puritanisme a changé de sexe mais pas de méthode.

Le contractualisme est toujours problématique quand il doit régir le domaine flou des affects. La sphère amoureuse demande une sympathie mutuelle qui autorise l'abandon, la découverte et finalement l'invention d'un protocole propre aux amants. On ne fait pas l'amour pour garder sa dignité, plutôt pour la perdre. Mais dans l'univers impitoyable du néoféminisme, il n'y a pas de clémence possible, juste des guerrières prêtes à rendre coup pour coup. Le sexe, au lieu d'être une joie partagée, redevient ce qu'il était à l'époque victorienne, un objet de méfiance, voire de dégoût, un match entre deux adversaires. Et le présupposé d'une telle démarche, c'est qu'il n'est de sexualité que masculine, la femme, elle, se contentant de subir les assauts d'un monstre bestial qu'elle ne peut jamais désirer en retour.

L'amour en vidéo

Comment se protéger du penchant naturel des garçons à l'abus ? Des juristes proposent plusieurs solutions. Pour certains, telle Lauren Campbell, il faudrait filmer l'intégralité de la séance, comme dans les grands magasins, et détruire la vidéo au bout de quelques mois[1]. Cela ne risque-t-il pas d'inhiber les amants ? Sans parler des dangers de fuite sur Internet et de chantage. Même signer un contrat en présence d'un témoin ne suffirait pas car l'un des deux contractants pourrait changer d'avis par la suite. La seule solution vraiment transparente serait de faire l'amour devant un tiers. La proposition est délicate. Il n'est pas évident que le témoin sera impartial. Il pourrait même demander à participer, abuser de sa position. Comment s'abandonner devant un étranger, se dépouiller de toute pudeur si un regard inquisiteur vous examine sous toutes les coutures ? Faudra-t-il un témoin du témoin pour corroborer les dires du premier ? N'est-on pas en train, aux motifs de transparence, de réinventer la partie fine en toute légalité ? Au final, quelle que soit la méthode retenue, on ne saura jamais si le sexe a été vraiment consenti. Si le corps se met en état de vigilance, il ne peut plus s'abandonner : le garçon va débander au premier souci et la fille se refermer. Il n'y a pas de solution miracle, que des options plus ou moins imparfaites.

Qu'importe, nous dit Laura Kipnis, professeure de cinéma, dans un livre à charge contre le système universitaire, les « agressions sexuelles » sont devenues aux États-Unis un commerce juteux avec vente d'applications pour smartphones, formations en ligne générant d'énormes profits qui diminuent d'autant les salaires

1. Lauren Campbell, « Can sex prove to be consensual ? », *Quora*, 22 août 2015.

des professeurs. C'est un nouveau complexe industriel qui s'ouvre au détriment de l'enseignement proprement dit[1]. L'Amérique des campus semble tombée dans un état de délire sexuel qui n'a rien à envier aux dogmes pudibonds des Pères fondateurs.

1. Laura Kipnis, *Le Sexe polémique. Quand la paranoïa s'empare des campus américains*, Liber, 2020, p. 253.

CHAPITRE 4

L'amour est un piège

« La vertu même a besoin de limites. »

MONTESQUIEU

Au nom des meilleures intentions, on invite les jeunes femmes à voir l'acte érotique comme un traquenard dont elles seraient les dupes. On le découpe en séquences qu'on analyse avec minutie pour chercher la faille. Le domaine du contentieux s'étend à l'infini. Ce morcellement enserre l'acte charnel dans l'alternative manichéenne du oui ou du non et fait bon marché de l'hésitation, de l'atermoiement. Rappelons cette évidence : convoiter un être, c'est prendre le risque de la rebuffade. Que faire, alors ? Renoncer ou insister ? Si celui qui aime, mais n'est pas payé de retour, persiste, il risque d'exaspérer la personne courtisée mais éventuellement de voir un jour ses efforts récompensés. (C'est le motif du magnifique roman de Gabriel García Márquez, *L'Amour aux temps du choléra*, publié en 1985, où un homme attend cinquante ans la femme qu'il aime car elle est mariée, et mal mariée, avec un autre.) Combien d'unions heureuses ont débuté par l'indifférence d'un des deux partenaires, éveillé peu à peu au sentiment par l'obstination de l'autre ? Qui n'a un jour ou l'autre tenté sa chance, avec gaucherie ?

Le triomphe du manichéisme

On s'est scandalisé, il y a deux ans, d'une pétition rédigée par un certain nombre de femmes en réaction à #MeToo parmi lesquelles Catherine Millet, Ingrid Caven, Catherine Deneuve ou Sarah Chiche défendant « une liberté d'importuner, indispensable à la vie sexuelle »[1]. La tribune commençait ainsi : « Le viol est un crime. Mais la drague insistante ou maladroite n'est pas un délit ni la galanterie une agression machiste. » Que n'avaient-elles dit ? On peut juger les termes mal choisis. Mais les deux Catherine, Millet et Deneuve, ont été traînées dans la boue. Même la très convenable, très « *old school* » Emma Thompson, qui n'est jamais passée pour une pétroleuse, est allée, dans un entretien au quotidien *Le Monde*, jusqu'à traiter Catherine Deneuve de « collabo du pouvoir mâle[2] ». Diable, le mot est fort et enferme toutes les femmes dans une alternative impossible : ou elles passent du côté de l'ennemi ou elles s'opposent à lui. Invoquer à tout propos une mythique

1. *Le Monde*, 9 janvier 2018.

2. *Le Monde*, 19 août 2019 : « Il faut savoir que les femmes peuvent parfois être leurs pires ennemies. Certaines ont à ce point intégré le patriarcat qu'elles collaborent. Pis : qu'elles l'incarnent. »

sororité est une manière pour les plus extrémistes d'excommunier celles qui ne suivent pas leur bannière et de les ranger dans le camp du patriarcat. Il est comique et navrant de voir tant de féministes, au mitan ou au soir de leur vie, courir après la génération #MeToo et renchérir sur les activistes pour ne pas avoir l'air dépassées. Cet opportunisme insulte l'intelligence. Même l'historienne Michelle Perrot s'est crue obligée, dans un entretien sur son parcours personnel, de dire : « Le rire masculin fait du bruit, les larmes féminines coulent en silence[1]. » Michelle Perrot n'a sans doute jamais entendu s'esclaffer des Américaines dans un restaurant ou des collégiennes au sortir du lycée. Au-delà du pathos facile, cette phrase ne veut rien dire sinon que le monde se divise en deux : les hommes qui rigolent avec force et les femmes qui sanglotent. Triomphe du manichéen. #MeToo a eu l'immense mérite d'autoriser des femmes à prendre la parole et à faire condamner des prédateurs sans scrupules, mais cela n'interdit pas d'en dresser un bilan critique.

On oublie que les femmes harcèlent parfois sans plus de finesse que les hommes et que certaines, dans une bien moindre proportion évidemment, maltraitent leur partenaire, masculin ou féminin, ou leurs enfants[2].

1. *Le Monde*, 21 décembre 2019.

2. Le viol masculin par une femme est encore un tabou et très peu d'associations en France, au contraire du Canada, viennent en aide aux victimes masculines d'actes sexuels forcés. Les Américains utilisent le terme de « contrainte à pénétrer » sous la forme de pression verbale, de chantage ou de force physique. Une érection, en l'occurrence, n'est pas

On omet qu'elles peuvent être aussi dans la vantardise sexuelle, l'étalage de compétences érotiques hors du commun, et qu'il leur arrive de tordre la vérité. Comme tout le monde. Mettre ces défauts sur le seul compte du genre masculin est partial. Quant à la convoitise, elle procède souvent par voies détournées, affectionne l'incertitude et une personne n'est pas toujours sûre de ce qu'elle veut avant de le réaliser. Le sentiment comme l'érotisme ont besoin de temps pour mûrir. Exiger de deux jeunes gens qui se découvrent et se plaisent de planifier à l'avance tout ce qu'ils vont faire, c'est croire naïvement qu'on peut mettre son désir au clair, le programmer à la façon d'un ordinateur. On se tient là dans ce que j'avais appelé le paradoxe des amours contemporaines : nous souhaitons deux choses très différentes, un attachement qui nous consume autant que la pleine possession de notre personne. Nous voulons la passion qui ravage et la liberté qui sépare au risque de vivre dans un écartèlement permanent[1]. Or aimer quelqu'un, c'est se placer, qu'on le veuille ou non, sous la coupe d'un être qui peut nous ravir mais aussi nous détruire, nous précipiter dans la poussière. L'être aimé est un souverain

---

une preuve de consentement mais le résultat d'une simple stimulation. C'est dans les prisons notamment que certains gardiennes abusent le plus massivement des détenus. Le projet de loi adopté le 3 août 2018 en France inclut dans la définition juridique du viol les hommes ayant subi des fellations forcées ou ayant été contraints de pénétrer l'auteur du viol, homme ou femme. La honte, la gêne, la peur de passer pour faible expliquent pourquoi si peu de cas sont déclarés.

1. Pascal Bruckner, *Le Paradoxe amoureux*, Grasset, 2009.

chéri qui se transforme parfois en despote haï. L'emprise est au cœur même de l'amour.

Tout ce que nous avions gagné depuis un siècle, et d'abord que la société cesse d'intervenir dans nos amours, risque d'être remis en cause au nom de la sécurité des femmes et des enfants. Le panoptisme, la surveillance de tous par chacun, ces monstres politiques créés jadis par des philosophes « philanthropes », reviennent sous les auspices de l'égalité et de la justice. Déjà certains prônent l'inversion de la charge de la preuve, ce qui piétinerait des siècles de progrès du droit[1]. Le juge et l'avocat ont remplacé le prêtre et le confesseur comme ordonnateurs des convoitises et sont devenus, aidés par ce Grand Autre qu'est la fourmilière des réseaux, les vrais tiers adultérins au sein des couples.

Défense de regarder

En Europe, surtout latine, le désir est attirance ; en Amérique du Nord, il est turbulence. Dans un cas, il intrigue, il enchante ; dans l'autre, il dérange, perturbe. Dans la vie professionnelle, aux États-Unis, sont édictées des règles précises : il est recommandé aux femmes de ne pas porter de vêtements trop moulants ou transparents, aux hommes de ne pas les considérer de façon

1. Laure Murat à propos de Woody Allen : « Ce n'est plus à Dylan de prouver que son père est coupable, c'est à Woody Allen de prouver qu'il est innocent », *op. cit.*, p. 112.

explicite ou gourmande. Fixer une femme dans la rue avec insistance, se retourner sur elle, peut vous valoir une réprimande[1]. Voilà que l'œil redevient ce qu'il était à l'époque classique, l'organe corrupteur par excellence. Regarder, c'est convoiter ; admirer, c'est prendre. Les femmes se font belles mais les apprécier d'un œil gourmand est un péché. Ce que les Anglais appellent le « *eye raping* », le viol par les yeux. On ressuscite ainsi la vieille faute de concupiscence. Cachez ce regard que je ne saurais voir.

La firme Netflix, après le licenciement de Kevin Spacey, accusé de comportements inacceptables envers de jeunes collègues, a mis en place ces dernières années une série de mesures très concrètes : interdiction d'échanger des numéros de téléphone sur les lieux de travail, de se regarder dans les yeux au-delà de cinq secondes et de se prendre dans les bras. Tout comportement inapproprié entraîne le renvoi immédiat des plateaux. Il s'agit moins de pudeur que de tranquillité dans la vie professionnelle. Les termes équivoques ou dégradants, de nature à provoquer un environnement hostile (la médisance ou les remarques déplacées sur les

1. « Un quidam n'a pas le droit de regarder une femme comme une marchandise sexuelle », in Ivan Jablonka, *Des hommes justes*, Le Seuil, 2019, p. 325. On pense à la phrase que Tariq Ramadan aimait à répéter en boucle dans ses prédications : « Si tu regardes une femme en maillot de bain, tu iras en enfer. » Savoir s'il a lui-même appliqué ces principes est une question théologique qui nous dépasse.

tenues affriolantes), sont bannis autant que les appréciations avantageuses. Le compliment est frère de la dépréciation. Un « homme juste » (Ivan Jablonka) se doit de les éviter : « Qui complimente manifeste une autorité : l'autre est l'objet de son jugement. L'idéologie chevaleresque, la survalorisation de l'apparence des femmes et la politesse de protection, si elles renforcent l'autorité masculine, relèvent d'un "sexisme bienveillant", complémentaire d'un "sexisme hostile"[1]. » La flatterie, voilà le nouvel ennemi, d'autant plus perfide qu'elle semble louer celle qu'elle rabaisse en réalité. Tout homme qui a décidé de rejoindre le combat féministe, nous dit Ivan Jablonka, doit donc la répudier. On sait que le président Obama avait dû s'excuser publiquement en 2013 après avoir dit de Kamala Harris, alors membre du gouvernement de Californie, qu'elle était « la plus belle ministre de la Justice du pays ». Il avait par là même fait preuve de sexisme et de « *lookism* » (confiance aveugle faite à l'apparence des individus)[2]. Aucune femme, mais aucun homme non plus, ne devrait être jugé sur son aspect

1. Ivan Jablonka, *op. cit.*, p. 325. L'auteur cite ici Peter Glick et Susan Fiske, « An ambivalent alliance : Hostile and benevolent sexism as complementary justifications for gender inequality », *The American Psychologist*, n° 56, 2001, pp. 109-118. Pour son malheur, Ivan Jablonka sera vertement remis à sa place par les féministes, furieuses qu'il intervienne dans leur champ de compétence. Le fayotage ne paye pas…

2. « Ce n'est pas un compliment. Et pour un président qui est devenu un modèle culturel pour ses partisans (…) l'exemple qu'il donne est scandaleux. » Jonathan Chait, *New York Magazine*, octobre 2013.

extérieur. Quant aux manières d'aborder les gens qu'on vous présente, il faut se conformer aux codes en cours : essayez, par réflexe français, de faire la bise à une femme ou à une jeune fille américaine qu'on vous présente. Elle se rétractera comme sous l'haleine fétide d'un crapaud et seul l'argument de l'exotisme culturel vous exonérera du soupçon d'agression. La coutume autorise une poignée de main, à la rigueur une accolade distante.

CHAPITRE 5

La sauvagerie du mâle frustré

Reste que les violences faites aux femmes sont toujours d'actualité, avec des nuances importantes selon les pays et les régimes. Dans les sociétés traditionnelles, la situation de la femme est celle, classique, d'un patriarcat remis en cause mais qui bénéficie encore du soutien de la majorité de la population, y compris féminine, et voit les idées d'émancipation comme l'influence pernicieuse de l'Occident. Toute tentative de modifier les choses est considérée comme un scandale, même s'il s'agit de choisir l'homme qu'on aime et non celui que la famille vous impose, ou encore d'affirmer son homosexualité[1]. La distance est vertigineuse entre la liberté dont nous jouissons dans les pays démocratiques du monde occidental et la semi-servitude de la majorité des sociétés. Ne pas reconnaître ce fossé légal entre nos

1. Smaïn Laacher, « Maroc : "L'amour n'est pas un crime" », *Libération*, 12 décembre 2019 : « Lorsqu'on est une femme arabe, aimer en toute liberté reste un acte hérétique. (...) Se prétendre féministe, c'est faire preuve (...) d'occidentalisation dans ce que l'Occident aurait de pire : l'émancipation politique des femmes. »

démocraties et les autocraties diverses du globe est une faute contre l'esprit.

Violences contre les femmes

Mais le mal est plus douloureux quand il intervient dans nos États de droit : c'est alors le sentiment déchirant que l'archaïque n'a jamais vraiment disparu de nos sociétés, que le barbare affleure sous le mince glacis du civilisé et que ce barbare est masculin. Derrière l'énoncé de lois généreuses sévissent encore l'insulte, les coups et les meurtres puisqu'en France seulement, une femme meurt tous les trois jours sous les coups de son conjoint ou de son compagnon (et la même violence existe également dans les couples gays et lesbiens). Les présidents des cours de justice le répètent à l'envi : c'est souvent le dimanche, dans l'allergie du tête-à-tête, qu'ont lieu les crimes conjugaux. Le couple est à la fois un idéal d'épanouissement et un cachot. Mais ces « féminicides », comme les médias ont choisi de les appeler[1], sont-ils la preuve d'un patriarcat omniprésent

1. L'usage du terme est contesté par de nombreux juristes alors que les termes « infanticide » et « parricide » ont été supprimés du Code pénal en 1994 par crainte de porter atteinte à l'universalisme du droit en particularisant telle ou telle catégorie. « Féminicide » a été utilisé pour la première fois en 1976 par la sociologue Diana Russell pour désigner les massacres de femmes en Amérique latine. Il comprend les crimes d'honneur, les crimes de dot, les crimes intimes. D'autres ont proposé le mot « uxoricide ».

ou, à l'inverse, une marque paradoxale de son affaiblissement ? Cette nouvelle appellation préférée au terme de « crime passionnel » est-elle un progrès dans l'appréhension du phénomène ? Nous laisserons les juristes en décider. N'est-ce pas plutôt notre intolérance à ces brutalités qui augmente et suscite ce mouvement d'indignation, au risque d'alimenter une querelle de chiffres[1] ? Un mari brutal hésitera à frapper s'il sait que son épouse peut le dénoncer d'un clic sur son portable (en France, ce sont les téléphones « grave danger »), s'il est soumis de plus à un contrôle judiciaire et peut être privé de ses enfants par une contrainte d'éloignement ? Les nouveaux droits acquis par les femmes, les droits d'aimer qui elles veulent, de divorcer, de mener leur carrière à leur guise, de jouir d'une autonomie financière, peuvent entraîner chez certains hommes un surcroît de sauvagerie. Ils veulent récupérer par la force ce qu'ils ont perdu par la loi. Pour le dire autrement, les atteintes aux femmes risquent de s'accroître à mesure que s'accroît leur indépendance. La rage masculine naît moins d'un recul que d'une avancée : c'est un revanchisme de vaincus. Mais croire que ces assassinats n'ont rien à voir avec l'amour ou les crimes passionnels au motif que « l'amour est un accord consenti entre deux

1. Julie Bienvenu et Yann Bouchez, « Féminicides, la bataille des chiffres », *Le Monde*, 17 janvier 2020. Les journalistes notent par exemple que les hommes tués et les femmes de couples lesbiens victimes de leur compagne (3 en 2018) ne sont pas comptabilisés par les collectifs de militantes qui recensent uniquement les cas entrant dans le cadre du « terrorisme patriarcal ».

personnes libres qui peut être rompu dès qu'une personne le souhaite[1] », c'est confondre, dans une logique très marchande, la passion avec un contrat d'affaires et sous-estimer ce qu'il y a d'archaïque et de violent dans le désir, y compris chez les femmes.

Les progrès de la liberté féminine iront toujours de pair, chez certains, avec la haine des femmes libres. Beaucoup d'hommes répondent à cette insolente émancipation par la fureur d'un propriétaire réagissant à l'abolition de l'esclavage. Notre vigilance est plus sourcilleuse qu'autrefois et la moindre atteinte aux personnes (femmes ou enfants) est perçue, fort heureusement, comme une abomination. C'est un combat qu'il faut poursuivre sans relâche.

La drague interdite ?

Au motif que des femmes sont tuées par leurs conjoints, faut-il criminaliser la séduction, l'encadrer par des règles si strictes qu'elle en perd toute spontanéité ? C'est ce que préconisent depuis un demi-siècle certains courants féministes nord-américains et ce que tentent d'imposer, dans un mimétisme panique, leurs collègues françaises. Chez certaines, il s'agit d'un copié-collé pur et simple, comme chez la journaliste et critique de cinéma Iris Brey qui utilise à tout bout de champ l'expression

1. Camille Froideveaux-Metterie, entretien avec Lorraine de Foucher, *Le Monde*, 31 mai 2020.

de « male gaze » (en franglais dans le texte), c'est-à-dire du regard masculin qui dénature le corps des femmes[1]. Soucieuse de promouvoir un cinéma fait par les femmes et pour les femmes, sans voyeurisme ni vulgarité, elle répète à l'envi qu'il n'y a pas de différence entre le discours amoureux classique et le harcèlement de rue, l'un étant le prolongement de l'autre.

Analysons cet argument. Soit l'on considère que le viol, la prédation, la fureur de certains individus ulcérés par le constat que les femmes ne se jettent pas dans leurs bras[2] sont la règle dans chaque ville et village de notre beau pays, qu'il s'agit d'une « violence systémique », et alors il faut bannir toutes affaires cessantes les anciens protocoles amoureux et instaurer une police du désir. Ou à l'inverse, on estime que ces meurtres sont une monstrueuse exception et qui ne devrait en rien diminuer les libertés acquises[3]. Exactement comme les attentats n'ont pas altéré

1. Iris Brey, *Le Regard féminin, Une révolution à l'écran*, éditions de l'Olivier, 2020.

2. Au printemps 2018, un individu a foncé avec son véhicule sur plusieurs femmes, à Toronto, pour punir les filles en général de n'être pas attirées par lui. Plusieurs ont été tuées.

3. Selon les statistiques de l'Institut national des hautes études de la sécurité et de la justice, entre 2015 et 2018, 1 086 femmes ont été victimes d'homicides en France, un chiffre qui baisse légèrement chaque année. Ce sont les femmes de plus de 60 ans qui sont concernées en majorité et qui, à 56 %, meurent entre les mains de leur conjoint ou d'un membre de leur famille dans leur habitation. Les régions ultramarines représentent le taux d'homicide féminin le plus élevé. Source : *La Lettre de l'INHESJ* (Institut national des hautes études pour la justice), n° 4, premier trimestre 2020.

notre joie de vivre et nos modes d'existence. La barbarie tue mais ne brise pas. Une chose est de plaider pour une certaine civilité sexuelle, un code des bonnes manières, une autre de dicter à chacun sa conduite en ce domaine. L'amour doit, autant que faire se peut, rester une fête. Si les amants se transforment en douaniers du frisson qui verbalisent les contrevenants, ils perdent la beauté et la folie de l'acte amoureux. Purifier le cœur de lui-même, c'est bannir tout ce qui, dans nos relations, relève de l'ambivalence.

La séduction persiste heureusement, et par la volonté même des femmes. Du moins en France, qui reste la patrie de la galanterie, n'en déplaise aux adversaires ricanants de l'exception française. Faire sa cour participe d'abord du grand principe égalitaire puisque l'on doit substituer la persuasion à l'autorité et obtenir le consentement de l'autre au lieu de le forcer. C'est donc, pour les deux sexes, reconnaître le sacrement de la conversation : badinage ou enfièvrement, le cœur est au bord des lèvres, le verbe s'emballe, s'enivre de lui-même. Il faut susciter l'intérêt à tout prix et pas sur les seuls attraits physiques. La situation n'est pas égalitaire entre celui qui veut plaire et celui qui est sollicité et peut, par coquetterie, feindre l'indifférence, faire patienter le prétendant pour mieux le tester. Toute la richesse du commerce amoureux réside dans son indécision. La séduction a ceci de fascinant qu'elle est floue : des sourires engageants peuvent être dictés par la simple politesse mais susciter une attente trompeuse. Inversement, une certaine froideur peut être le prélude à des embrasements ultérieurs. L'amoureux est un herméneute qui tâtonne dans un univers de signes confus.

Il faut distinguer ici le désir comme dette et le désir comme déclaration : dans un cas, l'autre me doit son corps parce qu'il m'a ému et que je me rembourse sur lui de cette émotion. C'est Sade qui a le mieux illustré cette posture puisque tous ses libertins des deux sexes font main basse sur les hommes, les femmes ou les enfants qui les excitent pour les violer d'abord, éventuellement pour les tuer (aux États-Unis, feu Jeffrey Epstein, grand pédocriminel, serait le plus proche de cette position). Dans le second cas, le désir que suscite l'être convoité n'est pas un ordre qu'on lui intime, il est une proposition qu'on lui adresse. Il est libre de l'écouter ou de la décliner. Cette exposition de soi dans l'incertitude est une épreuve terrible. « Conter fleurette » comme on disait jadis (d'où est dérivé le mot « flirt »), c'est aussi se dénuder moralement au prix de la moquerie. Parce qu'elles sont libres désormais, les femmes courent, autant que les hommes, le risque de la rebuffade et d'être éclipsées par des rivales plus chanceuses. La romancière américaine Alison Lurie raconte que les laiderons baisent beaucoup plus qu'on ne l'imagine mais qu'elles doivent subir les confidences de leurs amants sur les déboires que leur infligent les jolies femmes. C'est l'ironie terrible de l'émancipation : hommes et femmes, à la fois victimes et complices, se persécutent les uns les autres au nom de la jeunesse, de la forme, de la beauté. Tout ce qui fut un jour un instrument de libération peut devenir aussi un outil d'asservissement.

Il suffit d'avoir été harcelé soi-même une fois pour sympathiser avec ce que ressentent les femmes qui le sont chaque jour par des importuns. En butte aux obscénités, aux commentaires graveleux, elles réagissent le plus souvent en gardant les yeux baissés, en marchant vite, écouteurs vissés sur les oreilles. Quelques-unes, à la langue bien pendue, mouchent le goujat ou le giflent. Reste qu'au malheur d'être sifflé, poursuivi, répond ensuite le malheur tout aussi grand de n'être plus sollicité parce qu'on est devenu invisible, qu'on a vieilli (et cela vaut également pour les hommes). Y a-t-il sentiment plus crépusculaire que celui de la transparence aux autres, quand on « fait tapisserie » ? Sortir du monde du désir, être mis de côté est une autre tragédie, celle de la grande maturité et dont Simone de Beauvoir avait mesuré l'ampleur : « Oui, le moment est arrivé de dire : Jamais plus ! Ce n'est pas moi qui me détache de mes anciens bonheurs, ce sont eux qui se détachent de moi : les chemins de montagne se refusent à mes pieds. Jamais plus je ne m'écroulerai, grisée de fatigue, dans l'odeur du foin ; jamais plus je ne glisserai solitaire sur la neige des matins. Jamais plus un homme[1]. »

1. Simone de Beauvoir, *La Force des choses*, tome II, Gallimard, 1972.

CHAPITRE 6

Une justice trop imparfaite ?

> « On s'étonnait tout de même que des gens si instruits, si policés aient pu céder si volontiers à la tentation ancestrale de voir un homme incarner le mal à lui tout seul[1]. »
>
> Philip Roth

On dit que le néoféminisme est affaire de générations et divise les individus selon leur date de naissance. L'argument est exact jusqu'à un certain point. Vous appartenez au monde d'hier, lancent les militantes à leurs contradicteurs. Cette expression est elle-même datée : elle apparaît dès le XIXe siècle avec le mouvement communiste qui invitait à faire du passé table rase. C'est le problème avec la mouvance #MeToo : certaines activistes se croient hypermodernes, elles sont souvent terriblement archaïques dans leur confusion entre la justice et le lynchage. Elles se moquent de la vérité, elles ne veulent que la simplicité d'un monde coupé en deux :

1. Philip Roth, *La Tache*, Folio Gallimard, 2019, p. 419.

l'homme, blanc de préférence, toujours coupable, et la femme toujours affligée[1]. Elles sont animées d'une véritable rage purificatrice contre leurs aînées, y compris féministes, telle Simone de Beauvoir souvent accusée d'avoir pensé sous la coupe de Jean-Paul Sartre. Elles relisent le passé proche à la seule lumière du Bien et du Mal, ne concèdent aucun écart, ne connaissent que l'anathème et l'excommunication.

Cours camarade, le vieux monde est derrière toi

#MeToo a mis fin, dit-on, à des décennies d'impunité. C'est un progrès, sans nul doute. Mais il n'est pas interdit d'en voir aussi les limites ou les dangers. En France, par exemple, 114 avocates pénalistes et féministes ont dû publier une longue tribune dans *Le Monde* (7-8 mars 2020) pour rappeler qu'une « inquiétante présomption de culpabilité s'invite trop souvent en matière d'infraction sexuelle ». Faut-il croire les victimes sur parole ? À cette affirmation, les signataires rétorquaient : « Présumer de la bonne foi de toute femme se déclarant victime de violence sexuelle reviendrait à sacraliser arbitrairement sa parole, en aucun cas à la "libérer" (...) On se pique d'avoir à le rappeler, mais aucune accusation n'est jamais la preuve de rien : il suffirait sinon d'assener

1. « Une peau blanche, c'est la promesse d'obtenir certains privilèges et ce, y compris dans des espaces de révolte plutôt underground comme la sexualité. » Sarah Barmak, *Jouir. En quête de l'orgasme féminin*, La Découverte, 2019, p. 148.

sa seule vérité pour prouver et condamner. (...) En un clic et dans un mouvement de surenchère assez malsain, des femmes n'hésitent plus à s'autoproclamer victimes pour accéder à un statut qui induit l'existence de bourreaux tout désignés. Dès lors, pour peu que la justice soit convoquée et qu'elle les innocente, lesdits bourreaux seront doublement coupables d'avoir su échapper à une condamnation[1]. »

Ainsi s'expliquent ces campagnes médiatiques auxquelles nous assistons régulièrement depuis quelques années. Des personnalités plus ou moins connues surgissent dans l'espace public et offrent à l'opprobre des noms qu'elles piétinent. On demande à l'opinion de se prononcer sur-le-champ sur des affaires dont elle ignore tout et parfois jusqu'aux noms des protagonistes. Intimation est faite à chacun de prendre parti sous peine d'être accusé de complicité avec des individus abjects. Si la justice officielle est faillible et souvent partiale, cette nouvelle justice populaire est expéditive et ne s'embarrasse guère de scrupules. Les camps se divisent mais sur une même méconnaissance des faits. Monter un dossier, rassembler les preuves, auditionner les témoins, colliger les arguments à charge et à décharge prend du temps.

1. Tribune signée, entre autres, par Marie Dosé et Delphine Meillet, *Le Monde*, 7/8 mars 2020.

Mises à mort symboliques

Alors que la justice démocratique oscille entre deux écueils, laisser un crime impuni ou punir un innocent, la justice digitale, elle, s'exerce dans l'instant. Elle veut frapper le coupable supposé, quitte à détruire des vies et des carrières : tout se mélange, des propos de table, des propositions maladroites, des gestes déplacés, des caresses impudiques. Une simple remarque et vous voilà embarqué à jamais dans la grande foule des porcs. Nul besoin de passer à l'acte : vous êtes marqué à jamais. Internet est à cet égard un lasso impitoyable qui vous rattrape où que vous soyez, même un demi-siècle après. L'oubli y est impossible et si le code pénal autorise la prescription, les tribunaux de l'opinion publique se l'interdisent. Le moindre manquement est allégué, signalé et conservé pour l'éternité, fût-il daté d'un demi-siècle. Les réseaux sociaux offrent deux atouts : la publicité et l'émotion. Tous les chagrins, toutes les douleurs, toutes les opinions peuvent s'y épancher. Mais « ils tuent aussi sans sommation[1] », des furieux, des anonymes peuvent déchiqueter n'importe quel individu sur la foi de quelques allégations. Les arguments sont pulvérisés par l'indignation.

Combien de réputations ruinées par des plaintes infondées (pensons au cas, en France, du comédien Philippe

1. Marie Burguburu, avocate, « Balancer des "porcs" sur les réseaux sociaux, c'est attenter à la cause des femmes », *Le Monde*, 22 octobre 2019.

Caubère ou du trompettiste Ibrahim Maalouf[1]) ? Si vous êtes dans la liste des présumés coupables, si en plus vous êtes célèbre, votre compte est bon. Vous serez broyé à jamais et les droits de la défense bafoués. Si un tribunal classe l'affaire sans suite, le blâme est double : vous restez un violeur dans l'esprit des gens, protégé de plus par une justice au service des puissants. Un innocent n'est jamais qu'un coupable avec de bons avocats et des complicités haut placées. Une simple allégation vous marque à vie. La guillotine médiatique tourne à plein régime et, comme l'autre, elle a soif de nouvelles têtes à couper. Les juristes spécialisés dans le commerce des victimes n'hésitent pas à en fabriquer de toutes pièces pour assurer leurs revenus.

Remords rétrospectifs

Voyez la pédophilie : la société, pour se punir d'avoir toléré trop longtemps ce type de comportements, veut châtier a posteriori tous ceux qui ne l'ont pas fait au moment opportun. La curée est d'autant plus radicale qu'on s'est tu pendant trop longtemps[2] et qu'on veut

1. Accusé de viol par une ancienne militante Femen, Solveig Halloin, qualifié par elle de « serial violeur » et de « prostitueur », Philippe Caubère a été blanchi par le parquet de Créteil en février 2019. Quant au trompettiste Ibrahim Maalouf, accusé d'agression sexuelle sur une collégienne de 14 ans, qui avait menti, il a été innocenté après trois ans et demi d'enfer et de déchaînement médiatique contre lui.

2. Le site Mediapart n'a par exemple condamné Gabriel Matzneff qu'à la fin 2017 ; *Le Monde*, sous la plume de Dominique Perrin, seulement en décembre 2019 puis sous celle de Raphaëlle Bacqué et

procéder à une classe de rattrapage moral. Plus une cible est connue, plus il faut frapper : dans le cas de Roman Polanski, par exemple, on souhaite que l'État français le livre à la justice américaine (et que Woody Allen, par la même occasion, ne soit plus invité en France)[1], dans celui de Gabriel Matzneff, qui avait disparu de la mémoire collective mais que le beau livre d'une de ses victimes, Vanessa Springora, a ressuscité[2], on supprime tous ses ouvrages autobiographiques de la vente, on l'efface de toutes les librairies. Il n'a jamais existé. Comme les bolcheviques tombés en disgrâce sous le régime stalinien. Et malheur à ceux qui l'ont encensé, invité à une émission littéraire, tel Bernard Pivot, ou qui ont frayé avec lui. Tous salis, tous souillés. Pendant quarante ans, et alors que Matzneff proclamait haut et fort dans ses livres son amour des enfants, sa pédérastie militante, la gauche morale a gardé le silence. Les procureurs d'aujourd'hui sont les complices d'hier. On construit alors la figure du Monstre qui doit concentrer toute la haine. La meute ne le lâchera pas, jusqu'à l'hallali. Ce sont à chaque fois des mises à mort différées où l'on se réjouit

---

Ariane Chemin en janvier 2020. Rappelons que Mediapart a couvert l'islamologue Tariq Ramadan et dissimulé longtemps les accusations de viol et d'agressions dont il a fait l'objet. Aujourd'hui encore, Mediapart se fait le relais de toutes les pétitions demandant la relaxe du frère prêcheur, lequel se compare sans vergogne au capitaine Dreyfus, au motif qu'il est l'objet d'une campagne de calomnies sionistes ! La haine des Juifs enveloppée dans la dépouille du Juif persécuté…

1. Mathilde Serrel, « La Matinale », *France Culture*, 6 septembre 2019.
2. Vanessa Springora, *Le Consentement*, Grasset, 2020.

de la déchéance d'une figure publique en attendant la prochaine.

La femme est-elle le Juif de l'homme ?

Il était donc inévitable que le mouvement féministe, à un moment ou à un autre, rencontre la figure de la victime par excellence, celle du Juif déporté. Et inévitable que s'y produise ce qui s'est produit partout ailleurs : un antisémitisme par envie. Les étranges propos entendus le soir des César à Paris le 28 février 2020, lorsque Roman Polanski, soupçonné par ailleurs d'avoir abusé de plusieurs femmes après l'affaire Samantha Geimer[1], a reçu le Prix du meilleur réalisateur. Les slogans lancés par des manifestantes font froid dans le dos. « Le kérosène, c'est pas pour les avions, c'est pour brûler violeurs et assassins. » Un groupuscule dit Les terriennes, en réponse aux gaz lacrymogènes de la police, ont tweeté : « C'est Polanski qu'il faut gazer. » Ah, que ce retour du refoulé est aimable ! Quoi qu'on pense du cinéaste franco-polonais, il est des arguments qui dégradent ceux qui les utilisent. Pourquoi une certaine extrême gauche d'aujourd'hui ressemble-t-elle tant à une certaine extrême droite d'hier[2] ?

1. Sur Roman Polanski, l'enquête la plus factuellement exacte est celle de Mediapart du 9 novembre 2019, menée par Marine Turchi et Iris Brey : « Au fil des ans, six adolescentes ont accusé Roman Polanski de violences sexuelles. »

2. Ainsi l'écrivaine Virginie Despentes, furieuse que les César 2020 n'aient pas été attribués au film de Céline Sciamma, *Portrait de la jeune*

Mais plus que ces dérapages symptomatiques, il y a la volonté de faire du viol un crime contre l'humanité pire que le meurtre et imprescriptible. Les victimes de viol, selon un mouvement entamé depuis plusieurs années, deviendraient ainsi les représentantes du génocide moderne. Qu'est-ce que la pornographie ? demandait Andrea Dworkin il y a plus de vingt ans. Un « instrument de génocide », « Dachau introduit dans la chambre à coucher et célébré »[1]. Ce pourquoi l'oppression des femmes est comparable à la persécution des Juifs sous le nazisme. Un certain Frédérik Detue, universitaire et spécialiste des témoignages des crimes de masse, a pu, dans un texte stupéfiant, comparer le témoignage d'Adèle Haenel sur Mediapart le 4 novembre 2019 à propos de son agression par le réalisateur Christophe Ruggia, avec celui de Primo Levi, ancien déporté à Auschwitz. L'une et l'autre, selon lui, auraient répondu au prin-

---

fille en feu, avec Adèle Haenel en rôle titre, écrit-elle : « Il n'y a rien de surprenant à ce que vous ayez couronné Polanski : c'est toujours l'argent qu'on célèbre, dans ces cérémonies, le cinéma on s'en fout » (*Libération*, 2 mars 2020). Pas un instant Virginie Despentes ne se demande si *J'accuse* n'est pas meilleur que le film de Céline Sciamma en lice ce soir-là. Il est vrai que Virginie Despentes avait manifesté une grande mansuétude vis-à-vis des tueurs de *Charlie Hebdo* et de l'HyperCacher en janvier 2015 : « Je les ai aimés [les frères Kouachi] pour leur maladresse quand je les ai vus les armes à la main semer la terreur en hurlant : On a vengé le Prophète » (*Les Inrockuptibles*, 17 janvier 2015). Jusqu'où peut mener la coquetterie esthétique et la posture de la rebelle surtout quand on est soi-même devenue une notable de l'establishment ?

1. Andrea Dworkin en 1981, citée par Lynn Segal in *Dirty Looks, Women, Pornography, Power*, BFI Publishing, Londres, 1993, p. 12.

cipe de sobriété afin de préparer le terrain aux juges sans recourir « au pathétique de la victime ou à la véhémence du vengeur »[1]. Les noms de Robert Antelme et Walter Benjamin sont également convoqués pour célébrer la « survivante » Adèle Haenel, dont l'écrivain préféré est par ailleurs Louis-Ferdinand Céline. Le parallèle est surprenant, pour ne pas dire indécent. Il n'y a pas d'échelle de Richter des souffrances, mais ne peut-on envisager une hiérarchie qui permette de penser la violence comme multiple ? Faut-il aller jusqu'au nazisme pour penser l'agression sexuelle ? Pourquoi tout rapporter à ce moment de l'Histoire et envisager qu'une femme violée soit l'équivalent des suppliciés, femmes et hommes, de la Shoah ? Cette « loi de Godwin » suscite le malaise et peut expliquer pourquoi certaines féministes se veulent parfois plus « juives » que les Juifs au risque de s'abandonner à une judéophobie sans frein[2].

Ambiguïtés de #MeToo

La modernité, c'est l'irruption des dominés sur la scène publique, progrès réel autant que paradoxal. Hier on endurait, aujourd'hui on proteste. La tolérance à l'oppression ne cesse de baisser. L'adversité constituait jadis une épreuve nécessaire, désormais, elle vous

1. Frédérik Detue, « Le défi testimonial d'Adèle Haenel. Pour une révolution culturelle en France », *Lignes de crêtes*, 11 décembre 2019.

2. Sur ce thème, lire l'excellent article de Sabine Prokhoris, « L'emprise, vous dis-je ! », *Libération*, 22 janvier 2020.

pourvoit d'une raison d'être, presque d'une identité. Avec cette conséquence : les nouvelles générations, étant des générations dorlotées, sont infiniment plus vulnérables. D'où la bataille symbolique pour s'emparer du statut de paria. Voyez Samantha Geimer, droguée et sodomisée par Roman Polanski à l'âge de 13 ans et demi. Une fois le procès établi sur plainte de la mère pour *statutory rape* (détournement de mineur), une fois l'arrangement à l'américaine établi (une peine de prison de 90 jours, réduite à 45, avec examen psychiatrique suivi d'un dédommagement financier), elle lui a non seulement pardonné mais l'a ensuite félicité pour les différentes récompenses qu'il a reçues depuis. À une journaliste qui lui demande ce qu'elle pense de la déclaration d'Adèle Haenel au *New York Times* (24 février 2020) : « Distinguer Polanski, c'est cracher au visage de toutes les victimes. Ça veut dire : “Ça n'est pas si grave de violer des femmes” », elle répond :

> « Je ne suis pas du tout d'accord. Demander à toutes les femmes de supporter le poids de leur agression, mais aussi de l'indignation de tout le monde pour l'éternité, c'est cracher au visage de toutes celles qui se sont rétablies et qui sont passées à autre chose. Rameuter les victimes pour sanctionner des gens qui se sont mal comportés, c'est les victimiser davantage. Personne n'est en droit de dire à une victime ce qu'elle doit penser et comment elle doit se sentir. Lorsque vous refusez qu'une victime pardonne et tourne la page pour satisfaire un besoin égoïste de haine et de

punition, vous ne faites que la blesser plus profondément. Une victime a le droit de laisser le passé derrière elle, et un agresseur a aussi le droit de se réhabiliter et de se racheter, surtout quand il a admis ses torts et s'est excusé[1]. »

Singulière repartie mais qui n'engage que Samantha Geimer elle-même. Nous n'avons pas à dicter aux rescapé(e)s la conduite à tenir : ni dans l'oubli, ni dans le trauma. Cela relève d'un cheminement intime, souvent long et douloureux. Les fantômes ressurgissent, rendant la cicatrisation plus difficile. L'atrocité de certains abus se heurte parfois au silence des autorités, à l'incrédulité des proches (voir le beau film de François Ozon, *Grâce à Dieu*, 2018, sur les crimes pédophiles dans l'Église). Il faut savoir seulement que la réparation est possible, une fois la peine reconnue et l'agresseur sanctionné. Il y a toujours un risque à faire commerce de la douleur des femmes, à les plonger dans le dénuement moral pour les transformer en réprouvées éternelles.

La nouvelle mentalité consacrée par #MeToo représente-t-elle un progrès ou une « évolution désastreuse pour le féminisme » (Laura Kipnis) ? Il n'est pas surprenant que ce phénomène soit issu de Hollywood avec son mélange de narcissisme outrancier et d'arrivisme impitoyable. Les féministes sud-américaines expliquent avec raison que #MeToo est énoncé à partir

1. Peggy Sastre, « Samantha Geimer : "Personne n'est en droit de dire à une victime ce qu'elle doit penser", *Slate*, 28 février 2020.

du *moi* anglo-saxon alors que l'Amérique latine avait institué dès 2015 des collectifs *Ni una mujer menos, ni una muerta más* (« pas une femme de moins, pas une victime de plus ») qui part d'un *nous* collectif[1]. Le show-biz a une façon bien à lui de dramatiser tout ce qu'il touche en confisquant le malheur des autres. L'indignation tonitruante succède à l'étourderie et aux revirements spectaculaires. L'industrie du divertissement se marie mal avec les grandes causes politiques qu'elle rend trop souvent dérisoires et futiles. #MeToo est aussi un mouvement syndical de promotion des actrices et comédiennes qui ont conquis ainsi de très nombreux rôles en 2019 : derrière les clameurs outrées, l'ambition professionnelle, l'extension des parts de marché pour de nouvelles générations. Et pourquoi pas ? Au total, #MeToo ne se révélera peut-être qu'une redistribution du pouvoir au sein des élites : coup d'État de palais, révolution bourgeoise, carriérisme forcené, volonté de s'imposer sous le masque de la vertu féministe. Il y a une jouissance iconoclaste à démolir des figures masculines connues, Kevin Spacey, Plácido Domingo, Woody Allen, Luc Besson, Louis C. K., etc., quelle que soit par ailleurs la responsabilité de chacun (tâche, rappellons-le, qui incombe à la justice uniquement). Jeter tous ces puissants dans le chaudron, les faire chuter, a quelque chose d'une nuit du 4 août de la société du spectacle, d'une mise au pilori

1. Rita Laura Segato, « Nous voyons en Amérique Latine l'émergence d'une politisation féminine », *Le Monde*, 19/20 janvier 2020.

contemporaine. Tout ce qui s'est élevé un jour doit être rabaissé. Derrière la fureur du renversement, un passage de relais. Ce sont de nouvelles élites qui tuent les précédentes avant d'être sans doute tuées par d'autres dans le futur.

Délices du lynchage

Quand les crimes sont avérés, comme pour Harvey Weinstein ou Epstein, il n'y a rien à redire. Pour les autres, en attente de jugement, il faut instruire les affaires, ce qui prend du temps. Les dénonciatrices s'impatientent : une simple nomination sur la liste noire vaut verdict, comme à l'époque du maccarthysme. Le procédé peut se retourner contre les lyncheurs, selon la loi de réversibilité. Ce fut le cas de Sandra Muller, initiatrice du hashtag #BalanceTonPorc après qu'un certain Éric Brion, ancien directeur de télévision, lui a dit, lors d'une soirée arrrosée à Cannes en 2012 : « Tu as de gros seins. Tu es mon type de femme. Je vais te faire jouir toute la nuit. » Le propos, évidemment grossier et vantard, aurait durablement « traumatisé » la quadragénaire qui a dénoncé publiquement en 2018 son auteur, entraînant sa mise au ban de la société, la perte de son travail et sa dépression. Sandra Muller fut à son tour condamnée en septembre 2019 sur plainte d'Éric Brion. La cour a estimé que « l'outrage sexiste » instauré par la loi Schiappa en 2018 n'autorisait pas la plaignante à conspuer son agresseur, à le traîner publiquement dans la boue au point de voir sa « vie complètement ruinée » et de se retrouver en « état d'isolement social »[1]. Il s'agit dans cet arrêt de rapatrier dans l'institution des griefs qui vagabondent sur les réseaux et se réduisent souvent à des invectives.

Ainsi l'actrice Adèle Haenel qui porte plainte contre un metteur en scène, Christophe Ruggia, accusé de gestes déplacés alors qu'elle était impubère, en appelle-t-elle à changer la façon dont on « construit la vérité ». La phrase inspire quelque inquiétude. En matière judiciaire, la vérité tient dans la reconstitution la plus exacte des faits, non dans la construction. Si la vérité est construite, c'est aussi qu'elle peut être manipulée, comme le disait déjà le *Cratyle* de Platon. On songe à la phrase de Margaret Atwood à propos de #MeToo : « Bien sûr qu'il y a eu des effets positifs mais nous ne devons pas tomber dans l'erreur de croire que toutes les femmes sont des anges sans défaut et qu'elles disent systématiquement la vérité. Parce que, surprise, ce n'est pas vrai. »

On peut partager la frustration de nombreuses militantes sur les manquements de la justice en ce qui concerne la répression du viol. En France, selon des statistiques contestées, 10 % seulement des femmes victimes de viol porteraient plainte et 3 % des viols

1. La journaliste, condamnée à payer 15 000 euros de dommages et intérêts au titre du préjudice moral, a décidé de faire appel. L'avocate d'Éric Brion, Marie Burguburu, l'a qualifiée de « balance ». Le collectif Osez le féminisme a dénoncé dans ce jugement « une décision proprement scandaleuse » et affirmé : « La justice patriarcale est passée. »

déboucheraient sur un procès[1]. (Comment sait-on que les 90 % des femmes restantes n'ont pas porté plainte puisqu'elles ne se déclarent pas ? D'où sortent ces chiffres ?) Nul doute que la pompe glacée de la machine juridique, son cérémonial complexe, son langage technique aussi obscur que du latin d'église ont de quoi effrayer le profane et décourager beaucoup de celles qui veulent porter plainte. L'obligation de réserve des juges, le dédale des procédures, le caractère pénible des interrogatoires qui contraignent la plaignante à entrer dans les détails de sa vie sexuelle devant témoins, la douleur surtout de faire face à son agresseur donnent à cette institution une dimension inhumaine.

Mais ce détachement est ce qui rend la justice indispensable. Elle tempère les fureurs vengeresses. Si elle donne le sentiment de la froideur, c'est qu'elle est le tiers dépassionné qui introduit de la distance. Affirmer, comme l'a fait un ancien ministre de l'Intérieur, qu'en

1. « Seulement 1 % des violeurs sont condamnés et font de la prison, ce n'est pas normal », disait Marlène Schiappa en 2016. Ce chiffre est contesté par le ministère de la Justice. Les juges d'instruction font valoir que sur 100 plaintes, 80 vont être classées après enquête préliminaire pour manque de preuves ou discours incohérents. Sur les 20 % qui vont donner lieu à une instruction judiciaire avec une investigation poussée, confrontation entre les protagonistes, audition des témoins, 5 vont engendrer un non-lieu et 15 seront renvoyées aux assises. Et seulement une ou deux vont donner lieu à une vraie condamnation à de la prison, les autres avec sursis. Le temps judiciaire est long, trop long, surtout quand les plaignantes portent plainte vingt ou trente ans après les faits : là est la véritable défaillance.

certaines occasions « l'émotion dépasse les règles juridiques », c'est tout simplement bafouer l'État de droit. La règle est précisément là pour tenir l'émotion à l'écart. Le juge est l'incarnation du droit parce qu'il arbitre : pour qualifier l'infraction, il pèse le pour et le contre, examine les arguments. L'établissement des faits est d'une extrême subtilité. C'est parole contre parole. On peut bien vouloir renforcer l'arsenal juridique, on ne peut forcer la justice à devenir ce qu'elle n'est pas : un tribunal d'exception, une procédure expéditive et sommaire. Même les crimes des tueurs en série, même les procès pour terrorisme prennent des années. On ne saurait demander à l'institution ce que préconisent certaines : une estimation au doigt mouillé, à l'instinct[1]. La pire des régressions possibles.

La justice exaspère, à juste titre, notre envie de châtier : elle est là pour instruire avant de condamner. Dans le cas du viol, il doit d'abord être caractérisé : s'il n'y a pas eu pénétration avérée, il est requalifié en agression sexuelle et jugé en correctionnelle et non pas aux assises (en raison notamment de l'encombrement de cette juridiction). Rappelons qu'en France, la magistrature est en

1. Ainsi Laure Murat s'indigne-t-elle que *par instinct* Hollywood accorde l'impunité à Woody Allen en raison de sa célébrité et à tout ce système fondé sur l'abus de pouvoir. Elle demande que *par instinct* on écoute les accusations de Dylan Farrow contre son beau-père et que l'on prenne « en considération une voix qu'une culture a dévalorisée et qu'un mouvement mondial (#MeToo) a réhabilitée ». Le moins qu'on puisse dire, c'est qu'elle a été entendue. Le bannissement de Woody Allen est en bonne voie (Laure Murat, *op. cit.*, p. 113).

majorité composée de femmes, a priori peu suspectes de sympathies envers les agresseurs masculins, de la même façon que l'accueil des femmes violentées s'est considérablement amélioré dans les commissariats (et parfois au détriment des hommes systématiquement mis en cause). La majorité des viols sont de proximité, se produisent en général en famille, au domicile de la victime ou de l'agresseur, par des pères ou des mères sur leurs enfants, des époux ou amants sur leurs conjoints[1].

Nous vivons une étrange époque où la simple défense de l'État de droit fait de vous un complice aux yeux des partisans de l'État de force. La délation n'est plus clandestine, comme sous l'Occupation, elle est publique, flamboyante, le « populisme pénal » (Marie Dosé) est à son comble.

Le plat pays de l'équivalence

Mais on ne peut comparer toutes les situations, tous les pays, aligner le destin des Françaises sur celui des Afghanes, des Pakistanaises, des Syriennes, des Mexicaines pauvres. Un minimum de nuances est requis au risque de brouiller l'analyse, de transformer le temps de paix en temps de guerre permanente : une Parisienne de la moyenne bourgeoisie ne connaît pas tout à fait le

1. Selon l'enquête Virage, 3,7 % des femmes auraient vécu un viol ou une tentative de viol durant leur vie. En France, 75 000 femmes seraient violées chaque année. Un viol sur 11 seulement fait l'objet de plaintes et ces plaintes ont doublé depuis 1985.

sort d'une Indienne intouchable, d'une Africaine démunie. Elle dispose de ressources juridiques, morales, politiques sans comparaison avec les femmes de ces pays. Cette manière de noyer le poisson est une façon de dérober aux plus défavorisées leurs souffrances spécifiques. C'est le moment de proclamer : pas d'amalgame ! On a raison de faire pression sur la justice pour l'accélérer mais non pour la discréditer. On dirait que la seule finalité d'un certain discours militant est d'assombrir systématiquement le tableau alors que la situation des femmes est meilleure, en Europe et aux États-Unis, quoi qu'on en dise, que dans les années 1950 ou 60. La préemption du mouvement féministe, de part et d'autre de l'Atlantique, par une faction vengeresse est préoccupante. Son programme n'est pas l'épanouissement des femmes, c'est l'élimination des hommes et de tout ce qui est masculin sur cette terre. Beaucoup de militantes ne se reconnaissent pas dans ce jusqu'au-boutisme mais, redoutant d'être taxées de « collabos du patriarcat », elles n'osent dire : « Pas en notre nom. » Il est vrai que la haine tient chaud et soude un groupe mieux que tout. Les purificatrices pointent un doigt vengeur sur leurs aînés. Il est probable qu'elles-mêmes, dans vingt ou trente ans, seront traînées au banc des accusées par leurs propres enfants qui les blâmeront pour leur maccarthysme. Nous ne vivons que dans un monde et en un temps et sommes jugés par le suivant qui lui-même sera convoqué par ses successeurs pour répondre de ses actes.

La réciprocité commande donc d'ouvrir également des dossiers sur les nouvelles Torquemadas, les Inquisitrices publiques, et de les soumettre à leur tour à un examen sans concessions[1]. Les « chiennes de garde puritaines néofascistes », comme les qualifie Valérie Toranian[2], en réduisant les rapports humains à des rapports de police, s'exposent à leur tour au même traitement. Robespierre, ne l'oublions pas, a fini guillotiné.

Apprendre la civilité

Que faire alors pour juguler les violeurs et les violents ? Former les gendarmes à mieux recueillir les plaintes, la police à isoler les maris ou amants dangereux pour protéger leurs épouses et leurs enfants. Sans nul doute. Mais surtout éduquer dès le plus jeune âge : apprendre aux femmes à ne jamais tolérer les coups, à sentir les situations malsaines, à partir quand la coupe est pleine. Aux garçons, à entendre la réticence de celle qu'ils désirent, à ne pas insister en cas de désaccord. Ne pas être désiré par qui l'on désire, c'est souvent l'expérience fondatrice de l'amour, son premier malheur : se morfondre auprès d'un être que vous laissez

---

1. Ainsi Virginie Despentes est-elle accusée par la photographe Chloë des Lysses de harcèlement grave dans une lettre ouverte. Chloë des Lysses a été immédiatement traitée dans le petit milieu des notables de facho, de folle, de salope, de pute. Exactement, note Peggy Sastre, les arguments qu'on entend pour discréditer les femmes victimes de viol (source : Twitter).

2. Valérie Toranian, « César 2020 : l'avènement d'un nouveau monde », *Revue des Deux Mondes*, mars 2020.

indifférent. Il s'agit de réhabiliter l'art de faire la cour, de célébrer la délicatesse et l'attente en lieu et place de l'avidité prédatrice.

Mesures de bon sens qui impliquent pédagogie et intelligence. Il faudrait aussi éclairer, par la littérature, la poésie, le cinéma, le sentiment amoureux dans toute sa beauté et sa magnificence, saisir la dimension magique de l'érotisme loin de l'obscénité industrielle de la pornographie. Il est vrai que la femme dans l'étreinte est institutrice de lenteur : elle combat la hâte et la simplicité. Elle apprend à l'homme la valeur du temps, l'alliance de la patience et de la sensualité, l'exploration minutieuse des territoires corporels. Elle lui enseigne à différer son plaisir, à contrarier en lui la nature comme elle peut exiger de ses prétendants le déploiement d'égards et de manières, quitte à les faire languir. Il faut tenir à distance la brutalité du soudard comme la précipitation de l'adolescent. Tout ce qui est facteur de civilité, c'est-à-dire de complexité, élève Éros à un niveau d'effervescence unique. On comprend mal pourquoi certaines féministes récusent à la fois la violence et la galanterie au lieu de soutenir la seconde contre la première. Serait-ce que ces égéries souhaitent rendre la vie impossible aux femmes qui aiment encore les hommes ? La misandrie fait son miel de tous les subterfuges.

CHAPITRE 7

La biologie est-elle un leurre ?

Depuis ses origines, le féminisme oscille entre deux visions opposées : tantôt il célèbre la féminité comme une forteresse inaccessible. Tantôt il voit la division des genres comme un stéréotype à briser dès l'enfance : les garçons devraient jouer à la poupée et s'habiller en rose, les filles jouer au train électrique et faire tout ce qui est permis aux hommes. Cela va des métiers réservés au premier sexe, même les plus durs, jusqu'aux sports violents. Tout ce qu'un homme peut faire, une femme doit l'accomplir au mépris des pseudo-distinctions. La nature, voilà l'ennemi. D'ailleurs les hommes et les femmes n'existent pas, bientôt on greffera des utérus aux premiers et des pénis aux secondes et quiconque dénie cette possibilité est un transphobe. Chacun de nous est ce qu'il veut être, de par sa seule volonté, indépendamment de sa constitution de naissance. On fait donc joujou avec les mots, on parle d'ovulaire au lieu de séminaire, de matrimoine et non de patrimoine. Si ce type de camelote sémantique suffit au besoin d'égalité, tant mieux.

Dans un cas, on définit les sexes comme autant de patries étanches les unes aux autres. Dans l'autre, on les proclame interchangeables, on fait table rase de l'antique démarcation, on décrète la biologie risible, simple construction sociale qu'il faut gommer d'un trait de plume. Une chercheuse anglaise n'a-t-elle pas été licenciée de son laboratoire pour avoir dit qu'« un homme ne pourrait jamais devenir une femme » ? Et l'écrivaine J.K. Rowling insultée et traitée de transphobe pour avoir soutenu cette chercheuse et écrit que la biologie du sexe est réelle[1] ? Ainsi les LGBTQIA+ réclament-ils par exemple des toilettes neutres pour ceux qui ne se reconnaissent pas dans les catégories patriarcales d'hommes et de femmes, une querelle qui enflamme les États-Unis depuis quelques années. (Pour ma part, je me battrais plutôt pour des lieux d'aisance propres.) Tous ceux qui souffrent de « dysphorie de genre » et ont le sentiment, comme chez certains gnostiques, que leur âme est prisonnière du mauvais corps, âme de femme dans un corps d'homme et vice versa, se voient proposer de nouveaux protocoles grammaticaux : chacun peut se présenter comme un il (*he*), un elle (*she*) ou un iel (*they*) s'il ne s'identifie à aucun de ces deux genres. Le drapeau arc-en-ciel, représentatif des nouvelles distinctions, emblème des sans-patrie de genre, déploie ainsi onze couleurs différentes et d'autres pourraient s'y rajouter. Son concepteur, Daniel Quasar, s'identifie comme « queer, demi-homme, non-binaire » dont les pronoms sont « Xe/xem/xyr » (*sic*). Le grand mouvement d'émancipation

1. Twitter, 19 décembre 2020.

s'est transformé en « une soupe d'alphabet autoparodique d'identités inventées[1] ». Les catégories sont devenues incompréhensibles, le charabia déroutant. On ne sort du binarisme que par l'énumération sans fin. On prône le refus du sexe biologique dès le berceau au nom du principe que « le petit lui pourrait être une petite elle[2] », on pratique la fluidité des genres, des pratiques, des vêtements. Des êtres « perçus comme » filles ou garçons et qui ne veulent pas l'être se disent « a-gender », sans genre, et demandent à être reconnus comme neutres, refusent qu'on les appelle mademoiselle ou monsieur. Sur Air Canada, on ne dit plus Monsieur ou Madame aux passagers pour ne pas « mégenrer », grave forme de discrimination pour les personnes hors classement. On a eu en France l'exemple cocasse, dans l'émission « Arrêt sur images » en juillet 2018, de ce barbu refusant sur le plateau d'être nommé « Monsieur » parce qu'il se sent non-binaire et encore moins d'être qualifié de blanc car il se dit demi-libanais[3].

Facebook a developpé en 2017 une application avec pas moins de 58 options de ce type : semi-fille, demi-garçon, a-romantique, poly-amoureux, fétichiste, chaste,

---

1. Brad Polumbo, « It is time for LGB and T to go their separate ways », *Quillette*, 26 octobre 2019. L'auteur note que les lesbiennes, gays et bis sont peut-être en train de rompre avec les transgenres. Joe Biden, pour flatter ces derniers, a appelé, avant de se raviser, à des prisons unisexe, ce qui condamnerait au viol systématique des femmes prisonnières.

2. *Ibid.*

3. « Arrêt sur images », émission de Daniel Schneidermann, 1er juillet 2018.

a-sexuel, etc. Dans tous les cas de figure, ce à quoi il faut échapper est le diktat de la définition. Mais ce refus des étiquettes ne les annule pas : il se contente de les multiplier. On appartient encore à la catégorie de ceux qui refusent les catégories : ainsi quand Paul B. Preciado, anciennement Beatriz Preciado, écrit dans *Libération* : « Nos corps trans sont un acte de dissidence du système sexe-genre[1] », il se définit encore par rapport à une norme qu'il/elle récuse : « La critique des normes de genre, raciales, sexuelles, patriotiques. » Dénommer l'autre, ce serait donc « l'incarcérer de mots » (Wendy Delorme)[2]. Même dire d'un bébé qu'il est garçon ou fille. On se tient là dans la revendication puérile des mini-différences : l'ipséité qu'on abrite en soi-même est si précieuse que la moindre allusion lui fait violence. Être nommé est une effraction épouvantable. Chacun devrait choisir ce qu'il veut être et interdire à autrui de le qualifier. Tout ce qui nous est donné par l'état civil, les parents, la famille, le corps doit être récusé au profit d'une singularité à nulle autre pareille. On n'hérite jamais, on se recrée. Tel est le but de cette déconstruction qui n'est au fond que l'aboutissement du narcissisme contemporain : se construire soi-même à partir de rien comme le baron de Münchhausen qui se sortait des sables mouvants en se tirant par les cheveux[3].

Cela relève d'un volontarisme médicalo-prométhéen doublé d'un vocabulaire purement cosmétique. Multiplier

1. *Libération*, 19 mars 2019.

2. *Le Monde*, 31 octobre 2019.

3. Sur ce thème et ses aberrations, voir l'excellent ouvrage de Jean-François Braunstein, *La Philosophie devenue folle*, Grasset, 2018.

les classifications et les acronymes recrée un bercail identitaire chez ceux-là mêmes qui voulaient ouvrir grand l'éventail des possibles. Le fantasme révolutionnaire de la page blanche sur laquelle l'humanité écrirait une histoire nouvelle s'appuie toujours sur la négation du vieux monde. Se dire « non-binaire », pour reprendre la rhétorique en cours, ne signifie pas grand-chose : c'est le ni-ni appliqué au sexe biologique. En récusant cette division, on la remet à l'honneur malgré soi. La négation renforce la détermination. Plutôt que d'être ce qu'on est, on n'est pas ce que sont les autres. L'artifice est grossier. Et pourquoi pas non-trinitaire, non-quaternaire, non-trans ? On est assez loin des mouvements homosexuels classiques ou de la fascination qu'ont toujours engendrée les hermaphrodites ou les travestis. Il y a un vertige, en général lié à l'adolescence, à zigzaguer entre des identités liquides, à n'être ni ceci ni cela, ni homme ni femme, ni homo ni hétéro, ni jeune ni vieux. Cette définition de soi par soustraction est analogue à la théologie négative de Maïmonide et d'un certain christianisme, Dieu se définissant par ce qu'il n'est pas puisque, dépassant toute assignation humaine, il ne peut rien être de précis[1]. Il faut donc balayer les nomenclatures antérieures, toutes les pseudo-distinctions. Cela va des toilettes

1. Commentant Jean Scot Érigène, un de ses disciples écrit : « Poser la question "qu'est-ce que" (*quid*) [...] c'est demander une définition de l'objet. Mais définir, c'est déterminer un être, c'est-à-dire le poser d'emblée dans une multiplicité qui l'englobe, en faire un être *parmi les autres êtres*, avec lesquels il fait nombre [...]. Ce n'est donc pas par défaillance que Dieu ignore ce qu'il est, c'est tout

jusqu'à l'incarcération puisque des trans masculins se disant femmes ont pu réclamer d'être mis dans les quartiers féminins pour obtenir les faveurs des détenues[1]. (Désormais, dans les prisons américaines, les transgenres sont isolés dans des quartiers séparés.)

La presse française a célébré en juin 2020 la première maire transgenre dans la commune de Tilloy-lez-Marchiennes, dans le Nord. On s'en réjouit ou plutôt on s'en moque, la sexualité d'un élu important moins que ses compétences. Telle est la loi tacite dans l'Hexagone : chacun fait ce qu'il veut de sa vie. Comme l'a dit l'interessée elle-même, Marie Cau, « cela aurait dû être un non-événement ». Sans entrer dans la question complexe du genre, remarquons que Simone de Beauvoir avait anticipé ce mouvement en écrivant cette phrase souvent contestée : « On ne naît pas femme, on le devient. » L'anatomie n'est donc plus un destin même si elle garde ses prérogatives : il ne sera jamais loisible à un homme de procréer ou de jouir comme une femme ni à une femme de connaître les joies de l'érection. Il n'y a ni confusion ni rapprochement mais bien vacillement et c'est peut-être ce que signale ce moment du « genre ». L'individu contemporain

simplement parce qu'il n'est rien de défini. » Jean-Claude Foussard, *Cahiers de l'Université Saint Jean de Jérusalem*, 1986, n° 12, p. 122.

1. Comme ce fut le cas en Angleterre en 2018 avec une certaine Karen White, violeur connu mais qui se prenait pour une femme. Incarcéré dans une prison pour femmes, il attaqua 4 détenues pour les saillir (in Douglas Murray, *op. cit.*, p. 246).

vagabonde souvent entre les définitions et les sexualités, tel un pèlerin qui endosse des costumes variés tout au long de l'existence. Les relations sont loin d'être toujours harmonieuses à l'intérieur du mouvement des minorités. En Angleterre, par exemple, des militants trans ont en 2019 menacé de mort des féministes en les accusant de s'enfermer dans leur tour d'ivoire[1]. En France, des féministes, lesbiennes revendiquées, soutiennent l'écrivain J.K. Rowling contre le lynchage des activistes trans et soulignent que beaucoup de personnes, intoxiquées par l'idéologie de la « transition », regrettent d'avoir changé de sexe et voudraient évoluer vers une « détransition », c'est-à-dire revenir vers leur sexe d'origine[2]. Les dommages physiques subis sont lourds et irréversibles. À cet égard, les préjugés les plus sexistes refont surface chez ceux-là mêmes qui s'en disaient éloignés[3]. Des femmes sont menacées de viol par des trans ! Le point de discorde reste la biologie : essentielle pour les féministes classiques, pure fiction

1. Suzanne Moore, « Women must have the right to organize. We will not be silenced », *The Guardian*, 2 mars 2020.

2. « Nous, féministes, soutenons J.K. Rowling contre le lynchage des activistes trans », *Le Figaro*, 11 juin 2020.

3. Ainsi en 2018, lors de la London Pride, un groupe de lesbiennes fit irruption en accusant les transgenres de s'emparer indûment des célébrations. Un peu plus tard, la presse gay du Royaume-Uni accusa ces femmes de bigoterie et de discours haineux et un orateur suggéra qu'on aurait dû les tirer dehors par « leurs seins flasques » (in Douglas Murray, *op. cit.*, p. 216). Comme le fait remarquer l'auteur, le mouvement trans, loin de contester les divisions existantes, les renforce.

pour les activistes trans qui s'accrochent aux écritures saintes de Judith Butler. À l'évidence, les combats minoritaires ne coïncident pas et même la présence du méchant de service, le « mâle hétérosexuel blanc », ne suffit pas à apaiser la discorde. On est bien là dans un cul-de-sac théorique qui ne peut qu'accélérer la rage de tous contre chacun.

Une utopie postsexuelle encouragée par la chirurgie et l'idéologie voudrait brouiller les divisions héritées de la nature. Sous le charabia politico-philosophique, il n'est pas difficile de reconnaître la vieille méfiance religieuse du corps et de la sexuation et le rêve angélique qui traversait un certain christianisme primitif : désérotiser l'être humain. Il est bon pourtant que l'humanité se partage en deux parties : cette bipolarité engendre une richesse humaine inespérée, y compris dans l'indécision entre l'un et l'autre. Il est encore meilleur que chaque personne confirme et réfute le sexe biologique qui est le sien et agisse autrement qu'on s'y attendrait en raison de son appartenance. Il n'y a que deux sexes mais mille façons de vivre cette dualité. Et ceux qui récusent cette division se posent encore en s'opposant à elle. Il est émouvant par exemple de voir Paul B. Preciado (anciennement « trans in-between non opéré », « drag-king ») décrire sa métamorphose en homme comme celle d'un martyr : contrarier la biologie, sortir d'un ordre social honni qui l'a fait naître femme, subir des injections douloureuses de testostérone, rester dix-sept ans sur le divan de psychanalystes « blancs, hétéros, patriarcaux et colonialistes », tout cela a un prix. Et ce prix est exorbitant.

Ce mutant nous le dit[1] avec une honnêteté déroutante : au-delà des slogans qu'il affiche, il ne passe pas d'un état à un autre, il est en transition vers une région irrespirable où il se retrouve seul, au risque de passer pour un dérangé.

1. *Je suis un monstre qui vous parle. Rapport pour une académie de psychanalystes*, Paul B. Preciado, Grasset, 2020.

CHAPITRE 8

Purger les arts, édifier les foules

> « Et que deviendra l'art, dans tout ça ? (…) Des œuvres théâtrales. où l'on dira le catéchisme, le mal contre le bien (…). Des tableaux respectant la parité, homme, femme, Noir, Blanc, vieux, jeune, handicapé, dans des champ de blé bio et des plants de tomates en permaculture ? »
>
> Mazarine PINGEOT,
> *Le Monde*, 28 juillet 2020

Sur le campus de l'Université de Stanford, en janvier 1988, en présence du révérend Jesse Jackson, des minorités défilent en criant un slogan : « *Hey, hey, ho, ho, Western culture's got to go*[1]. » La culture occidentale doit partir ! Cette volonté de faire table rase n'a cessé depuis de se répandre. Dans les années 1990, la lecture de Herman Melville sera mise en accusation : « Il n'y a pas une femme dans son livre, l'intrigue frise la malveillance

1. Richard Bernstein, « In dispute on Bias, Stanford is likely to alter Western culture program », *New York Times*, 19 janvier 1988.

envers les animaux et la plupart des Noirs sont morts noyés quand on arrive au chapitre 28[1] », écrit un étudiant au *New York Times* à propos de *Moby Dick*. Quant à la langue ordinaire, anglais ou français, elle inflige des souffrances inconcevables aux minorités, il faut donc la modifier, la figer dans des syntagmes euphémisés, des circonlocutions qui ne froissent personne : ainsi un handicapé sera dit « différemment conformé », un sourd « un déficient auditif », un obèse « en surcharge pondérale » ou un défunt « définitivement congédié ». En France on ne dit plus Noir mais Black, le recours à la langue anglaise permettant d'éviter l'accusation de racisme. On déplace le combat du politique au langage, c'est une consolation, un pansement psychique qui ne change en rien la condition des individus concernés mais réconforte ceux qui l'utilisent et allège leur conscience. Il faut bannir tout propos ou attitude blessante au risque d'être poursuivi par des lobbies de victimes, réelles ou imaginaires, qui font « régner une sorte de terreur judiciaire[2] ». Les mots sales doivent être prohibés et celui qui les utilise doit être puni comme devait être sanctionné sous l'Ancien Régime celui qui blasphémait contre Dieu, l'Église et la bienséance. On lui lavait la bouche au savon et s'il récidivait on lui coupait la langue ou lui cousait les lèvres.

Tout propos offensant doit être banni au risque d'offusquer les oreilles sensibles. C'est le mouvement *« No*

1. Cité in François Cusset, *op. cit.*, p. 233.

2. Anne-Marie Le Pourhiet, « Le droit français est-il Charlie ? », *Le Débat*, mai-août 2015, n° 185, p. 33.

platform » (pas de prise de parole publique), la *cancel culture* aux États-Unis, au Canada et au Royaume-Uni (l'annulation de toute personne dont les idées sont jugées sexistes ou racistes) qui, à une large majorité, restreignent très sévèrement la liberté de parole, voire la bâillonnent[1]. La censure se justifie dès lors qu'elle contrecarre la vision des activistes les plus radicaux. De nombreux journaux la pratiquent préventivement, le *New York Times* par exemple, symbole et martyr du politiquement correct, de peur d'être accusés de complaisance vis-à-vis d'une opinion dissidente. Le désaccord n'est plus autorisé.

Nettoyer les écuries d'Augias ?

Il ne suffit pas d'imposer silence à ceux qui pensent mal ; il faut aussi procéder à un nettoyage rétrospectif de la Grande Culture. Elle n'est rien d'autre que le réservoir des pires abominations racistes et machistes. Il y a trente ans, déjà, des féministes américaines fustigeaient Picasso, Balthus, Renoir, Degas, tous ces artistes qui suintent la haine des femmes qu'ils dépeignent en petites filles

1. En 2017, 60 % des universités britanniques avaient sévèrement restreint la liberté de parole. Ainsi la militante féministe de gauche Germaine Greer a-t-elle été interdite de s'exprimer en raison de ses vues incorrectes sur les trangenres. Si l'ultra-gauche est intolérante, certaines universités de droite bannissent aussi les orateurs qui critiquent Israël ou plaident en faveur de l'avortement (voir Eric Kaufmann, *Whiteshift. Populism, immigration and the future of white majorities*, Allen Lane, 2018, p. 278).

lascives ou découpent en morceaux, mutilent, dégradent, enlaidissent comme l'ensemble de la sculpture abstraite au XXe siècle[1]. Il faut censurer Gauguin, explique une certaine miss Adele Gavi sur le site du quotidien *The Guardian*, au moment de l'exposition de la National Gallery consacrée à cet artiste d'octobre 2019 à janvier 2020. Elle suggère aux organisateurs de s'intéresser aux « milliers d'artistes formidables » et parfois méconnus plutôt qu'à ce « pervers pédophile ». Et de conclure : « Nous sommes en 2020 et nous n'avons plus à promouvoir les agresseurs sexuels. » Gauguin détient ce privilège de cocher toutes les cases de l'abomination : il est à la fois un malfaiteur sexuel, un pédophile, un raciste et un colonialiste.

Bref, la grandeur ou la beauté d'une œuvre, désormais, n'est plus sa complexité ou son invention formelle mais sa conformité au credo moral du temps. Des féministes françaises partent à leur tour faire le ménage dans la culture européenne ou nationale. L'amour courtois, la galanterie, le libertinage ? Nous l'avons vu : du viol pur et simple caché sous les propos fleuris. Le grand peintre Fragonard ? Un abominable propagandiste de l'agression sous couleur de coquinerie et de scènes égrillardes[2]. Son tableau célèbre *Le Verrou* (vers 1777) où un homme traîne une femme à demi nue sur un lit en tirant le loquet de la porte est vu

1. Marilyn French, *The War Against Women*, Ballantine Books, 1993, pp.165-166.

2. Valérie Rey-Robert, *op. cit.*, pp. 205 sqq. Le critique d'art Daniel Arasse récuse complètement cette « interprétation vulgaire » et demande au spectateur de se laisser imprégner par la peinture sans la réduire aux éléments érotiques.

comme une apologie de la force. (À l'inverse, la critique d'art et romancière Sophie Chauveau dépeint Fragonard comme l'inventeur du bonheur en amour, le peintre de la jubilation, des derniers éclats du libertinage[1].)

Le processus d'excommunication ne s'arrête plus : après Balthus et Gauguin, le peintre autrichien Egon Schiele fait l'objet de sévères réprimandes et se trouve récusé pour la manière dont il représente les femmes. En 2018, alors que la ville de Vienne entend célébrer l'anniversaire de sa mort, Londres, Cologne et Hamburg refusent de participer à la campagne d'affichage qui célèbre l'événement. On réinvente l'enfer, ce lieu maudit des grandes bibliothèques où étaient confinées les œuvres érotiques ou obscènes, au nom de la lutte contre la culture patriarcale[2]. En 2017, dix mille signatures demandent au MET à New York le retrait d'une toile de Balthus représentant une demoiselle les jambes ouvertes sur une culotte blanche. La pétition l'accuse de « romancer la sexualisation de l'enfant ». Ce qui est vrai mais ne justifie pas la demande d'interdit : un grand peintre dérange, c'est même à cela qu'on le reconnaît. Des militantes essaient par tous les moyens d'empêcher la diffusion du film de Roman Polanski *J'accuse* sorti en novembre 2019 au nom de la protection des femmes et accusent les spectateurs de complicité avec ce « pédocriminel ». Le fait que ce film

1. Sophie Chauveau, *Fragonard. L'invention du bonheur*, Gallimard, 2013.

2. Luc Le Vaillant, « Quand la censure passe la peinture au crible », *Libération*, 11 décembre 2017.

soit une réflexion sur l'affaire Dreyfus et l'antisémitisme constitue une circonstance aggravante. C'est d'ailleurs la totalité des œuvres du metteur en scène qui devrait être bannie. À quand des autodafés féministes ?

Woody Allen voit les éditions Grand Central Publishing déprogrammer ses Mémoires aux États-Unis en mars 2020 parce que des employés de la maison ont protesté contre cette publication (les éditions Stock en France, filiale du même groupe Hachette, le publieront en mai de la même année). Accusé par son fils Ronan Farrow et par son ex-femme Mia Farrow, qui lui voue une aversion pathologique, d'avoir violé sa fille adoptive Dylan Farrow alors qu'elle avait 7 ans, Woody Allen a toujours nié farouchement et a été blanchi par plusieurs enquêtes judiciaires. Mais le soupçon entache durablement les réputations. C'est oublier enfin le témoignage de Moses Farrow, fils aîné adoptif de Mia Farrow et Woody Allen, qui a toujours récusé les allégations contre son père et insisté sur le caractère violent de Mia Farrow : selon lui, elle frappait ses enfants et aurait monté de toutes pièces un procès monstrueux contre le metteur en scène. L'honnêteté minimale en la matière est d'écouter toutes les parties et de ne pas se prononcer sur une affaire qu'on ne connaît pas. En juin 2020, France Inter refusera de diffuser une publicité pour son livre et son éditeur, Manuel Carcassonne, sera accusé de faire la promotion d'un pédophile. Les calomniateurs ont gagné. Certains patronymes célèbres ne sont plus des dossiers juridiques documentés mais des symptômes de l'affolement général.

Comment filmer un cul ?

Désormais, nous ne sommes plus des amateurs de cinéma ou de littérature mais des juges qui considérons les livres, les films, les peintures sous un angle exclusivement éthique[1]. Il n'y a plus de chefs-d'œuvre, seulement *les œuvres des chefs* de la propagande occidentale, d'affreux doctrinaires, colonialistes, machistes et racistes, de Cervantes à Faulkner, ces DWEM (*Dead White European Males*, ces mâles européens blancs et morts). Le pouvoir émancipateur des grands textes où s'est forgée la pensée critique de l'homme moderne, lieu d'une mise à distance de la culture européenne avec elle-même, est ainsi nié[2]. La littérature n'est plus création, mise en scène ou déchiffrement d'une époque : elle n'est qu'expression de la domination des puissants ou rébellion des minorités. Tout conflit ou proposition choquante doit être aboli. On ne crée plus, on atteste : et tant pis pour la prose, le talent, l'imagination. Seule la justesse du témoignage compte, fût-il celui, entièrement reconstruit selon les canons du gauchisme occidental, de la Guatémaltèque Rigoberta Menchú, militante du peuple maya, prix Nobel de la paix 1992[3].

---

1. Nathalie Heinich, « On ne peut pas traiter des représentations comme des actes réels », entretien avec Ève Beauvallet, *Libération*, 1er décembre 2017.

2. Danièle Sallenave, « DWEMS », *Le Messager européen*, n°5, Gallimard, 1991, p. 99.

3. *Moi, Rigoberta Menchú, Une vie et une voix. La révolution au Guatemala*, propos transcrits et traduits par Élisabeth Burgos,

Le processus d'excommunication ne s'arrête pas là : il faut aussi rectifier les grands opéras. Ainsi les héroïnes célèbres, Carmen ou la Traviata, cèdent-elles, non par l'obstination de leurs amants, mais parce qu'elles y ont été forcées. Concernant le *Carmen* de Georges Bizet, le metteur en scène Leo Muscato, soucieux de ne pas faire mourir la jeune bohémienne, décide en 2018, à l'opéra de Florence, qu'elle va elle-même supprimer son agresseur. « À notre époque, marquée par le fléau des violences faites aux femmes, il est inconcevable qu'on applaudisse au meurtre de l'une d'entre elles. » Une mère de famille en Angleterre proteste contre le fameux conte pour enfants *La Belle au bois dormant* : celle-ci n'a pas consenti dans son sommeil au baiser libérateur, elle a donc été agressée. Le redressement culturel est en marche.

Le soir des Oscars, le 9 février 2020, à Los Angeles, l'actrice Natalie Portman, « féministe engagée », portait une magnifique cape Dior sur laquelle étaient brodés les noms des réalisatrices qui n'avaient pas été nominées. Le geste se défend même si l'actrice a été très critiquée par ses consœurs pour avoir tourné exclusivement avec des réalisateurs masculins. On a raison de vouloir militer au cinéma pour la parité des metteurs en scène. Mais un regard n'est pas moins « genré », pour utiliser l'affreux jargon en cours, si le réalisateur est un homme ou une

---

Gallimard, 1983. Élisabeth Burgos, grande militante de gauche sud-américaine avant de s'insurger avec courage contre le régime castriste et vénézuelien, a aussi été la première épouse de Régis Debray. Voir aussi Dinesh D'Souza, *L'Éducation contre les libertés,* Gallimard, Le Messager 1991, ch. 3.

femme. Mettre des quotas ethniques ou de « genre » dans l'art, c'est le dénaturer. Si une œuvre doit être seulement représentative d'une fraction de la population, elle n'est plus une création mais une élection à la proportionnelle. Auquel cas chaque film, livre, opéra devrait comprendre automatiquement un pourcentage fixe de membres des minorités. On confond en outre deux choses : les bonnes intentions et le talent, lequel n'a rien à voir avec la justice. Réjouissons-nous qu'en France, le monde du 7e art aille vers plus de mixité et que l'Académie des César, par exemple, se soit dotée de nouveaux statuts pour élargir son recrutement. Mais rétablir une certain équilibre dans la création suppose que les œuvres suivent. Le résultat seul importe et lui n'a pas de sexe. Un mauvais film réalisé par des féministes pures et dures restera un mauvais film.

Ainsi la critique Iris Brey reproche-t-elle au réalisateur Abdellatif Kechiche, auteur de *Mektoub my love* (2017), un parti pris masculin dans sa façon de filmer les femmes et leurs « culs ». Filmer un cul est en soi un engagement politique[1] ! On se croirait revenus aux heures les plus frénétiques des années 1970 quand la position du missionnaire était de droite, la sodomie de gauche, la levrette subversive. Et comment les femmes, qui ne sont pas assujetties au « male gaze », filment-elles les fesses des autres femmes ? Et celles des hommes ? Y a-t-il un angle ou un travelling qui offre un point de vue progressiste sur cette partie de l'anatomie ? Comment qualifier la culture du

1. Cité in Laure Murat, *op. cit.*, p. 162.

postérieur en Afrique ou au Brésil où l'on vénère, chérit, adule cette entité, comment qualifier les beautés callipyges ? Doit-on filmer les formes, la masse, le volume de l'ensemble, privilégier l'inertie ou le dynamisme ? Comment rendre justice à l'éloquence de la courbe ? Va-t-on censurer les clips de rap et de hip-hop qui usent et abusent des fondements bien rebondis, va-t-on aplatir Kim Kardashian ? Ou bien est-ce le simple rappel que les femmes ont des fesses, des seins, c'est-à-dire un corps comme les autres qui est intolérable à nos mères-la-pudeur, que ce corps peut être désirable, que la chair est notre lot commun ?

Les films lesbiens, revendiqués comme tels, ne diffèrent guère des films hétérosexuels : ils sont bons ou mauvais, seul le talent qui n'a pas de sexe fait la différence entre les uns et les autres. Caroline Fourest raconte qu'avant de faire son *coming out* lesbien, elle s'identifiait aux personnages masculins, surtout s'ils embrassaient de jolies filles. Et qu'elle s'y identifie toujours[1]. Les relations amoureuses entre femmes sont également proches des relations amoureuses entre les deux sexes : même jalousie, même douceur, même beauté et parfois même cruauté. Aucune supériorité ni infériorité morale a priori. Marcel Proust, le plus grand romancier de l'amour, était lui-même homosexuel et il a su merveilleusement parler pour tous.

1. Caroline Fourest, *Génération offensée. De la police de la culture à la police de la pensée*, Grasset, 2020, p. 92.

Passion totalitaire

Ce sont toutes les œuvres cultes qui doivent être revisitées : ainsi du *Blow-Up* d'Antonioni (1966). Laure Murat explique dans *Libération* que ce film doit être vu comme une incitation au viol car il professe dans sa mise en scène et ses plans une misogynie intolérable. Il faudrait d'ailleurs, explique-t-elle, relire toute l'histoire de l'art, du cinéma et de la littérature sous l'angle du viol, s'il est vrai, comme l'explique l'historien de l'art et ancien conservateur Régis Michel, que « l'obsession sexuelle de l'art occidental, c'est le viol » (*sic*)[1]. Le ver est dans le fruit. Le coupable est désigné, les pièces du dossier rassemblées, le procès peut commencer. L'art occidental serait donc obsédé par le viol ? Vraiment ? *La Naissance de Vénus* de Botticelli (1485), *L'Odalisque brune* de François Boucher (1745), *Le Déjeuner sur l'herbe* de Manet (1865), *L'Extase de sainte Therèse d'Avila* de Bernini (1652), *L'Embarquement pour Cythère* de Watteau (1717), *Le Baiser* de Gustav Klimt (1908), tous des appels au viol ? Un peu de sérieux. À moins de qualifier le désir hétérosexuel, et l'amour d'un homme et d'une femme en général, de viol caché. Mais alors on n'est plus dans l'histoire de l'art, on est dans l'idéologie.

Chaque époque élit ses classiques de référence, en bannit d'autres. Une chose est de traquer la misogynie d'un certain

1. Laure Murat, « *Blow-Up*, revu et inacceptable », *Libération*, 12 décembre 2017. Voir aussi *Une révolution sexuelle, op. cit.*, p. 88.

corpus littéraire, comme l'a fait Kate Millett dans son livre *Sexual Politics*[1] à propos de Henry Miller, Norman Mailer ou Jean Genet. Une autre d'édifier des listes de livres ou de réalisateurs à bannir parce qu'ils sont blancs et masculins. Même si Laure Murat récuse toute forme d'interdit, c'est bien une nouvelle ambiance de soupçon qui s'installe. Désormais, c'est l'ensemble du corpus littéraire, artistique, qui est soumis à une vigilance sourcilleuse. Il ne s'agit plus de reconsidérer les grands auteurs mais de les évaluer sous l'angle d'un code moral fixé par les contemporains. Les éradicateurs sont en marche.

Naguère, un professeur, homme ou femme, vous incitait à aimer les œuvres, poésie, théâtre, peinture ou littérature, à en explorer les richesses. Désormais c'est un directeur de conscience qui vous explique pourquoi vous devez vous méfier des classiques, voire les écarter. C'est toute la querelle du canon à l'université : puisqu'il faut faire droit aux exigences des minorités, il n'est plus tolérable de laisser au programme sans examen Shakespeare, Chaucer, Cervantes, Balzac, Molière ou Goethe, témoins et propagateurs de mœurs oppressives. Au début de l'année 2020, l'Université de Yale, par la voix de Tim Barringer, directeur du département d'histoire de l'art, décide de ne plus enseigner cette histoire qu'à partir des « questions de genre, de classe et de race » et d'aborder « son implication avec le capitalisme occidental » ou son rapport « avec le changement climatique ». Barringer justifie cette décision par le malaise

1. Kate Millett, *Sexual Politics*, Doubleday, New York, 1970.

de nombreux étudiants face à un canon idéalisé, « produit d'artistes blancs, européens, hétérosexuels et masculins ». S'il s'agit d'offrir une perspective plus large, d'envisager l'extraordinaire richesse des arts indiens, océaniens, africains, amérindiens, on ne peut que se féliciter de cette initiative. Mais l'on apprécie d'autant plus l'art extra-occidental qu'on connaît sa propre culture et qu'on dispose d'un bagage de références et d'émotions qui nous rend aptes à goûter celle des autres civilisations. Comment pourrions-nous admirer les métaphysiques grandioses du soufisme, de l'hindouisme, du bouddhisme, comprendre les traditions étrangères si nous commençons par piétiner les nôtres dans une sorte d'ignorance militante ? Méfions-nous de qui n'attache de prix à l'étranger que par dédain envers soi : l'aversion qu'il se porte finira par rejaillir sur ses sympathies. Il est donc à craindre dans cette démarche qu'il s'agisse surtout d'humilier l'art européen depuis la Renaissance, parce qu'il n'est pas conforme aux clichés en cours, queers, racisés, féministes. Mais ces clichés sont eux-mêmes tellement occidentaux qu'on reste prisonnier de ce à quoi on tente d'échapper.

Cette mesure, prise encore une fois au nom des bons sentiments, ressemble furieusement aux enseignements de Jdanov, compagnon de route de Staline, qui, des années 1930 jusqu'en 1948 (date de sa mort), définissait l'art socialiste comme celui qui participait à l'éducation idéologique des masses. Censeur impitoyable, il fustigeait la décadence de l'art bourgeois et demandait aux intellectuels, « ingénieurs des âmes », de participer à la formation du prolétariat. Dmitri Chostakovitch et Sergueï Prokofiev, accusés de dissonance et d'atonalité, furent, entre autres, ses principales cibles. Autre exemple : à New York, le Musée d'art moderne (MoMA), célèbre pour avoir exposé l'avant-garde américaine après 1945, s'ouvre désormais à toutes les cultures du monde ainsi qu'aux femmes, aux Noirs et autres minorités, afin de sortir du « récit occidental ». N'est-on pas là, une fois encore, dans une certaine forme de condescendance saupoudrée d'esthétisme où la primauté est donnée non plus aux œuvres en raison de leur qualité mais aux artistes en raison de leur origine ? Nous restons désespérément occidentaux jusque dans notre manière de récuser l'occidentalocentrisme.

Autre signe d'opportunisme : à Baltimore, le directeur du Musée d'art moderne a vendu plusieurs toiles du musée dont un Rauschenberg et un Warhol pour « acheter des œuvres d'artistes sous-représenté.e.s, en l'occurrence les Noirs et les femmes[1] ». Que pensera le visiteur de ces toiles ? Qu'elles sont exposées non en raison de leur originalité ou audace mais parce que leur concepteur est un Noir ou une femme. Y a-t-il plus méprisant ? La posture de l'humilité n'abuse que les naïfs. Mais la définition et la querelle du Canon sont surtout un moyen d'assurer la prééminence de l'Amérique en littérature, en peinture, au cinéma et au théâtre, comme l'a bien vu le professeur au Collège de France William Marx, et d'écarter l'Europe. L'Amérique seule incarnant la diversité, il faut promouvoir la supériorité de ses productions et ne fréquenter que les œuvres publiées

1. Cité in Laure Murat, *op. cit.*, p. 137.

dans l'idiome de l'Empire. La comédie du divorce est un théâtre d'ombres à destination de l'étranger. L'uniformité naît ainsi de la pseudo-diversité…

Dans son beau livre *Lire Lolita à Téhéran*[1], l'auteure perse Azar Nafisi, exilée aujourd'hui aux États-Unis, raconte qu'elle organisa jadis dans la République islamique un atelier de lecture clandestin où les jeunes femmes déposaient leur voile pour s'adonner au plaisir de lire ensemble des classiques interdits par le régime des mollahs. Auparavant, alors qu'elle enseignait *Gatsby le Magnifique* contre l'avis de sa hiérarchie, elle imagina à l'université un procès fictif : la République d'Iran contre Gatsby le Magnifique, joué par d'authentiques procureurs et avocats de l'œuvre. Merveilleuse allégorie. On attend avec impatience que nos féministes et nos « subalternes » engagent un procès contre Fitzgerald, Hemingway et consorts et fassent condamner les livres impurs à la Sorbonne, à Berkeley, à Columbia. *La passion minoritaire est une passion totalitaire.* La démocratie sécrète spontanément du totalitarisme dès lors qu'elle n'équilibre pas ses principes fondamentaux, Liberté, Égalité, Justice, Fraternité, par des contre-pouvoirs qui les tempèrent et les acclimatent. Faudra-t-il réécrire toutes les tragédies classiques, celles des Grecs, de Shakespeare ou de Racine, parce qu'elles incitent au meurtre des femmes ou accordent un rôle négatif à une personne non blanche, par exemple le Maure Othello dans la pièce du même nom qui met par ailleurs en scène une impitoyable

1. Plon, 2004.

guerre des sexes ? Faut-il proscrire aussi certains contes pour enfants, tel *Le Petit Chaperon rouge,* coupable de reproduire un schéma à la fois sexiste, la faiblesse féminine, et spéciste, la vision négative du loup ? Ou *Les Trois Petits Cochons* qui célèbrent un animal impur dans l'Islam ? À quand l'exclusion d'André Gide pour pédophilie en Égypte ou au Maghreb, de Victor Hugo parce qu'il taquina la gueuse et les servantes jusqu'à sa mort, ou d'Arthur Rimbaud qui aurait participé au trafic d'armes et d'esclaves dans la mer Rouge ? Ami(e)s censeurs et censeuses (en langue inclusive), au travail, la tâche est gigantesque ! D'ores et déjà, dans la plupart des maisons d'édition anglo-saxonnes, s'installent des *sensitivity readers*, des contrôleurs de sensibilité, qui décident si tel passage d'un manuscrit ne va pas offenser telle ou telle minorité. Les maisons d'édition payent des « relecteurs », pour ne pas heurter les éventuels lecteurs par des stéréotypes blessants[1]. Le phénomène arrive en France où des « démineurs éditoriaux » relisent et conseillent les auteurs sur les termes ou expressions choquantes.

Pour une police de la pensée

Comment ne pas s'inquiéter de voir revenir la passion de l'interdit, surtout à la gauche de la gauche, de voir se recréer un nouveau Saint Office au nom des opprimés ? Va-t-on placer derrière chaque comédien ou metteur

1. Géraldine Smith, *op. cit.*, pp. 249-250.

en scène un gendarme qui surveillera la conformité de l'œuvre aux critères du jour ? Comme dans le réalisme socialiste de l'URSS, l'adhésion morale aux normes de la correction politique est préférable au talent. Les écrivains dits minoritaires ne devraient être jugés que sur leurs seuls mérites et non célébrés parce que minoritaires. Pire : les grands romans ne peuvent plus être publiés tels quels sans des alertes, des *trigger warnings*, des avertissements pour les lecteurs que certains passages pourraient incommoder. Il ne faut pas mettre les classiques entre toutes les mains de peur de froisser les âmes. Retour au XIXe siècle bourgeois dans ses pires aspects : le redouté procureur Ernest Pinard qui a fustigé *Madame Bovary* de Flaubert le 29 janvier 1857 pour « outrage à la morale publique et religieuse et aux bonnes mœurs » ou a condamné au mois d'août de la même année *Les Fleurs du mal* de Baudelaire pour « expressions obscènes ou immorales » fait des émules (il faudra attendre 1949 en France pour que la Cour de cassation réhabilite *Les Fleurs du mal*). Ainsi dans l'État de Virginie, deux classiques, *Les Aventures de Huckleberry Finn* de Mark Twain et *Ne tirez pas sur l'oiseau moqueur* de Harper Lee, sont-ils déconseillés dans les écoles en raison du grand nombre d'injures raciales contenues dans ces livres. Il s'agit d'un contresens manifeste, ce qu'explique bien la National Coalition Against Censorship (la Coalition nationale contre la censure) : ces deux livres permettent au contraire aux élèves d'acquérir « une compréhension historique des relations raciales aux États-Unis ». Il faut faire la distinction entre un livre raciste et un livre où certains personnages tiennent un discours raciste. Mais tout ce qui relève de la complexité doit être gommé. Il faut lisser les classiques et les juger avec les yeux du présent. Car le présent est le juge absolu des siècles passés. Le *New York Times* demande à son tour que le livre de Mark Twain soit présenté avec un avertissement : « Livre traitant du racisme d'une façon pouvant provoquer un traumatisme ou perturber l'acquisition des connaissances. » Quant au déjà évoqué *Gatsby le Magnifique* de Fitzgerald (1925), le quotidien suggère : « Livre mettant souvent en scène une injurieuse et affreuse violence misogyne. » La morale est sauve.

Aux États-Unis, c'est toute la vie intellectuelle qui est menacée de mort pour cause de non-conformité : des éditeurs, des journalistes, des chercheurs, des professeurs sont renvoyés pour leurs propos ou leurs préférences. Des écrivains cessent d'être publiés s'ils contreviennent à la ligne. Le moindre désaccord avec l'idéologie du jour est vu comme une insulte à la « justice sociale » au point que des esprits éminents s'en inquiètent et dénoncent un nouveau maccarthysme de gauche[1]. La nouvelle censure ne veut pas, comme l'ancienne, épargner aux oreilles chastes les propos offensants, elle se veut inclusive et protectrice. Au risque d'infantiliser ceux que l'on souhaite porter vers l'âge adulte. Il ne faut pas que des textes ou

1. « Notre résistance à Donald Trump ne doit pas conduire au dogmatisme et à la coercition. » Pétition publiée simultanément dans une dizaine de pays et signée par une vingtaine d'intellectuels, auteurs, chercheurs surtout anglo-saxons dont Salman Rushdie, Mark Lilla, J.K. Rowling, Margaret Atwood, Thomas Chatterton, Kamel Daoud, etc., *Le Monde*, 9 juillet 2020.

des images réveillent chez les étudiants une souffrance latente[1] : l'école doit être avant tout un espace sécurisé. Les étudiants les plus fragiles devraient être assis près de la porte afin de sortir plus facilement s'ils sont confrontés à un écrit ou une illustration délicats. Dans un pays où la violence, notamment par les armes, est quasi quotidienne, où les meurtres de masse défrayent régulièrement la chronique, ce baby-sitting de jeunes adultes est stupéfiant. La culture n'est plus l'ouverture exaltante, surprenante, voire dérangeante, à des univers inconnus, elle est le confinement d'un moi à l'intérieur de remparts protecteurs. L'infantilisation du monde n'est pas loin. Au lieu de grandir les âmes, on les rapetisse.

1. « An introduction to content warnings and trigger warnings », University of Michigan, décembre 2017.

CHAPITRE 9

Toute-puissance du patriarcat ?

> « La femme serait vraiment l'égale de l'homme le jour où, à un poste important, on nommerait une femme incompétente. »
>
> Françoise Giroud (1983)

Pourquoi soutenir les minorités ? Pour élargir la norme ou la torpiller ? Dans un cas on intègre des catégories exclues jusque-là – ainsi du Mariage pour tous, qui ne vise pas à détruire l'institution matrimoniale mais à l'étendre aux gays et aux lesbiennes pour leur permettre de faire famille. Dans l'autre, on utilise la différence ethnique ou sexuelle pour saborder l'ordre social, détruire la sphère du commun. Chaque option engage des politiques différentes. Contre l'homophobie des uns et le sectarisme des autres, il y a toujours une bonne distance à trouver, qui est celle du compromis intelligent, de l'extension des droits.

L'hétérorisme

Chaque génération moque les aveuglements de ses aînés, dénonce leur complaisance scandaleuse, notamment celle de la génération 68 vis-à-vis de la pédophilie. Tout cela est de bonne guerre, et par ailleurs assez vrai. La tolérance vis-à-vis de ces pratiques, encouragée par Guy Hocquenghem, René Schérer, Tony Duvert et même Michel Foucault, s'inscrivait dans le grand récit du frisson sans tabous. Les « fous d'enfance » voulaient rompre à tout prix avec les normes pénales et familiales. Les baby-boomers, ivres d'une liberté absolue, se sont voulus autoengendrés, sans parents ni traditions, et se retrouvent à rendre des comptes à leurs propres enfants qui les traînent au tribunal de l'indignation. Les seniors ont liquidé leurs pères, ils se retrouvent tués par leur progéniture, qui leur demande d'expier leurs péchés. Mais à l'illusion des premiers qui ne voient rien de nouveau sous le soleil répond l'arrogance des nouveaux venus qui croient inventer le monde quand ils se contentent souvent de le redécouvrir. La grâce d'une naissance tardive (Helmut Kohl) ne rend pas plus lucide ni novateur. Il y a pire qu'un vieux con assumé : un jeune con prétentieux qui se croit plus intelligent parce qu'il est né trente ou quarante ans après vous. En la matière, la sottise n'attend pas le nombre des années. Il est une autre raison à la distorsion du féminisme actuel : *la malédiction d'hériter*. Quand on lit ou relit les grandes pionnières, avec leurs contradictions et leurs compromis, Simone de Beauvoir, Gisèle Halimi, Simone Veil, Françoise Giroud, Benoîte

Groult, Élisabeth Badinter et d'autres, qui ont pris des risques immenses, ont inscrit dans l'histoire des changements décisifs, on se dit que l'arbre de la transmission a été rompu. Pour succéder à ces hautes figures, la tentation est forte de les clouer au pilori, de faire comme si rien n'avait eu lieu depuis le début du XXe siècle. Pour un petit nombre de pasionarias, hypermédiatisées, maudire le sexe masculin tient lieu désormais d'unique programme.

S'agit-il vraiment de combattre le viol ? Ou cette croisade, comme déjà dans les années 1970 avec le groupe des Gouines rouges[1], n'est-elle qu'un prétexte pour viser un autre objectif, l'abolition de l'hétérosexualité ? À Paris, en 2019, un festival féministe proposait de « sortir de l'hétérosexualité (...) pierre angulaire de la construction du patriarcat »[2]. Il expliquait, selon l'idéologie en cours, que la binarité sexuelle était construite socialement et non pas donnée. La biologie, là encore, était vue comme un camouflage politique.

> « On parle beaucoup de genre mais moins de la production des morphologies, des hormones ou du génome qui sont également conditionnés par des politiques de

1. Nées d'une scission du FHAR, Front homosexuel d'action révolutionnaire, les Gouines rouges sont apparues en 1971, ont publié une revue, *Le torchon brûle*, et ont basé leurs actions sur la pensée de Monique Wittig pour qui les « lesbiennes ne sont pas des femmes parce que les femmes n'existent que dans le système hétérosexuel ». Après une brève fusion avec le MLF, le groupe se dissout en 1973.

2. « On ne naît pas hétérosexuel.le, on le devient », entretien de Matthieu Foucher avec Juliette Drouar et Tamar, *Les Inrockuptibles*, 20 septembre 2019.

> contrainte des mouvements ou de l'alimentation des femmes qui produisent au fur et à mesure des années une binarisation des corps. Les corps ne sont pas une donnée mais des archives du sexisme et du patriarcat. »

Puisque

> « l'économie capitaliste est une économie racialisée et coloniale (...) la famille désirable, c'est la famille blanche, une descendance blanche, un idéal de pureté et de normalité qui va reléguer toutes les familles non blanches et des milieux populaires dans une sorte de classe dangereuse (...) c'est par le biais de l'hétérosexualité qu'a été restructurée la domination coloniale et raciste avec un contexte très français[1] ».

L'hétérosexualité étant une simple invention historique, les femmes ne devraient pas faire leur vie avec les hommes.

Là encore, nos théoriciennes hexagonales se montrent terriblement provinciales. Il y a longtemps qu'aux États-Unis, certaines voient l'acte amoureux hétérosexuel comme une invasion. Le rapport sexuel courant est une horreur, disaient déjà, dans les années 1980, des féministes américaines. « Comparez les propos d'une victime du viol avec ceux d'une femme qui vient de faire l'amour. Ils se ressemblent beaucoup, expliquait la juriste Catharine MacKinnon en 1989. À la lumière de ce fait, la distinction entre

1. *Ibid.*

l'acte sexuel normal et le viol anormal est que le normal a lieu si souvent qu'on ne rencontre plus personne pour trouver à y redire[1]. » « Physiquement, renchérit Andrea Dworkin, la femme dans le rapport sexuel est un espace envahi, un territoire littéralement occupé même s'il n'y a pas eu de résistance, même si la femme occupée a dit : Oui s'il te plaît, oui dépêche-toi, oui encore[2]. » Ce qu'il y a d'extraordinaire dans cette phrase, c'est la manière dont l'acquiescement de la femme est tenu pour nul et non avenu. Elle ne peut pas accepter de faire l'amour avec un homme car elle est une mineure éternelle. Où est la différence avec le discours patriarcal le plus convenu ? Si une femme acquiesce à un acte d'une telle bassesse, c'est qu'elle a été endoctrinée : comment pourrait-elle, sinon, désirer sa servitude comme si elle était sa liberté ? Une femme ne désire jamais, on lui impose ce qu'elle croit désirer, comme le dira plus tard Geneviève Fraisse. L'accouplement classique est presque pire qu'un viol car il est vécu comme un acte volontaire. Celle qui dit oui au despote couillu est bien une esclave dans la mesure où l'esclave est incité par son maître à désirer sa condition.

Voilà le fond de l'affaire. « L'hétérosexualité c'est aussi naturel que l'enclos électrique dans lequel on parque les

1. Catharine MacKinnon, *Towards a Feminist Theory of the State*, Harvard UP, 1989, p. 146.

2. In Robert Hughes, *La Culture gnangnan. L'invasion du politiquement correct*, Arléa, 1994, p. 10.

vaches », dit Virginie Despentes[1]. Une chose est de la quitter par décision personnelle, une autre de la vouer aux gémonies pour tous.

La femme sainte et martyre ?

De nombreux hommes, eux aussi, considèrent l'acte sexuel, et plus précisément la pénétration, comme étant d'une bestialité insupportable. C'est le romancier Lionel Duroy qui dit sa « honte d'être un homme » et avoue que « l'agressivité de l'acte sexuel lui est difficilement supportable[2] ». C'est Gabriel Cohn-Bendit qui s'insurge contre le coït et le phallus en arguant que le pénis se remplace aisément par les mains, la bouche, les lèvres. L'apparition du Viagra sur le marché l'a indigné : « Le coït en lui-même est une violence physique et symbolique (...) qu'advienne enfin la clitocratie pour en finir avec la phallocratie[3]. » C'est enfin l'historien Ivan Jablonka, navré que « les murs de nos villes suintent la testostérone », qui prône une éthique de comportement irréprochable des hommes vis-à-vis des femmes dans tous les domaines et spécialement dans celui de la séduction qui « devrait être appropriée à la

1. *Technikart*, juin 2019.

2. Marine Landrot, « Lionel Duroy : "Il y a toujours un livre pour vous sauver du désespoir" », *Télérama*, 20 avril 2019.

3. Gabriel Cohn-Bendit, « La molécule miracle ne fait que renforcer la suprématie du pénis. Le Viagra, ou la tyrannie du coït », *Libération*, 15 octobre 1998.

justice de genre » (*sic*)[1]. Il n'est pas sûr que cette recommandation soit d'un grand secours pour un adolescent ou un homme soucieux de ravir le cœur de sa belle. Soyons capables, poursuit Ivan Jablonka, « de récuser en nous le gros mâle, la brute, le porc[2] ». Il est étonnant que les métaphores animalières qui reviennent sous sa plume soient celles de l'Église fustigeant la libido chez les fidèles. La Bête doit être terrassée ! Tous ces messieurs ont été précédés en la matière par le livre pionnier de John Stoltenberg, ancien compagnon d'Andrea Dworkin, *Refuser d'être un homme*, paru aux États-Unis en 1992[3]. Puisque le masculin est par excellence un rapport de pouvoir à travers la pornographie, la violence conjugale et le militarisme, il faut impérativement « se solidariser avec les femmes tout en se désolidarisant du patriarcat » car « les femmes sont généralement plus utiles que les hommes et leur vie est plus riche et plus équilibrée[4] ».

Où a-t-on vu que les femmes étaient « meilleures » que les hommes ? D'où vient cette fable ? On raisonne comme s'il y avait une « nature » féminine, forcément bonne, à opposer à une « nature » masculine, mauvaise, toujours mauvaise. On essentialise chaque sexe. Le fait d'avoir été opprimées et subjuguées dans l'histoire

1. Ivan Jablonka, *op. cit.*, p. 347 et p. 326.
2. *Ibid.*, p. 390.
3. John Stoltenberg, *Refuser d'être un homme. Pour en finir avec la virilité*, éditions Syllepse, 2013.
4. Ivan Jablonka, *op. cit.*, p. 406.

n'a pas transformé les premières en anges. Chaque fois qu'elles ont été en position de pouvoir, reines, impératrices, Premières ministres, gardiennes de camp pendant la Seconde Guerre mondiale ou participantes actives dans le génocide des Tutsis, elles se sont conduites avec la même logique implacable et la même intelligence ou férocité que les hommes. Lorsque Daech occupait Mossoul et Raqqa, des milices féminines dites *hisba* contrôlaient l'application de la charia auprès d'autres femmes : 20 coups de fouet pour une abaya trop moulante, 5 coups pour du maquillage sous le niqab, 10 pour une sortie sans tuteur légal et la mise à mort par lapidation pour les femmes jugées adultères[1]. En mars 2020, un procès pour crime contre l'humanité s'est tenu à Munich contre Jennifer Wenisch, une Allemande de 28 ans, membre de la police des mœurs de l'État islamique, accusée d'avoir laissé mourir de soif une fillette de 5 ans, une yézidie achetée comme esclave en Irak en 2015. Elle est poursuivie pour crimes de guerre, trafic d'êtres humains et torture. La violence et la cruauté ne sont en rien des prérogatives masculines. Les femmes y ont en partie échappé jusqu'à maintenant en raison de leur relégation sociale. Mais *on a pris pour vertu ce qui était empêchement provisoire de commettre le mal.* Une chef d'entreprise, une chef d'État peuvent être brillantes, avisées, géniales, mais leur attribuer une supériorité morale en raison de leur appartenance sexuelle est une

1. Leïla Mustapha et Marine de Tilly, *La Femme, la vie, la liberté*, Stock, 2020.

chimère. Le pouvoir corrompt les hommes comme les femmes s'il n'est pas équilibré par des contre-pouvoirs, comme le savait Montesquieu.

Il y a une exception à cette idéalisation du féminin et même une division du travail en France : aux jeunes de banlieue, le droit au machisme superlatif, la soumission des filles ; à l'homme « blanc » l'obligation de faire amende honorable, de bannir toute trace de virilité. Ce que montre très bien la sociologue Fatiha Agag-Boudjahlat citant Houria Bouteldja : pour cette dernière, les hommes « indigènes » ont gardé leurs couilles. Le patriarcat blanc « veut prendre la femme de l'indigène » mais il ignore qu'il s'adresse à un adversaire, un ennemi redoutable qui défendra son bien. Et c'est ce que fera le mâle indigène. Il défendra ses intérêts d'homme. Sa résistance sera implacable : « Nous ne sommes pas des pédés », s'exclame Houria Bouteldja qui renchérit : « Non, mon corps ne m'appartient pas (...) J'appartiens à ma famille, à mon clan, à mon quartier, à ma race, à l'Algérie, à l'Islam. J'appartiens à mon histoire et si Dieu le veut, j'appartiendrai à ma descendance[1]. » Comme le souligne Fatiha Agag-Boudjahlat, la femme orientale a un devoir de soumission et l'homme oriental un devoir de domination. Quant à l'homosexualité, selon Houria Bouteldja, elle n'est qu'un virus occidental pour déviriliser les Orientaux : « Les Blancs, lorsqu'ils se réjouissent du coming out du mâle indigène, c'est à la fois par homophobie et par

1. Fatiha Agag-Boudjahlat, *op. cit.*, pp. 37-38.

racisme. Comme chacun le sait, la “tarlouze” n’est pas tout à fait un homme, ainsi l’Arabe qui perd sa puissance virile n’est plus un homme. » Si les mêmes propos avaient été tenus par une personnalité de droite ou d’extrême droite en France, l’indignation aurait fusé. Là, silence gêné : musulmane, d’origine algérienne, Mme Bouteldja est deux fois immunisée. Elle peut faire l’éloge d’Ahmadinejad, tenir la Shoah pour roupie de sansonnet, tenir des propos à la limite de l’antisémitisme, elle est intouchable. Elle est même célébrée par des personnalités de « gauche » dont Annie Ernaux ! D’un côté donc les surmâles, caïds, barbus, grands frères porteurs d’une saine et puissante virilité à l’ancienne comme on les voit dans le film de Ladj Ly, *Les Misérables* (2019), de l’autre le fayot, le bobo repentant, un peu efféminé, qui roule à vélo, mange bio, calcule son bilan carbone, doit se montrer prévenant, romantique, s’excuse d’exister et jure de faire pénitence. Étrange répartition des tâches. À se demander si certaines féministes ultra ne sont pas fascinées, de façon très archaïque, par l’hypervirilité brutale[1]. Et

1. Lire à ce sujet Lucas Hollister, « Virginie Despentes et le domaine du genre », *Extension du domaine de la littérature*, 2019. L’auteur affirme que Virginie Despentes est obnubilée par la virilité violente. Il la cite : « Tout ce qui est marrant à faire est viril, tout ce qui permet de survivre est viril, tout ce qui fait gagner du terrain est viril » (*King Kong Théorie*, p. 128). Despentes semble navrée que la violence virile soit interdite aux femmes et se montre fascinée par le pouvoir, les gangs et le sang. Sur ce thème, lire l’excellente analyse de Marc Weitzmann qui rapproche Virginie Despentes et Éric Zemmour comme les symptômes d’une fascination petite-bourgeoise pour la

si le véritable crime des hommes était de ne plus être des machos ? Prenez la Gay Pride : en France, elle ne prêche que des convaincus, se déroulant toujours dans les quartiers aisés de la capitale. Ne serait-elle pas plus convaincante dans le 93 ou les territoires perdus de la République, soumis à la double emprise des gangs et des salafistes et où l'homosexualité et les transgenres, du fait des préjugés et de la religion, sont encore considérés comme des criminels, des déviants ? Il est à craindre, en outre, que l'arrivée massive d'immigrants de culture musulmane en Europe n'augmente le niveau de violence contre les femmes « libres », c'est-à-dire, aux yeux de leurs agresseurs, offertes, comme le prévient la dissidente Ayaan Hirsi Ali dans son dernier livre[1].

Rééduquer le mâle blanc

L'hétérosexualité serait donc une norme imposée à tous par l'ordre social. Michel Foucault, cité par Judith Butler, évoquait à cet égard un « douloureux problème » pour chacun, homme ou femme, contraint d'endosser jour après jour ce costume pour se conformer à la doxa[2]. Il recommandait de s'en désintoxiquer, comme d'une drogue qui nous ravage. D'où l'appel aux femmes, lancé

---

brutalité des djihadistes (« Les terroristes ont gagné », *Le Point*, 1er août 2020).

1. Ayaan Hirsi Ali, *Prey. Immigration, Islam and the Erosion of Women's Rights*, Harper and Collins, 2020.

2. Judith Butler, *Trouble dans le genre*, La Découverte, 2006, p. 18.

par certaines militantes radicales, à suspendre leurs liaisons avec des hommes, à cesser d'être transies d'amour pour eux. Pour l'activiste Juliette Drouar qui dénonce le « dressage » hétérosexuel, le couple n'est rien d'autre qu'« une personne dominante en vis-à-vis et en huis clos avec une personne structurellement dominée par "il". Comment mieux surveiller, exploiter et punir ? L'hétérosexualité propose basiquement que le dominant puisse, à l'abri des regards, toujours surveiller la dominée, même quand elle dort[1]. »

Avec plus de concision et de justesse, Balzac avait dit : « En amour, il y en a toujours un qui souffre et l'autre qui s'ennuie. » Et cela vaut aussi pour les couples homosexuels, gays ou lesbiens, pas moins pathogènes que les autres. Lequel d'entre nous, dans la vie conjugale, résiste à l'épreuve du temps ? S'il n'y avait cette vertu cardinale de l'amour qui s'appelle l'indulgence, aucun foyer ne tiendrait plus de quelques mois. Une philosophe, Manon Garcia, déplore quant à elle que même des féministes indépendantes se réjouissent d'être désirées par des hommes, se sentent heureuses dans leurs bras et à l'aise dans les tâches ménagères, linge bien plié, petit déjeuner joliment préparé, au lieu de prendre leur autonomie. Elles se croient libres, elles sont soumises[2]. C'est ne pas

1. Citée par Maïa Mazaurette, « L'hétérosexualité, c'est terminé ? », *Le Monde*, 9 février 2020.

2. Manon Garcia, *On ne naît pas soumise, on le devient*, Climats, 2018. Il est dommage que l'auteure n'ait pas profité de l'excellent thème de la soumission volontaire pour approfondir sa réflexion. Il eût fallu pour cela qu'elle s'interroge sur la nature du sentiment amoureux

voir que même une femme libre peut aimer la sécurité autant que la passion, la vie domestique et les fureurs érotiques. Autant l'ordre moral et religieux criminalisait jadis en Europe l'homosexualité, surtout masculine, et y voyait l'œuvre du diable, autant la diabolisation de l'hétérosexualité relève du même dogmatisme renversé.

Même si le féminisme américain, comme le français, n'a rien d'une doctrine monolithique et se trouve traversé de courants furieusement opposés, ce sont toujours les plus extrémistes qui se font entendre, exerçant un magistère qui terrorise les plus modérées. Voilà qu'on porte le discrédit sur l'acte amoureux lui-même qui perpétue l'allégeance sous couleur de prodiguer le plaisir. Il faut pour s'opposer à « la contre-révolution *straight*[1] » (*sic*, toujours l'usage du *globish* qui est vraiment l'idiome des ploucs), frapper de discrédit les normes hétérosexuelles qui sont en soi une horrible perversion. « Dans le vaste projet de nivellement moral, il ne suffit pas que le déviant soit normalisé. Il faut que le normal soit considéré comme déviant[2]. » Parce que l'hétérosexualité n'est rien d'autre qu'une contrainte (Adrienne Rich[3])

---

qui asservit autant qu'il épanouit. Elle retombe hélas *in fine* dans tous les stéréotypes du jour sans les remettre en question.

1. Christine Bard, Mélissa Blais, Francis Dupuis-Déri, *Antiféminismes et masculinismes d'hier et d'aujourd'hui*, PUF, 2019, p. 40.

2. Charles Krauthammer, *Le Débat*, 1994, n° 81, p. 168.

3. Adrienne Rich, « La contrainte à l'hétérosexualité et l'existence lesbienne », *Nouvelles questions féministes*, n°1, 1981. Cité par Christine Delphy, préface à l'édition française de John Stoltenberg, *op. cit.*

et le désir une construction, chaque femme digne de ce nom devrait s'en déprendre sans tarder.

Sur toutes les relations entre les sexes, au travail comme à la maison, pèse désormais le nuage noir de la défiance. Le moindre badinage amoureux est l'antichambre d'un crime. Ce n'est plus l'éducation qui compte mais la rééducation. D'où le fait que de très nombreuses entreprises en Angleterre et aux États-Unis, et même le *New York Times*, soumettent leurs employés masculins à des tests de préjugés inconscients sous forme de questionnaires pour éprouver leur conformité. Ces IAT (*Implicit association tests*, tests d'association implicites), créés à Harvard, servent désormais de référence à l'université, sur les campus et dans les bureaux, même si leur pertinence est questionnée[1]. Il s'agit de débusquer chez les hommes blancs d'un certain âge les préjugés enfouis à l'égard des minorités ou des femmes pour mieux les terrasser. Nous sommes tous des sauvages qui s'ignorent et qu'il s'agit, dès les petites classes, de reformater. Si l'alliance de la « race » et de la science rappelle de funestes souvenirs, ces tests oublient de s'appliquer à eux-mêmes le présupposé qui les anime : à savoir que seul l'homme blanc est traversé de pensées hostiles à l'égard des autres. Le 20 janvier 2020, Gabrielle Bouchard, alors présidente de la Fédération des femmes du Québec, envoie un tweet suggérant d'interdire ou d'abolir les relations hétérosexuelles pour en finir avec les féminicides au

1. Douglas Murray, *op. cit.*, p. 90.

Québec. Elle le regrette ensuite mais le ton est donné : on y viendra un jour[1].

En réalité, c'est l'existence même du mâle qui est un scandale, le bipède pénien devrait à terme disparaître de la surface de la terre.

Panique dans l'émancipation

Jeunes, dans les années 70-80 du siècle passé, nous riions des avertissements des conservateurs. Ils prédisaient, après la chute des tabous, le chaos, le déchaînement des pulsions débridées. Ils n'avaient tort que sur un point. Derrière la porte des interdits, ce n'est pas l'anarchie qui règne mais les guerres civiles de la libido, la rage de tous contre tous. Chaque catégorie, groupe ou sous-groupe se prend à la gorge, la subversion du désir se fait sous le signe d'une jactance belliqueuse : roulements de tambour, bruits de canonnade. Le libertinage devient une arme pointée contre des adversaires imaginaires. L'égalité exaspère les justiciers et n'est jamais assez égale mais la liberté déçoit. Exaltante quand on l'invoque, elle devient terriblement prosaïque quand on l'atteint. Ça n'est que ça ! Elle doit à dates fixes être

1. Alice Coffin, déléguée EELV, expliquait en septembre 2018 lors d'un débat sur la PMA : « Ne pas avoir un mari, ça m'expose plutôt à ne pas être violée, ne pas être tuée, ne pas être tabassée. Et ça évite que mes enfants le soient aussi. Faut-il rappeler quelques chiffres sur les pères, c'est un petit peu dramatique qu'on brandisse cette référence paternelle comme ça, sans savoir la réalité » (Russia Today).

réveillée. « La fleur de la liberté ne s'épanouit que dans les cachots », disait le chanteur et dissident est-allemand Wolf Biermann. L'autonomie gagnée par les femmes n'a pas gommé leurs anciennes responsabilités de mère et d'épouse et se traduit par une surcharge de travail. La perte de leur prééminence, pour les hommes, ne les a pas conduits à déserter les fonctions qui étaient les leurs. Les unes et les autres se retrouvent dans une zone d'incertitude où ils se doivent de bricoler de nouveaux modèles à partir des anciens. Ce brouillage explique la nostalgie de certaines pour le macho classique qu'elles abhorrent alors que les hommes s'étonnent de côtoyer des compagnes si affranchies et traditionnelles à la fois puisqu'elles veulent l'indépendance et la protection. L'émancipation fait de nous des êtres désorientés qui flottons entre plusieurs rôles. Autrui m'inquiète quand il déborde de son lieu et n'habite aucun emploi de façon permanente : la féminité ne se décline pas plus sur le seul mode de la mère, du bas-bleu, de la muse ou de la putain que la masculinité sous les seuls traits du chef, du patron, du pater familias. D'où une même nostalgie de clarté : dis-moi qui tu es afin que je sache qui je suis ; les deux sexes quêtent la sécurité d'un archétype pour mettre fin à l'indécision et cloîtrer l'autre dans une définition.

Nous avons conquis de nombreuses libertés à la fin du siècle dernier : cela devrait être une occasion de nous réjouir. Pour beaucoup de militants, ces libertés au pluriel sont le principal obstacle à la Liberté avec une majuscule. Il faut nier farouchement les progrès enregistrés et faire comme si l'on était encore dans la situation du XIXe siècle, voire de l'Ancien Régime, et qu'il faille lever des bataillons de soldates pour renverser la tyrannie. Logique du tout ou rien : soit la liberté et l'égalité sont totales, soit elles sont inexistantes et le moindre privilège d'une catégorie est vu comme une abomination. La liberté va de pair avec la responsabilité et consiste aussi à ne pas imputer ses propres erreurs à d'autres : elle implique donc de sortir de la culture de l'excuse. Pourtant, celle-ci prolifère : plus des droits nouveaux sont accordés aux individus et aux groupes, plus ceux-ci dénoncent une effroyable domination et s'inventent de nouveaux ennemis. C'est le malheur d'une liberté insatiable qui ne peut jamais s'assigner un moment de repos. Cette quête éperdue ressemble à une malédiction si elle ne débouche pas sur un art de vivre nouveau. L'histoire récente de la culture occidentale n'est rien d'autre que l'empilement simultané des tabous et des libérations : on élargit d'un côté pour verrouiller de l'autre. Cet embouteillage d'émancipations donne le tournis et surtout l'envie de s'émanciper des émancipateurs. Ainsi se profile le spectre sinistre d'une *libération sans fin qui multiplie les interdits*. Nos droits acquis se retournent contre nous comme autant de gifles. Les mots justes sont de l'action, disaient les Grecs, une manière de répondre aux grandes tragédies par de grandes paroles. Mais les mots erronés aussi, et ils engendrent à leur tour de mauvaises actions, de nouvelles tragédies. Nous en sommes là.

Ne pas se tromper d'époque

Il revient à Chateaubriand d'avoir avant Tocqueville redécouvert une loi historique passionnante : l'antécédence de l'événement par rapport à son déclenchement. Ainsi put-il écrire que « la révolution (de 1789) était achevée quand elle éclata : c'est une erreur de croire qu'elle a renversé la monarchie ; elle n'a fait qu'en disperser les ruines, vérité prouvée par le peu de résistance que rencontra la révolution[1] ». La monarchie et l'Église étaient entrées en décadence depuis longtemps quand survinrent la prise de la Bastille et la Nuit du 4 août. On pourrait affirmer la même chose de la chute des tabous en mai 68, déjà vermoulus quand on a prétendu les abattre. Un régime, une dynastie, un couple et même une nation ne tombent que lorsqu'ils sont déjà morts. Et pareillement, *mutadis mutandis*, du patriarcat de nos jours : il agonise en Occident quand on le brandit comme un épouvantail. Nous ne vivons pas son triomphe mais la confirmation de son effondrement. Dans les pays démocratiques, l'homme devient « obsolète[2] » : il connaît de plus en plus

1. François-René de Chateaubriand, *Mémoires d'outre-tombe*, tome I, p. 986, cité in Antoine Compagnon, *Les Antimodernes*, Gallimard, 2005.

2. Laëtitia Strauch-Bonart, *Les hommes sont-ils obsolètes ?*, Fayard, 2018. Pour l'auteure, les écarts de salaire vont diminuer naturellement et le pouvoir de négociation des femmes ira croissant. La double tendance de l'emploi au XXIe siècle est celle de l'ascension des femmes et du relatif déclin des hommes. Elles seront les mieux diplômées des deux sexes.

l'échec scolaire, surtout dans les milieux populaires, il n'est plus requis pour enfanter. N'est-il pas étrange qu'au moment où les femmes gagnent du pouvoir à l'école, dans l'entreprise, dans la recherche, une partie du mouvement féministe se cantonne à la plainte et donne une image à la fois souffreteuse et furieuse du deuxième sexe ? À moins que cette victimisation ne soit qu'un subterfuge pour conquérir les premières places. Les hommes sont en train de perdre leur prééminence, y compris dans la sphère professionnelle, à l'exception des mathématiques et de la physique qui restent des bastions masculins, sans qu'on sache s'il s'agit d'un phénomène de résistance de la part du premier sexe ou de désinterêt de la part du deuxième. On a raison de dénoncer le plafond de verre et les écarts de salaires mais force est de reconnaître qu'en Occident, sur le moyen et le long terme, l'avantage politique et symbolique revient aux femmes. Ce sont elles en majorité qui demandent le divorce. Elles sont globalement mieux éduquées que les hommes[1], y compris dans le monde arabo-musulman pourtant encore soumis à des règles de domination archaïques[2]. On a même pu parler, aux États-Unis, de « pellicule résiduelle de mâles dominants » (Hanna Rosin) qui gardent l'illusion d'avoir toujours la maîtrise mais ne sont plus que des

1. Emmanuel Todd, « Aujourd'hui, les femmes sont plus éduquées que les hommes », entretien avec Sébastien Lapaque, *Revue des Deux Mondes*, avril 2018.

2. Hakim El Karoui, *L'Islam, une religion française*, Gallimard, janvier 2018.

dinosaures dont on s'accommode[1]. La prédominance des familles monoparentales hétéro ou homosexuelles est le fait exclusif des femmes, ce qui veut dire qu'un nombre important d'enfants, garçons ou filles, seront éduqués sous un régime quasi matriarcal (selon Emmanuel Todd) qui reste à définir. L'intrusion de la technique dans le domaine des mœurs, contraception, avortement, PMA, gestation pour autrui a rendu les hommes superflus dans la procréation, même si la possibilité de faire un jour des bébés en éprouvette rendra également les gestatrices inutiles.

Traditionnellement, le féminin était associé au renoncement (les sœurs Brontë, Jane Austen, Tchekov, Balzac, Flaubert). Les illusions perdues, c'étaient pour elle plus que pour lui. À peine le rêve avait-il surgi qu'il était douché. Aujourd'hui, le mouvement s'inverse et l'ambition l'emporte sur la résignation. À niveau social égal, dans les classes moyennes de l'Occident, il est sans doute plus facile d'être une jeune femme de 20 ans qu'un garçon du même âge. Le « girl power » l'emporte.

Mesure-t-on l'importance de ces changements ? La voie est ainsi ouverte à une égalisation plus grande des conditions mais aussi à une rivalité croissante et à une potentielle ségrégation légale des sexes dans les lieux de travail, au restaurant, à l'université[2] : les femmes se regroupent

---

1. Hanna Rosin, *The End of Men. Voici venu le temps des femmes*, éditions Autrement, 2013.

2. Selon une enquête menée par Bloomberg en décembre 2018, la crainte du procès ou des embarras financiers est telle dans le monde de la finance qu'une majorité de cadres refusent désormais de dîner

entre elles loin des mâles[1]. La femme est bien l'avenir de l'homme, mais sans l'homme.

Vers une paix armée ?

Comme s'il fallait se venger des libertés accordées il y a un demi-siècle en matière amoureuse, notre époque désire en même temps le permissif et le pénal, la jouissance et la punition. Elle risque de ne récolter que la volupté du châtiment. Ce qui régit désormais les rapports entre les sexes c'est, comme aux États-Unis, une paix armée, des accointances charnelles et amoureuses sous haute surveillance judiciaire. Même la pandémie de Covid à partir de l'hiver 2019 a été l'occasion d'un malheureux chauvinisme de genre : les unes remarquaient qu'une bande de femmes avaient tenu le pays pendant que les coqs paradaient derrière les estrades, les autres soulignaient qu'une immense majorité de sujets masculins, 73 %, avait payé le plus lourd tribut à la maladie tandis que les premiers de corvée, livreurs, routiers,

---

en tête à tête avec leurs collègues féminines, de partager un siège avec elles en avion, de dormir au même étage à l'hôtel, de peur d'être l'objet d'un chantage. In Douglas Murray, *op. cit.*, p. 86.

1. Selon Géraldine Smith, aux États-Unis, l'objectif féministe d'une société inclusive passe d'abord par la séparation des genres. Même en ligne, quantité de groupes virtuels sont *de facto* interdits aux hommes. Comme jadis, la mixité est désormais bannie. Au moindre accroc, les jeunes femmes protestent : « *Stop ! You are making me really uncomfortable* » (Arrête, tu me mets vraiment mal à l'aise). Géraldine Smith, *op. cit.*, pp. 76-78.

manutentionnaires, maintenaient la France à flot. N'entrons pas dans ces comptabilités mesquines.

Vivre ensemble est devenu plus difficile depuis qu'on a émancipé le sexe : en réalité, c'est lui qui s'est émancipé de nous. On ne se comprend plus, on bricole de nouveaux modèles sans abandonner totalement les anciens. C'est la mélancolie de l'après-révolution : l'on décortique, par exemple, l'acte amoureux jusqu'à ses plus petits étages pour le décréter trompeur et, pour tout dire, décevant. D'innombrables enquêtes font état d'un désappointement des femmes[2] au vu des promesses exorbitantes de l'époque. À l'hypersexualisation de la mode et des médias répond une attente frustrée : le « droit au plaisir » est une revendication rarement accomplie. Le sexe, oui, mais avec garantie de résultats. Brassens l'avait déjà dit : « 95 fois sur cent, la femme s'emmerde en baisant[3] » (ajoutons que les hommes peuvent être saisis par un sentiment identique. En amour tout est réciproque). Un site internet, *T'as joui ?*, fondé par la journaliste Dora Moutot, exaspérée par la suffisance des hommes, les avertit qu'ils doivent connaître l'anatomie féminine avant de se lancer dans une aventure. Le plaisir féminin implique l'abandon de l'égoïsme masculin. On est d'accord ! À cet égard, la rédecouverte extasiée

---

2. Sarah Barmak, *Jouir. En quête de l'orgasme féminin*, La Découverte, 2019. Selon elle, 50 % des femmes se disent insatisfaites, soit par manque de désir, soit par difficulté à atteindre la jouissance.

3. Georges Brassens, « Quatre-vingt-quinze pour cent », 1972. Lire aussi Sonia Feertchak, *Les femmes s'emmerdent au lit. Le désir à l'épreuve du féminisme et de la pornographie*, Albin Michel, 2015.

du clitoris par certaines féministes exhale un délicieux parfum rétro alors que le même discours était déjà tenu dans les mêmes termes vers 1970-80. Là encore, rien de fracassant sinon la persistance d'une tragique ignorance des réalités. Beaucoup d'hommes pourraient eux aussi se plaindre de la maladresse des femmes. Le mariage, disait Kant de façon prosaïque, c'est l'appropriation des organes génitaux de l'autre. Sans aller jusqu'à revendiquer l'appropriation, un peu de savoir-faire de part et d'autre est toujours le bienvenu. Pas de pitié pour les godiches et les empoté(e)s. La connaissance n'a jamais tué la jouissance.

Autre exemple de muflerie réciproque : ces amants qui se notent sans aménité (on en retrouve des traces dès la littérature amoureuse du XVIIIe siècle, notamment chez Choderlos de Laclos). Chacun(e) a son dossier où sont notées ses performances, ses mensurations, ses spécialités : les goujats mais tout autant les fanfarons et les vantardes sont pénalisés. Qualité des érections, de l'endurance, douceur des caresses, hygiène intime, beauté des soupirs, élégance du vêtement et des sous-vêtements, tout mérite une appréciation[1] et de petits films indiscrets viennent parfois pimenter le propos. Malheur à qui se fait qualifier de « cunniphobe » ! Le marché des concupiscences lui est fermé sauf s'il fait amende honorable ou

1. « Les icônes "violeur", "macho" ou "cunniphobe" sont susceptibles de ruiner une vie sexuelle entière. » Maïa Mazaurette, « En 2039, toutes les femmes notent leurs amants, utopie ou dystopie ? », *Heidi News*, 8 janvier 2020.

change d'identité. Le risque existe d'instaurer une atmosphère de vexation générale où chacun débine l'autre, en ligne, souligne les détails les plus vachards. Autre trait d'époque : l'ombre immense du Droit se dresse désormais entre les amants comme un couperet redoutable. Cela n'enlève rien au romantisme ni à l'érotisme mais les rend plus délicats. Voyez par exemple ces individus qui constituent des dossiers sur leurs partenaires en cas de litige, et conservent scrupuleusement, comme le font déjà certains avocats, SMS, emails, lettres, voire enregistrements de leurs conversations comme autant de preuves dans un procès éventuel. L'être aimé peut se transformer un jour en ennemi mortel : il faut donc s'y préparer et fourbir ses armes. Terrible conversion de l'idylle en guérilla souterraine.

L'angoisse et la merveille

Ne rêvons pas d'une harmonie parfaite entre les deux parties de l'espèce humaine : les fatalités anatomiques, les possibilités offertes aux uns et interdites aux autres, la faculté d'enfantement ou la différence des voluptés entravent à jamais le rêve d'une entente harmonieuse. Mais entre l'idylle et la guerre, il y a mille autres options. Chaque sexe demeure pour l'autre source de peur et d'émerveillement dans un partage indiscernable d'attirance et d'effroi. La sexualité féminine reste bien ce continent noir que soulignait Freud, y compris pour les femmes elles-mêmes. Il n'y a que deux sexes mais, pour certains, c'est encore trop. Qui aurait cru, il y a vingt-cinq ans, que nous assisterions en France à ces déferlements de haine et de rage qui envahissent régulièrement la scène américaine ? Nous y sommes, à quelques nuances culturelles près. L'oppression des femmes fut atroce ; cela ne signifie pas que leur libération sera merveilleuse. L'émancipation, c'est aussi le droit pour elles d'embrasser tous les défauts des hommes et d'en rajouter quelques-uns. On peut être féministe sans être dupe : cette doctrine n'épuise ni le mystère du mal ni les sortilèges de la passion. Il n'est d'amour que des cas particuliers ; or, comme toute idéologie, le féminisme n'embrasse que des statistiques. Il est inamical aux exceptions. Il ne comprend pas les affinités électives, il est sourd à la communion des âmes comme au tumulte des sens.

Ne méconnaissons pas les souffrances et les échecs que suscite depuis un demi-siècle la lente désintégration du patriarcat, la crise de la masculinité qui s'ensuit et l'apprentissage douloureux par les femmes de leur récente et fragile liberté. Que certains s'en affligent et veuillent punir collectivement l'engeance des traîtresses et des perfides ; que d'autres à l'inverse rêvent d'une vengeance apocalyptique sur le sexe dit fort, on peut à la rigueur le concevoir mais non l'accepter. Le vieux combat pour l'égalité et la dignité va se poursuivre et l'on ne voit pas au nom de quoi nous devrions le censurer. La critique du sexisme reste nécessaire. Mais deux logiques s'affrontent : une vindicative, à la fois procédurière et suspicieuse, et une positive qui insiste sur les valeurs communes plutôt que sur les divisions. La demande d'égalité absolue est un monstre insatiable qui risque d'entraîner les uns et les autres dans une spirale implacable d'envie et de rivalité. Il faut tempérer le désir d'équité par le plaisir de la cohabitation et la bonne intelligence : ce qui nous unit reste plus fort que ce qui nous divise. Il nous appartient de choisir entre une discorde stérile ou une discorde fertile. Afin de préserver cette atmosphère d'amitié érotique et amoureuse entre les sexes qui devrait être le but de toute civilisation.

L'humanité qui s'annonce sera-t-elle composée de deux grandes tribus campées de part et d'autre d'un fleuve et qui ne pourront se parler que par l'intermédiaire de leurs avocats ? Alfred de Vigny avait-il vu juste quand il écrivait dans son poème *La Colère de Samson*, en 1839 : « La femme aura Gomorrhe et l'homme aura Sodome, Et, se jetant de loin un regard irrité, Les deux sexes mourront chacun de son côté » ? On peut espérer que demeure au moins un monde de beautés et de fidélités partagées. Au nom de quoi maintenir l'antique relation ? Au nom du seul bonheur d'être ensemble parce que l'ennemi combattu est aussi l'être désiré et que les séparer serait amputer chacun d'une part essentielle de soi-même.

DEUXIÈME PARTIE

L'antiracisme exterminateur

« Les jeunes générations manifestent pour dire l'invisibilité des couleurs et l'universalité des valeurs. Il n'y a, dans une vie réussie, que ce qu'on fait pour effacer des haines avec du Droit et des libertés. »

Lionel ZINSOU[1]

1. Lionel Zinsou, « Suis-je assez noir ? », *Le 1*, juin 2020. Lionel Zinsou, franco-béninois, chef d'entreprise, ancien Premier ministre du Bénin, a été l'objet d'attaques xénophobes en Afrique parce que métis et français. La double peine…

CHAPITRE 10

La cruauté est blanche

« Pendez les Blancs. »

Nick CONRAD, rappeur, 2018[1]

« Aucun propos ou comportement raciste, classiste, islamophobe, putophobe, transphobe, agiste, validiste, psychophobe, spéciste, grossophobe, homophobe ne sera toléré. Le sexisme anti-hommes comme le racisme anti-Blanc-he-s n'existent pas ».

Meute de chiennes, week-end féministe dans la Sarthe 12-13 septembre 2020

Dans son livre *Cool Memories* (1993), Jean Baudrillard fait une analogie audacieuse entre SOS-Racisme et

1. « J'rentre dans des crèches et j'tue des bébés blancs, Attrapez-les vite et pendez leurs parents. » Nick Conrad ne se dit pas raciste mais veut alerter sur la question du racisme anti-Noirs en inversant la relation. Bref, c'est une fiction… c'est de l'art ! Nick Conrad a été condamné à une amende de 5 000 euros au terme d'une plainte pour racisme anti-Blancs et incitation au meurtre par la Licra à l'automne 2019. Il a fait appel.

SOS-Baleines : « Dans un cas, c'est pour dénoncer le racisme, dans l'autre c'est pour sauver les baleines. Et si dans le premier cas, c'était aussi un appel subliminal à sauver le racisme, et donc l'enjeu de la lutte antiraciste comme dernier vestige des passions politiques, et donc une espèce virtuellement condamnée[1]. » Baudrillard n'avait pas tort : l'opération de sauvetage a réussi au-delà des attentes. On ne cesse chaque jour de découvrir de nouvelles formes de discrimination, à l'endroit de tout groupe ou personne qui se sentait discrédité ou moqué. Nul besoin de sauver le racisme, il en naît un inédit chaque matin. Le mot s'est tellement dilué qu'il signifie tout et son contraire. Des sectes microscopiques n'ont d'autre fonction que d'en déterrer de nouveaux gisements, des glottophobes (qui se moquent des accents) aux grossophobes, sans oublier les adophobes. Elles les labélisent à tour de bras, essayant d'entraîner l'opinion dans une indignation fabriquée. Des carrières entières se construisent sur la dénonciation d'offenses, réelles ou imaginaires : c'est une manne inépuisable. C'est au moment où nos sociétés sont les plus tolérantes qu'on les décrit comme les plus abominables. N'a-t-on pas tenté de nous expliquer il y a quelques années que le terme « mademoiselle » était une catégorie sexiste[2] ? La moindre réticence ou ironie à

1. Jean Baudrillard, *Cool Memories*, Galilée, 1993. L'humoriste Pierre Desproges proposait de mettre un s à racismes : « Il y a des racistes noirs, arabes, juifs, chinois et même des ocre-crème et des anthracite argenté. Mais à SOS-Machin, ils ne fustigent que les Berrichons bon teint ou le Parisien baguette. »

2. Julie Muret, *Osez le féminisme*, octobre 2011.

l'endroit d'un individu, d'une catégorie, d'une religion est interprétée en termes de dégradation et condamnée.

Une maladie de la densité

Il y a soixante-dix ans, après la conférence de Bandung, un certain nombre de pays, soucieux d'échapper aux divisions de la guerre froide, se liguèrent pour combattre l'impérialisme occidental, arracher l'indépendance des colonies, renverser des structures politiques oppressives. Le terme de Blanc était pris alors dans un sens métaphorique et englobait l'Europe et les États-Unis. Il l'est désormais dans un sens littéral : c'est la couleur de peau et rien d'autre qui est à la base du jugement. L'analyse s'est appauvrie. Les Blancs, il est vrai, sont les seuls que l'on peut piétiner sans être, pour l'instant, trop pénalisés. Les sociétés multiraciales qui s'annoncent seront des sociétés multiracistes où l'on aura toujours besoin d'un tiers extérieur pour soutenir l'édifice et freiner la guerre de tous contre tous.

Maladie de la compression des hommes, de l'abolition des distances sur un globe frappé d'une densité suffocante, le racisme traduit d'abord l'allergie des êtres humains les uns vis-à-vis des autres. Chacun veut fuir, échapper à cette intolérable promiscuité. C'est la pathologie des points de friction. Essayez d'être bienveillant dans un métro bondé, à Paris, Londres ou New York, aux heures de pointe : chaque passager est votre ennemi et se bat pour garder un espace respirable. On ne rencontre pas de visages dans une foule, que des corps qu'il faut s'employer à éviter. Si le simple fait pour un groupe de se protéger et de se fermer aux autres peut être qualifié de racisme – « il y a autant de racismes qu'il y a de groupes qui ont besoin de se justifier d'exister »[1], disait Pierre Bourdieu, c'est le fondement même des sociétés humaines qui l'est et le terme connaît alors une croissance exponentielle. Pour être exempt de cette maladie, il faudrait que l'humanité ait renoncé à toute diversification, qu'elle soit une seule espèce en tous les points du globe, ne parlant qu'une langue et bannissant toute distinction. Claude Lévi-Strauss fera litière en quelques pages de ce type d'arguments essentialistes. Alors qu'il prônait en 1952 dans *Race et Histoire* la collaboration et l'interaction des cultures, il écrivit trente ans plus tard : « La diversité (des sociétés humaines) résulte pour une grande part du désir de chaque culture de s'opposer à celles qui l'environnent, de se distinguer d'elles, en un mot d'être soi ; elles ne s'ignorent pas, s'empruntent à l'occasion mais, pour ne pas périr, il faut que sous d'autres rapports, persiste entre elles une certaine imperméabilité. » Il ajoutait : « Il n'est nullement coupable de placer une manière de vivre et de penser au-dessus de toutes les autres et d'éprouver peu d'attirance envers tels ou tels dont le genre de vie, respectable en lui-même, s'éloigne par trop de celui auquel on est traditionnellement attaché. (...) La préservation de soi suppose désormais la distance, voire une certaine forme de surdité[2]. » En un mot : le fait de

1. Pierre Bourdieu, *Questions de sociologie*, 1980, éditions de Minuit, p. 254, cité in P.A. Taguieff, *La Force du préjugé. Éssai sur le racisme et ses doubles*, Tel Gallimard, 1987, p. 34.

2. Claude Lévi-Strauss, *Le Regard éloigné*, Plon, 1983, p. 15.

vouloir rester entre proches n'est pas un crime. La xénophilie n'est pas obligatoire. Au commandement évangélique « Aimez-vous les uns les autres », on doit substituer cette règle plus simple : « Commencez par ne pas vous détester. » La base de toute vie sociale, c'est l'indifférence bienveillante. Il faut juste sanctionner ou prévenir l'expérience verbale ou physique de la haine tout en sachant qu'elle ne disparaîtra jamais. L'antiracisme ne fait pas une politique.

Contre le « blantriarcat »

Il n'y a plus de races, nous dit-on, le mot même devrait être banni du langage officiel comme le proposa le Parlement français le 16 mai 2013 et comme s'y était engagé le candidat Hollande en 2012 pour couper l'herbe sous le pied « à toutes les théories nauséabondes ». Ayant servi de fondement aux pires égarements, le mot « n'a pas sa place dans notre ordre juridique » (Alfred Marie-Jeanne, rapporteur de la proposition). Il n'y a plus de races sauf celle, maudite, de l'homme blanc, nous expliquent de part et d'autre de l'Atlantique les voix autorisées. Si l'on rétorque que cet énoncé est par lui-même raciste, puisqu'il essentialise une catégorie de la population, on vous répond que cette simple objection est la preuve même de votre racisme que vous refusez de reconnaître. Le simple fait d'être « blanc », nous explique Françoise Vergès, dénonciatrice forcenée du « blantriarcat », est un privilège inouï que les titulaires ne veulent pas reconnaître. Les femmes blanches nous fatiguent, explique toujours Françoise

Vergès[1] qui cite Reni Eddo-Lodge : « Pourquoi je ne veux plus parler de race avec les Blancs[2]. » Et le collectif afro Mwasi, qui apostrophe et conspue le « féminisme blanc », de préciser : « Nous ne sommes ni ami-es, ni camarades, tu es notre ennemie politique. Nous ne voulons ni de ton féminisme inclusif ni de ton féminisme conditionnel (...). En résumé : nos chiens ne chassent pas ensemble[3]. » « Les femmes blanches n'aiment pas qu'on leur dise qu'elles sont blanches » tellement cela leur paraît ordinaire[4]. La militante afroféministe Maboula Soumahoro estime qu'un homme blanc ne peut pas incarner l'antiracisme car « il ne peut pas avoir raison contre une femme noire ou un Arabe ». Malédiction de l'impureté comme au bon

1. Nièce du grand avocat réunionnais Jacques Vergès, ancien résistant passé de l'anticolonialisme à l'extrême droite, fille de Paul Vergès qui fut un véritable proconsul de La Réunion, Françoise Vergès manifeste de grandes complaisances envers l'islam extrémiste, le foulard, Tariq Ramadan. Selon *Le Canard enchaîné*, elle a fait des pieds et des mains auprès de Nicolas Sarkozy pour obtenir la présidence du Comité national pour la mémoire et l'histoire de l'esclavage et auprès de François Hollande pour prolonger ce poste, etc. (Anne-Sophie Mercier, « Les énervés de la Race », *Le Canard enchaîné*, 24 juin 2020). Dans la mouvance décoloniale et antiraciste, il faut, en bon marxiste, chercher l'intérêt. On verra que la plupart de ses acteurs, au verbe furieux, sont d'abord en quête de prébendes, qui pour présider un musée du colonialisme, qui un musée de l'esclavage, qui une institution publique. L'État français est raciste, colonialiste, esclavagiste, mais il paye !

2. Françoise Vergès, *op. cit.*, p. 42.

3. Mwasi, *Afrofem*, éditions Syllepse, 2018, p. 43. Parmi les ennemies blanches sont citées Lou Doillon, Laurence Rossignol, Anne Hidalgo, Élisabeth Badinter, hostiles au voile et à l'islam politique, entre autres.

4. Françoise Vergès, *op. cit.*, p. 41.

vieux temps des colonies : on rejoue la même pièce à l'envers avec de nouveaux acteurs[1].

La reconnaissance du « privilège blanc » par des Blancs privilégiés dans les cercles de l'intelligentsia chic, telle Virginie Despentes[2], constitue à son tour un privilège à la racine carrée : l'orgueil moral, derrière l'humilité affichée, de s'être élevé au-dessus de la plèbe engoncée dans sa bonne conscience[3]. « Les Blancs ne peuvent pas comprendre ce que ressentent les Noirs », dit l'historien Pascal Blanchard (qui semble, lui, y parvenir). Phrase singulière qui reprend mot pour mot les catégories coloniales, les Blancs, les Noirs. On croirait lire *Tintin au Congo* : la manie d'essentialiser des réalités diverses. « Les Blancs, poursuit le philosophe Pierre Tevanian, sont en effet malades d'une maladie qui s'appelle le racisme et qui les affecte tous sur des modes différents même lorsqu'ils ne sont pas racistes[4]. » « Être blanc, c'est être élevé dans cette double imposture : le bénéfice d'un privilège et la dénégation de ce privilège. S'extraire de ce privilège est une ascèse

1. *Le Canard enchaîné*, *id.*

2. Virginie Despentes, France Inter, 3 juin 2020.

3. C'est l'auteur afro-américain W. E. Dubois qui a évoqué le premier, en 1935, un salaire psychologique pour les travailleurs blancs. L'expression « privilège blanc » a été forgée par une Américaine fortunée, Peggy McIntosh, en 1987, « *Le privilège blanc et le sac-à-dos invisible* ». Comme toujours en Amérique, on confond l'argent et la couleur de peau dans un véritable déni de la réalité de classe. Ainsi un clochard blanc vivant dans la rue serait favorisé par rapport à un millionnaire noir, asiatique ou hispanique !

4. In coll., *De quelle couleur sont les Blancs ?*, La Découverte, 2013, p. 29.

de tous les instants[1]. » Évoquer un « privilège blanc », c'est rendre des millions d'hommes coupables d'être nés. Comme si on évoquait un « privilège noir » en Afrique. On peut perdre un privilège économique, nobiliaire, statutaire : on restera toujours de peau claire. Aucun « Blanc » n'a le droit de se dire victime de racisme : c'est alors qu'il se montre un abominable raciste car raciste, il l'est par nature, comme l'atome est radioactif, la ciguë empoisonnée. Quoi qu'il fasse, il a tort : son crime est d'être. La guerre des épidermes est à la fois implacable et simple : il y a un Méchant et des Persécutés. Par une terrible ironie, nous nous appliquons le même portrait schématique que les colonisateurs donnaient autrefois des peuples colonisés ; nous procédons vis-à-vis de nous-mêmes par désignation collective. Retour de la culpabilité métaphysique, de la vieille inculpation raciale qui condamne les hommes, *non pour ce qu'ils font mais pour ce qu'ils sont.*

Les associations classiques en France, « portées par des militants blancs plutôt vieillissants » (Éric Fassin)[2], MRAP, Licra, Ligue des droits de l'homme, Sos-Racisme, avec de grandes nuances entre elles, sanctionnent les discriminations, au nom de l'universel républicain ; les nouveaux

1. *Ibid.*, pp. 32-33.

2. Anne Chemin, Marc-Olivier Bherer, Julia Pascual et Séverine Kodjo-Grandvaux, « "Racisé", "recisme d'État", "décolonial", "privilège blanc" : les mots neufs de l'antiracisme », *Le Monde*, 26 juin 2020. Éric Fassin comme d'ailleurs Pascal Blanchard ont été récusés par Houria Bouteldja et les Indigènes de la République en 2011 parce que blancs et gardiens du temple (*Libération*, 29 juin 2016). Joli retour de bâton…

lobbies (CRAN, CCIF, Brigade anti-négrophobie, etc.), se constituent selon des lignes ethniques ou religieuses. Ils recrutent directement dans les quartiers, épinglent la moindre dérive pour obtenir une reconnaissance médiatique et progresser sur un marché en pleine expansion. Parler de « racisé » à propos de toute personne noire ou arabe, même lorsque nul ne l'a insultée ou attaquée, c'est installer dans le droit et les mentalités une clause d'exemption qui permettra, par exemple, d'innocenter, a priori, quiconque a la peau foncée. S'ils sont pris sur le fait lors d'un vol ou d'une agression, on soupçonnera immédiatement la police d'avoir agi par racisme. Et cela s'étend jusqu'au terrorisme dont les coupables devraient être exonérés pour la même raison (on invoquera alors le grief d'« islamophobie »).

On risque ainsi de créer des baronnies d'exonérés dans les « minorités visibles » qui seront défaussées de leurs actes en raison d'un éventuel délit de faciès. La notion de racisme d'État déjà énoncée par les islamistes à propos de l'arrestation de suspects de confession musulmane prend une consistance dans la justice (alors que l'État en France est constitutionnellement antiraciste). S'il est légitime, par exemple, de dénoncer les brutalités policières, indéniables, à l'endroit de certaines catégories, en général les plus pauvres (les gilets jaunes en savent quelque chose), ou les contrôles d'identité systématiques, il est douteux d'évoquer à leur propos un racisme structurel ou systémique[1].

1. Selon le rapport de la Commission nationale consultative des droits de l'homme sur le racisme, remis le 18 juin 2020, la France se situe à un haut niveau de tolérance vis-à-vis des minorités, même si les

C'est un abus sémantique qui tend à présenter les délinquants comme des héros et les policiers comme des salauds. Ce qui indigne les Français, c'est surtout l'état de chaos permanent, grèves, émeutes, violences, attentats, où est plongé notre pays depuis vingt ans et le suremploi de la maréchaussée pour colmater les failles sociales.

Dans cette incrimination, c'est l'existence même des forces de l'ordre qui est remise en cause. L'histoire complexe de la police française pourrait être schématisée très grossièrement de la façon suivante : jusqu'aux années 1980 et la mort du jeune étudiant Malik Oussekine, elle est brutalement répressive – on tire à balles réelles sur les grévistes, les manifestants – à l'exception de Mai 68, parenthèse miraculeuse due à l'intelligence du préfet Grimaud. À mesure que la police s'adoucit, ce sont les délinquants qui deviennent violents et n'hésitent plus à caillasser, tuer ou lyncher des fonctionnaires, des chauffeurs de bus, des pompiers, des maires ou des particuliers quand ils le peuvent. Des jeunes gens, animés par la haine de l'uniforme et l'indifférence totale aux lois sociales, tabassent et molestent au gré de leur exaspération[1]. Ils ont cessé de craindre et attaquent en toute

---

vieux stéréotypes persistent, même si les contrôles de police au faciès sont décrits comme abusifs, en particulier pour les jeunes hommes. De toutes les minorités, les personnes noires sont les mieux acceptées. On est vraiment là, une fois encore, dans la loi de Tocqueville.

1. Maurice Berger, pédopsychiatre, note que la majorité des crimes violents provient de personnes issues de cultures exogènes fondées sur l'inégalité hommes/femmes, la polygamie, les mariages forcés, et où le spectacle de la coercition est fréquent (propos recueillis par Alexandre Devecchio, *Le Figaro*, 13 juillet 2020.

impunité, certains que la justice ne les sanctionnera que légèrement. Toute une frange de la gauche et de la droite extrême voit dans le policier, homme ou femme, l'incarnation honnie de l'État bourgeois et capitaliste. L'institution a perdu en respect ce qu'elle semble avoir gagné en humanité : en réalité, elle perd sur les deux tableaux et n'incarne plus le monopole de la violence légitime qui doit savoir réagir avec proportion. C'est la grandeur et la servitude de la police républicaine que de ne pas tolérer dans ses rangs la moindre bavure ou insulte qu'elle endure qoutidiennement des émeutiers, des voyous ou des citoyens ordinaires. Elle est par nature le siège d'une ambivalence profonde : elle incarne la protection autant que l'interdit, on l'applaudit quand elle élimine les terroristes, on la vomit quand elle matraque les salariés, les grévistes, et semble alors incarner l'arbitraire de la loi au service des puissants. Son ambition est difficile : combiner l'exemplarité et l'efficacité. Elle se tient dans une situation symbolique impossible.

C'est donc l'État, la société qu'il faudrait changer : cela va de l'agenouillement obligatoire et du désarmement de toutes les forces de police en France, comme le demandent certains, jusqu'au démantèlement des institutions marquées par le péché originel de « blanchité ». On exige du peuple dans son ensemble une soumission aux diktats de groupuscules : qu'un ministre de l'Intérieur ait pu songer un instant, en juin 2020, à faire agenouiller des fonctionnaires de police dans la cour de l'hôtel Beauvau pour « combattre le racisme » en dit long sur la servilité de certains de nos édiles. En règle générale, plus la République s'excuse, plus on l'accable de reproches. L'État repentant, c'est l'État harcelé, toujours en retard d'une excuse, d'un regret. Il ne dirige plus, il tend la joue gauche après avoir été souffleté à droite. Ne sous-estimons pas l'exigence de justice à l'origine des mouvements actuels : l'idée que la loi s'applique inégalement à chacun selon son rang ou sa couleur de peau est insupportable[1]. Mais comment tendre à l'égalité des droits si l'on réclame a priori l'exonération pour les uns et l'accablement pour les autres ? Tout Blanc serait a priori coupable, tout non-Blanc a priori innocent selon la nouvelle vulgate. La séparation chromatique simplifierait le travail des juges.

Aux États-Unis, nous révèle le *Guardian*, et spécialement à Denver (Colorado), des femmes blanches progressistes payent jusqu'à 2500 dollars pour apprendre, le temps d'un repas, à quel point elles sont racistes malgré elles, sous le patronage d'une hôtesse noire et riche qui se délecte de les humilier et de les pousser dans leurs retranchements[2]. Il y a une dimension de masochisme incontestable dans ces cérémonies, et presque une jouissance à se laisser insulter. Comme l'a bien vu l'universitaire Blake Smith[3], la connotation érotique de ces discours était déjà présente chez Frantz Fanon, au moins dans ses œuvres de

1. Une proposition de projet de loi, portée par le commissaire divisionnaire Abdelkader Haroune, propose en juin 2020 de faire exploser « le plafond de verre de la haute fonction publique » et d'ouvrir notamment la police à la diversité.

2. Poppy Noor, « Why liberal women pay a lot of money to learn over dinner how they're racist », *The Guardian*, 3 février 2020.

3. Blake Smith, « Frantz Fanon and the American racial Eros », *Tablet*, 14 avril 2020.

jeunesse, qui représente le racisme anti-Noirs comme une envie sexuelle inversée, un fantasme du Noir surpuissant qui va cocufier l'homme blanc (et l'on sait comment, au sud des États-Unis, les relations amoureuses entre Noirs et Blancs sont encore vues comme une anomalie par les deux communautés). On peut aussi pointer dans le masochisme occidental une forme subtile d'orgueil : le dénigrement de soi dissimule à peine une glorification détournée. Le mal ne peut venir que de nous, le mépris affiché de notre culture est encore un moyen de rester supérieurs à tous les autres. Nous demeurons les propriétaires exclusifs de la barbarie et en dénions toute présence chez les autres[1].

Reste que notre époque aura inventé cette rareté conceptuelle : l'*antiracisme raciste* qui a digéré sa propre critique et peut se déployer en toute bonne conscience. Les intéressés s'en défendent et expliquent que cela n'a rien à voir avec la couleur de peau mais que le « Blanc » renvoie à une structure de domination qui est celle de l'histoire coloniale de l'Europe. Pour bien comprendre ce qui est en jeu derrière ce raisonnement, il faut admettre la proposition suivante : toute femme noire, arabe, indienne, est par nature dominée, fût-elle millionnaire ; toute femme blanche est par essence dominante, fût-elle pauvre ou malade. Comment en est-on arrivé à cette faribole ? « Il n'y a pas d'équivalence stricte entre la race et la couleur », nous dit la philosophe Magali Bessone qui dénonce le privilège blanc, l'ignorance blanche et prône des « Whiteness studies », en français dans le

1. J'avais développé ce thème dans *La Tyrannie de la pénitence, essai sur le masochisme occidental*, Grasset, 2006.

texte[1]. La militante « antiraciste » Rokhaya Diallo a regretté sur Twitter qu'en France les sparadraps soient uniquement roses ou blancs au lieu d'avoir des compresses adaptées aux carnations des peaux noires ! De même, affirme-t-elle, il n'y a jamais eu de génocide entre Blancs. « Le régime raciste nazi » a tué les Juifs parce qu'il les a expulsés de la race blanche et que beaucoup d'ailleurs étaient noirs. Mme Diallo semble confondre ici les Juifs d'Europe centrale et occidentale, principales victimes du Reich, avec les Falashas d'Éthiopie révélés à la lumière publique dans les années 1970 quand ils ont pu émigrer, non sans difficulté, en Israël, à la suite de la guerre civile en Éthiopie. Des liens entre les Falashas et le judaïsme officiel se sont tissés dès le début du XXe siècle, grâce au philanthrope Edmond de Rothschild. Ces Juifs africains demeurent en butte à un certain rejet en Israël même si des parlementaires éthiopiens siègent à la Knesset et que la ministre de l'Immigration, Pnina Tamano-Shata, arrivée d'Éthiopie en 1984 par l'opération Moïse, ne désespère pas de devenir un jour présidente de l'État hébreu. Il est donc difficile de soutenir que les nazis ont persécuté les Juifs parce qu'ils étaient noirs (même si la Wehrmacht et les SS ont montré une cruauté particulière envers les soldats sénégalais de l'armée française, qu'ils accusaient d'être « négrifiée »). Petit rappel : les nazis ne défendaient pas les « Blancs » mais les Aryens, la race supérieure, et considéraient les Français, les Slaves, les Juifs

1. Propos recueillis par Séverine Kodjo-Grandvaux, « Racisme : "La couleur demeure un marqueur de privilèges" », *Le Monde*, 13 octobre 2019.

comme des sous-hommes à éliminer. En règle générale, la haine des Blancs débouche toujours sur la haine des Juifs.

Méli-mélo historique

Ce type d'illusion rétrospective n'est pas nouveau. Aimé Césaire l'avait déjà pratiquée. En 1955, en pleine bataille de la décolonisation, le grand poète martiniquais avertissait « le très distingué, très humaniste, très chrétien bourgeois du XXe qu'il porte en lui un Hitler qui s'ignore, qu'Hitler l'habite, qu'Hitler est son démon, que s'il le vitupère, c'est par manque de logique et qu'au fond, ce qu'il ne pardonne pas à Hitler, ce n'est pas le crime en soi, le crime contre l'homme, ce n'est pas l'humiliation de l'homme en soi, c'est le crime contre l'homme blanc, c'est l'humiliation de l'homme blanc et d'avoir appliqué à l'Europe des procédés colonialistes dont ne relevaient jusqu'ici que les Arabes d'Algérie, les coolies de l'Inde et les nègres d'Afrique[1] ». Pour mémoire, le premier génocide officiel de l'histoire européenne est l'extermination des Albigeois (1209-1229), c'est-à-dire des Cathares et des Vaudois, sous la houlette du pape Innocent III qui lance une croisade à Béziers, Carcassonne et dans le Languedoc aux cris de « Tuez-les tous, Dieu reconnaîtra les siens ». Le massacre général des populations était de règle dans les guerres médiévales où l'on passait la population au fil de

1. Aimé Césaire, *Discours sur le colonialisme*, Présence africaine, 2004, pp. 13-14.

l'épée et la cruauté des conflits nous horrifie à juste titre. Le régime colonial n'avait rien de si exceptionnel, il appliquait outre-mer des méthodes de répression et de torture présentes depuis des lustres sur la métropole[1]. L'Europe fut d'abord son propre bourreau, avant de plier l'Amérique, l'Asie et l'Afrique à ses convoitises.

Aimé Césaire, encore : « Que ce nazisme-là, on l'a supporté avant de le subir, on l'a absous, on a fermé l'œil là-dessus ; on l'a légitimé parce que, jusque-là, il ne s'était appliqué qu'à des peuples non européens ; que ce nazisme-là, on l'a cultivé, on en est responsable, et qu'il sourd, qu'il perce, qu'il goutte, avant de l'engloutir, dans ses eaux rougies, de toutes les fissures de la civilisation occidentale et chrétienne. » Après Nuremberg, la tentation est grande d'assimiler le nazisme et le colonialisme : si Hitler s'est précédé lui-même de plusieurs siècles, alors la souffrance des colonisés vaut celle des déportés et les réparations, surtout morales, doivent être identiques. Mais la comparaison avec la Shoah est erronée. Le colonialisme et l'esclavage sont des crimes contre l'humanité mais ils ne sont pas de même nature que l'extermination

1. Jean-François Bayard, *Les Études postcoloniales. Un carnaval académique*, Karthala, 2010, p. 63 : « La violence et l'exclusion dont a été porteuse la République se retrouvent en métropole notamment dans l'écrasement militaire du mouvement social en juin 1848, de la résistance au coup d'État militaire du 2 décembre ou de la Commune en 1871, dans la répression armée des grèves ouvrières, dans le régime juridique des femmes, des mineurs, des indigents, des domestiques, des militaires, des aliénés ou dans la pratique effective des droits de l'homme : l'état d'exception dans les colonies n'était malheureusement pas si exceptionnel que cela. »

programmée d'un peuple. Les Arméniens de Turquie et les Tutsis du Rwanda en savent quelque chose.

C'est encore une avocate originaire de Colombie, Rosa Amelia Plumelle-Uribe, vivant en France, qui dénonce « la férocité blanche » et non pas noire ou rouge. L'homme blanc est génétiquement déterminé à tuer, il a fait schisme du reste de l'humanité pour l'asservir[1]. C'est une tare inexpiable, comme l'explique dans la préface à cet ouvrage le professeur Louis Sala-Molins (qui collabora un moment avec Dieudonné dans l'écriture d'un film sur le Code noir avant de rompre tout lien avec lui). Il dénonce en effet « la voracité affairiste (...) des nations blanco-américaines de chrétienté » et voit toute l'aventure blanche « comme une spirale ininterrompue de l'horreur[2] ».

Une tranquille abjection

Dans nos sociétés, on serait donc exposé à un « racisme atmosphérique » (Rokhaya Diallo), à un racisme « imper-

---

1. Rosa Amelia Plumelle-Uribe, *La Férocité blanche. Des non-Blancs aux non-Aryens, ces génocides occultés de 1492 à nos jours*, Albin Michel, 2001.

2. Louis Sala-Molins est aussi l'auteur d'un livre sur la Torah, *Le Livre rouge de Yahvé*, La Dispute, 2004, où il affirme qu'« Israël est à la source de la barbarie dont la Torah est le récit » et que « les fils de Jacob sont qualifiés de premiers génocidaires israélites ». « Yahvé avait basé la paix des circoncis sur un mortier de prépuces et fondé le droit des saints sur le sang des innocents. » Ainsi est établi le caractère meurtrier du peuple juif avec une confusion du passé et du présent. Voir aussi Shmuel Trigano, *La Construction du juif comme barbare*, Pardès, 2005.

ceptible » (Pap N'diaye), d'autant plus pernicieux qu'il peut être empreint de bonnes intentions. Et la France serait « ontologiquement xénophobe », incapable de dépasser ses réflexes coloniaux si l'on en croit le Comité contre l'islamophobie en France, proche des Frères musulmans. La langue est raciste, surtout « l'histoire des mots qui commencent par N au féminin et au masculin[1] ». Les tableaux noirs, au Canada, doivent changer de nom[2], quant aux épreuves d'entrée dans la fonction publique demandées aux migrants et à leurs enfants, elles sont, en 2008, jugées par le CRAN (Conseil « représentatif » des associations noires) discriminatoires en raison du trop haut niveau de culture générale requis. Les difficultés de la langue française sont, comme dans les années 1990-91, vues par certains comme une « insulte à l'égalité » pour toutes les personnes d'origine immigrée[3]. Sans même parler du racisme qui dominerait dans l'art, l'école, la musique classique, trop blanche et inadaptée à la diversité ethnique[4], et enfin les mathématiques[5].

---

1. Françoise Vergès, *op. cit.*, p. 53.

2. Eric Kaufmann, *op. cit.*, p. 174.

3. Comme le signale Paul Yonnet dans *Voyage au centre du malaise français. L'antiracisme et le roman national*, Gallimard, 1993, pp. 195-197.

4. « La musique classique est intrinsèquement raciste », selon l'association New Music USA. Le milieu de la musique classique est l'institution « la moins diverse du pays », selon le *New York Times*, et masque « un problème raciste ». Source : Paul May, professeur à l'Uquam à Montréal, 21 juin 2020.

5. Catherine Gewertz, « Seattle schools lead controversial push to "rehumanize" math », *Education Week*, 14 octobre 2019. Selon ce

Rarement, sauf dans l'Allemagne des années 1930, on aura autant calomnié la langue, la culture et les arts au nom de la Race !

Aux États-Unis comme bientôt en France, tout visage pâle devrait reconnaître dès la maternelle son avantage et s'en excuser. La seule identité autorisée est l'*identité de contrition.* L'actrice Rosanna Arquette, très « engagée à gauche », a tweeté en août 2019 : « Je suis désolée d'être née blanche et privilégiée. Cela me dégoûte. J'ai tellement honte. » On naît « racisé » comme on naît raciste et ce statut est, comme la royauté, un titre héréditaire qui se transmet de génération en génération. Les lignées de parias, Noirs ou Arabes (mais curieusement pas les Asiatiques), côtoient les lignées de persécuteurs. On s'octroie ainsi une ligne de crédit inépuisable de par sa simple naissance : c'est le pathos de l'origine souffrante. Chaque enfant blanc qui naît, de Vladivostok à Valparaiso, de Trondheim à l'Oural, est un tyran en puissance, fût-il d'une famille misérable ou exploitée. Dès la cour de récréation, nos petites têtes blondes ou brunes devraient s'aborder en se présentant comme descendants d'esclaves, de colonisés, de négriers, d'exploiteurs, se faire les contemporains de forfaits éventuellement commis il y a plusieurs siècles par d'obscurs inconnus à Nantes, Bordeaux, La Rochelle, Saint-Louis du Sénégal, instaurer une sorte de guerre civile des mémoires. Il n'y a plus que des catégories abstraites, le « Blanc », le « Noir », l'« Arabe », plus de personnes distinctes auxquelles peuvent nous lier

projet, les mathématiques auraient été accaparées par la culture occidentale pour justifier l'oppression et le racisme.

des affinités précises, des amitiés fortes, indépendamment des convictions, du teint pâle ou coloré, des racines. Nous ne sommes que des échantillons, non plus des individus, des singularités.

La militante fondamentaliste Houria Bouteldja raconte l'épisode suivant : « Un jour ma grand-mère, en visite en France, s'est rendue à l'hôpital voir mon père, son fils, qui sortait d'une opération et partageait sa chambre avec un monsieur, un Blanc, probablement agonisant. Prise de pitié, elle se penche sur lui et l'embrasse comme une mère embrasserait son fils. Plus tard, elle le regrettera. Avait-elle péché en embrassant un impie ? Dieu allait-il la punir et lui fermer les portes du paradis ? Avait-elle trahi ? » Houria Bouteldja raconte cet épisode comme celui d'un élan spontané suivi « d'un retour de la raison indigène, de la résistance. Il n'est pas vraiment des nôtres[1] ». La raison indigène face à la raison blanche ? Oui, un Blanc n'est pas un homme, plutôt une sous-espèce, un « sous-chien[2] » comme elle le dira elle-même dans le néologisme, assez douteux, qu'elle a forgé, d'après l'expression « Français de souche ». Même si elle s'en défend, on ne peut pas ne pas y entendre l'animalisation des êtres inférieurs…

---

1. Houria Bouteldja, *Les Blancs, les Juifs et nous. Vers une politique de l'amour révolutionnaire*, La Fabrique, 2016, pp. 46-47.

2. « Ce soir ou jamais », France 3, 2 juin 2007, Houria Bouteldja sera mise en examen en 2010 pour injure raciale et relaxée en 2012. Un émule de Houria Bouteldja, le militant indigéniste Taha Bouhafs, proche d'Assa Traoré, a traité dans un tweet Éric Zemmour de « sous-humain » (7 août 2020). « Sous-chien », « *untermensch* » : les « antiracistes » n'en finiront jamais de nous surprendre.

CHAPITRE 11

Comment sont nés les Blancs ?

Des siècles durant, les Blancs ne l'étaient pas. Beaucoup étaient vendus aux marges de l'Europe comme esclaves, et les captives aux yeux clairs étaient très appréciées (esclave vient du mot slave). Aussi bien les Vikings en Europe du Nord que les Barbaresques, issus du Maghreb et commandés par la Sublime Porte, razziaient au cours de leurs expéditions des milliers de captifs. En Corse, par exemple, les Tours génoises édifiées à partir du XVIe siècle en des points stratégiques avaient pour rôle de signaler, par des feux, l'incursion de flibustiers qui se livraient à des attaques sur les villages côtiers et emmenaient les habitants valides en esclavage en Tunisie, Égypte ou Proche-Orient. Dublin et Venise furent en Europe de grands marchés de vente d'hommes, de femmes et d'enfants. Les Circasiennes, Georgiennes et Caucasiennes étaient parmi les plus recherchées pour leur beauté jusqu'au milieu du XIXe siècle[1].

1. Comme le note l'historienne afro-américaine Nell Irvin Painter dans son livre de référence *Histoire des Blancs*, Milo, 2019, p. 49.

Le mythe de la perfection esthétique grecque naîtra avec l'apparition du romantisme et c'est un universitaire allemand, Johann Friedrich Blumenbach, qui forge en 1825 le terme « caucasien » pour nommer les Blancs supérieurs, terme qui connaîtra un succès fulgurant aux États-Unis. Il y inclut les Africains du Nord et en Orient toutes les populations jusqu'au Gange, bien au-delà de l'Oural[1]. (En France, le terme « caucasien » désigne les personnes issues du sud de la Russie, Tchétchènes, Ingouchs, etc.) Jusqu'à la fin du XVIIIe siècle, l'esclavage des Noirs et des Blancs fut parallèle avant que le premier ne prévale de façon écrasante et que l'Afrique ne devienne le champ de bataille des deux grandes traites, occidentale et orientale, sans compter la traite interne. Alors que l'Europe se lance dans l'aventure coloniale, historiens et médecins, tous précurseurs du pangermanisme, utilisent une lecture biaisée de Tacite et de son mythe de la Germanie, aux confins de l'Empire romain, pour distinguer les vrais Allemands des « Blancs sales » des pourtours, Slaves, Latins, et transformer la beauté blanche en catégorie politique[2]. Savants, anthro-

1. *Ibid.*, p. 81.

2. Johann Joachim Winckelmann (1717-1768) est ainsi celui qui popularisa le mythe selon lequel les anciens Grecs étaient trop raffinés pour mettre de la couleur dans leur art (Nell Irvin Painter, *op. cit.*, p. 65). Il préconisait pour les étudiants l'usage du plâtre blanc sans peinture. Ce que démentent les archéologues et la simple visite empirique des grands sites, par exemple celui du palais minoéen de Cnossos en Crète, où les fresques ont été recolorisées selon les pigments d'origine.

pologues, linguistes rivalisent alors pour construire un idéal type, une race aryenne exempte de tout mélange.

Une seule goutte suffit

L'enjeu va se déplacer de l'Ancien au Nouveau Monde. C'est un ami d'Alexis de Tocqueville, Gustave de Beaumont, qui prend conscience des tensions suscitées par l'identité raciale en Amérique dans un roman : *Marie ou l'esclavage aux États-Unis*. L'intrigue se fonde sur le sinistre adage alors en usage : « Une seule goutte de sang noir suffit » (à vous classer parmi les Noirs, selon les ségrégationnistes de l'époque)[1]. Les Pères fondateurs définissaient l'Américain comme un homme nouveau, débarrassé des préjugés de la vieille Europe, à l'exception toutefois des esclaves du Sud qui n'entraient pas dans la vision de cette humanité régénérée. Le suffrage universel devint au XIXe siècle celui du seul mâle adulte blanc.

Qui était alors authentiquement blanc ? Les Anglo-Saxons descendants des pèlerins du *Mayflower* ou les

1. C'était le principe de la « noirceur invisible », dite aussi hypoderme, qui signifiait pour les individus qui en étaient affectés un statut inférieur, surtout dans le sud des États-Unis. Cette règle s'appliquait également aux « Peaux-Rouges » mêlés avec des Blancs. Le Black Power, dans les années 1970, a lui-même utilisé cette notion pour élargir sa base militante et recruter dans des segments plus larges de la population. Sur le sujet, voir l'excellente *Question métisse* de Fabrice Olivet, Mille et Une Nuits, 2011.

hordes de pouilleux venus d'Europe et qui débarquaient à Staten Island ? Ces Irlandais, ces Italiens, ces Slaves, ces Juifs qui venaient frapper à la porte du Paradis furent d'emblée vus comme des sous-hommes à écarter. Rappelons que sur la statue de la Liberté est gravé le fameux poème d'Emma Lazarus qui résume un certain état d'esprit américain :

« Envoyez-moi vos fatigués, vos pauvres, Envoyez-moi vos cohortes qui aspirent à vivre libres, Les rebuts de vos rivages surpeuplés. Envoyez les déshérités que la tempête m'apporte. De ma lumière, j'éclaire la porte d'or. »

Du poème à la réalité, il y a toujours eu un gouffre. C'est peu dire que les « cohortes » n'étaient pas les bienvenues. Les Irlandais, par exemple, furent mis sur le même plan que les Noirs, leur qualité de catholiques devint même une circonstance aggravante. Thomas Carlyle (1795-1881), cet écrivain anglais fasciné par « la nouvelle lumière venue d'Allemagne », les comparait à des chimpanzés. Il considérait aussi les Français comme « une population de singes », métaphore qu'on retrouvera dans le pangermanisme et la propagande nazie durant la Seconde Guerre mondiale. Les catholiques furent désignés comme le rebut du genre humain et le Ku Klux Klan enrôla des millions d'Américains dans la haine de cette religion. On passait de nombreux curés au supplice des plumes et du goudron, et des émeutes furent déclenchées contre les Irlandais avec morts et blessés.

Chez les théoriciens de la supériorité raciale des Wasps (*White anglo-saxon protestants*) sévit une « teutomanie ravageuse » (Nell Irvin Painter) qui les poussait à refuser tout mélange[1]. C'était du nord de l'Europe que viendrait le salut de la race blanche. On la divisait par ordre décroissant entre les Nordiques, au sommet de la pyramide, suivis des Alpins et des Méditerranéens, ces derniers abâtardis par leur contact avec l'Afrique et l'Orient. On distingue à partir de 1896 les migrants venus d'Europe du Nord, réputés sérieux et respectueux, et les migrants venus d'Europe du Sud et de l'Est, craignant qu'ils ne viennent grossir le rang des criminels, des inassimilables[2]. Bien avant les théories d'Alfred Rosenberg, idéologue du IIIe Reich, l'Aryen, la belle brute blonde, fascine. Il est décrit comme supérieur aux Celtes et aux Slaves, chez Gobineau et chez tous les raciologues ultérieurs. Le « fétichisme crâniométrique », qui connaîtra un développement important, en France, sous l'Occupation allemande, oppose le dolichocéphale blond, prototype de la pureté et de la beauté, au brachycéphale, en général plus petit même si une infinité de croisements

1. Le comte Arthur de Gobineau et le théoricien français du racisme Vacher de Lapouge détestent aussi le mélange bien qu'ils lui donnent un sens différent. Pour Gobineau, il signifie l'accouplement d'Aryens et de non-Aryens ; pour Lapouge, l'union de dolichocéphales blonds avec des brachycéphales châtains, ce qui constitue à ses yeux une hérésie. Lapouge montrera une étonnante préscience en prédisant un conflit majeur sur la base des indices céphaliques : « Je suis convaincu qu'au siècle suivant on s'égorgera par millions pour un degré de plus ou de moins dans l'indice céphalique. » Il se trompait à peine. Sur cette histoire complexe des théoriciens du racisme, voir Pierre-André Taguieff, *op. cit.*, p. 252.

2. Eric Kaufmann, *op. cit.*, p. 42.

rend cette taxinomie approximative. L'Aryen, on le constate dans toute la littérature du XIXe siècle comme chez les suprémacistes blancs actuels, est une espèce toujours en train de disparaître. On ne l'évoque que pour dire qu'il est menacé d'extinction.

Les Blancs impurs

Aux USA, l'élargissement de la blanchité aux émigrants irlandais fut douloureux et se paya d'abord du rabaissement des Italiens, des Slaves et bien sûr des Juifs. On voit dans les films de Scorsese combien les préjugés entre nationalités et ethnies ont façonné les différents courants du crime organisé et combien la présence, par exemple au sein de la mafia italienne, d'un tueur irlandais (*The Irishman*, 2019) a pu bouleverser les hiérarchies et heurter les préjugés. Reste que le grand banditisme, aux États-Unis comme ailleurs, demeure associé à une nationalité d'origine (les Ashkénazes, les Russes, les Ukrainiens, les Chinois, sans oublier aujourd'hui les cartels mexicains et les gangs latinos ou noirs eux-mêmes subdivisés en familles) et ce, pour des raisons de langue et de loyauté. La présence d'un élément étranger y reste exceptionnelle. Avec, en arrière-fond, les Afro-Américains relégués, humiliés, en dépit de la guerre de Sécession et en butte au nord du pays, une fois l'esclavage aboli, à un racisme global qui n'eut rien à envier à celui du sud.

Toni Morrison remarquait que le premier mot qui sort de la bouche des immigrants, si pauvres soient-ils, en touchant le sol américain, est, après « Ok », le terme « nègre ». Consolation de savoir qu'en dessous de soi, il y a toujours plus misérable, que l'on vienne d'un village des Abruzzes, d'une lande désolée d'Écosse ou d'un shtetl de Pologne. L'Amérique, où la société civile a précédé l'État, notamment dans l'Ouest, invente le lynchage, cette punition expéditive qui se traduit par la pendaison des coupables présumés. La foule s'opposait au pouvoir du shérif qui voulait protéger le prévenu et le tuait s'il n'avait pas les moyens de la contenir. Les mineurs russes, ukrainiens étaient lynchés au même titre que les Sioux, les Chinois, les Juifs ou les Noirs, quand ils avaient le malheur d'être soupçonnés par la populace. Les lynchages étaient l'occasion de réjouissances, de ripailles et même d'excitation sexuelle, comme James Baldwin l'a bien montré[1]. La communauté se ressoudait autour d'un cadavre démembré ou brûlé. Une version moderne de ces châtiments extrajudiciaires s'incarne dans la personne des « vigilantes », ces justiciers privés qui vont liquider en douce les criminels grâciés par les tribunaux (phénomène dont témoignent les films de Charles Bronson, Clint Eastwood ou la série *Dexter*). Les Juifs furent longtemps accusés de conspirer avec les Noirs pour détruire le rêve américain et bannis jusque dans les années 1990 de certains lieux, clubs privés et autres, réservés à l'élite. La haine des nouveaux arrivants combinait le stigmate racial et la haine de classe.

1. James Baldwin, *Face à l'homme blanc*, Gallimard, 1968, pp. 260-286.

Ils étaient pauvres, sales et parlaient une langue incompréhensible. Bill Clinton lui-même reconnut que ses ancêtres n'étaient devenus « blancs » qu'avec le temps[1].

Le Blanc défavorisé, le *white trash* aujourd'hui conspué par les élites blanches métropolitaines, devint le modèle de l'humanité dégénérée : à en croire un certain nombre de savants, la misère, le crime et l'alcoolisme constituaient des tares héréditaires. La reproduction de ces populations avilies constituait un danger majeur. D'où le recours à la stérilisation forcée des handicapés légers ou faibles d'esprit qui perdurera jusqu'aux années 1960. L'entre-deux-guerres voit le triomphe du Ku Klux Klan qui s'attaque aux catholiques, aux Juifs et aux gens de couleur (*Katholics, Kikes*[2] *and Kolored*) et qui, en 1920, comptera jusqu'à 5 millions de membres. À cette époque, ses militants défilaient par dizaines de milliers, en grand uniforme et cagoulés, couverts d'un chapeau pointu, le capirote, analogue à celui des pénitents des processions de la Semaine sainte en Espagne (les deux branches ennemies du christianisme s'empruntent leurs uniformes). Pour eux, les non-protestants n'étaient pas américains. Aujourd'hui, devenus minoritaires et concurrencés par d'autres groupuscules néonazis, les Klanistes, divisés en confréries rivales, continuent à inspirer les suprémacistes blancs et les collapsologues.

1. Eric Kaufmann, *op. cit.*, pp. 57-58.
2. *Kikes*, « youpins ».

La beauté est-elle encore blanche ?

Il faudra la Seconde Guerre mondiale et les abominations du IIIe Reich pour que ce racialisme délirant s'atténue, du moins celui des protestants d'origine à l'égard des autres « Blancs ». En 1945, une jeune femme juive, mannequin, actrice et politicienne, Bess Myerson, est nommée Miss America. La lutte pour les droits civiques explose dans les années 1960 avec Martin Luther King et aboutit aux grandes lois de déségrégation votées par John Fitzgerald Kennedy et Lyndon Johnson. L'Amérique évite de justesse le régime de l'apartheid. Le temps de la prééminence de l'homme blanc semble révolu et d'autres modèles de beauté, d'élégance s'imposent, incarnés de nos jours par Barack Obama, Naomi Campbell, Lupita Nyong'o, Jennifer Lopez, Rihanna ou Beyoncé, pour ne citer que les plus connus, ou les acteurs du film de superhéros *Black Panther* en 2018. Un des grands problèmes de la « démoralisation blanche » vient aussi du transfert de la prééminence esthétique, jadis propriété exclusive des visages pâles, vers les métis et les « métèques », noirs, arabes ou eurasiens. Ce sont eux les nouveaux modèles. L'altérité « café au lait » ou « caramel » devient tendance. « *Black is beautiful* », disait-on dans les années 1980. « *Young, gifted and black* », chantait Donnie Hathaway en 1970 pour réveiller l'estime de soi de la jeunesse afro-américaine. En 1993, le magazine *Time* présente le nouveau visage de l'Amérique : une femme brune qui pourrait être en Europe une Italienne du Sud ou une

Andalouse. Un mélange qui est une moyenne de tous les types ethnniques du pays, une sorte d'arc-en-ciel facial. De la diversité naît un nouveau stéréotype que la chirurgie esthétique va s'efforcer de reproduire à grande échelle, lèvres pulpeuses, teint hâlé, pommettes hautes. Un pur compromis statistique[1]. Cela n'empêche pas, en Asie du Sud-Est par exemple, la volonté de se blanchir la peau avec des crèmes et de se préserver du soleil comme les aristocrates français du Grand Siècle qui ne voulaient pas ressembler aux paysans, ces « animaux farouches, noirs, livides, tout brûlés du soleil » (La Bruyère). Ni, en Afrique, les méthodes d'éclaircissement cutané, dangereuses pour l'épiderme, qui continuent à faire des ravages, ainsi que l'habitude de se défriser les cheveux et d'y ajouter des extensions. Quant à l'Europe, le goût chez certains d'être buriné, voire cuivré, toute l'année se paye souvent de mélanomes divers par surexposition au soleil.

Il s'est donc passé depuis vingt ans ce phénomène capital : aux États-Unis (l'Europe et surtout l'Europe latine restent à part), la légitimité esthétique change de camp. L'élégance, la méritocratie, l'art oratoire, l'intelligence semblent avoir élu résidence du côté d'Obama alors que Trump, son inculture, sa coiffure extravagante, sa vulgarité et son registre lexical limité incarnent la revanche des humiliés, des petits Blancs accrochés à

1. Un journal féminin notait : « Aujourd'hui on veut des lèvres pulpeuses à l'africaine associées à des pommettes hautes très slaves et un teint hâlé moyen-oriental » (*Marie Claire,* septembre 2019).

leurs modes de vie, souffrant d'obésité, d'alcoolisme, frappés par la crise des opioïdes[1]. Leur vote en faveur du candidat républicain a constitué une revanche pour dire leur misère, leur désarroi. Ceux qui « ont été relégués au bout de la file d'attente du rêve américain » (Arlie Russell Hochschild) et moqués par Hillary Clinton – « vous pouvez placer la moitié des partisans de Trump dans ce que j'appelle le panier des pitoyables » (septembre 2016) – ont élu celui qui ne les traitait pas comme les vilains de l'histoire. C'est ce que le journaliste de télévision Van Jones, lui-même afro-américain, a appelé le « *whitelash* », le retour de bâton blanc, le refoulé racial.

1. Sur le sujet, voir l'excellent article de Brice Couturier, « Donald Trump, leader des hommes blancs en colère », *Revue des Deux Mondes*, avril 2018, pp. 65 sqq.

CHAPITRE 12

L'Amérique et la France : la race et le citoyen

> « C'est dur d'être noir. Vous n'avez jamais été noir ? Je l'étais autrefois quand j'étais pauvre. »
>
> Larry HOLMES, ancien champion du monde de boxe, catégorie poids lourd de 1978 à 1985

En 1984, je rencontrai avec quelques amis à Paris l'écrivain afro-américain James Baldwin, réfugié en France en 1948 (comme Richard Wright arrivé en 1946). Déjà malade mais toujours combatif, il mourra à Saint-Paul-de-Vence en 1987. Autour d'un verre, à Saint-Germain-des-Prés qui n'était pas encore dévoré par la mode, il nous expliqua à quel point la patrie de Voltaire et de Victor Hugo lui avait sauvé la vie : pas une fois, au contraire des travailleurs nord-africains en butte aux tracasseries, on ne l'avait importuné pour sa couleur de peau et ce qu'on n'appellait pas encore son « orientation sexuelle » (il préférait les hommes). Curieusement, c'est le désinterêt des

Français qui l'avait sauvé. Leur détachement à son égard, la loi tacite dans l'Hexagone selon laquelle chacun mène sa vie comme il l'entend furent une surprise et un soulagement[1]. Il précise : « Les Français ne me voyaient pas. Certains individus ont quand même pris soin de moi, sinon je serais probablement mort de faim. Mais les Français m'ont laissé tranquille. Ils m'ont débarrassé des béquilles de la race. Ça fait peur mais ça rend service[2]. » Il écrira lui-même dans une de ses nouvelles : « Jamais je ne pourrai haïr les Français car ils m'ont laissé libre de vivre à ma guise. Et j'aime Paris, je l'aimerai toujours. C'est la ville qui m'a sauvé la vie. Elle m'a sauvé la vie en me donnant la possibilité de me trouver[3]. » Il nous raconta notamment que les troupes américaines, durant la guerre, traitaient mieux les prisonniers allemands que les soldats noirs dans leur propre armée. Il nous rappella que la nomination en 1937 de Gaston Monnerville, député de Guyane, au titre de sous-secrétaire d'État aux Colonies déchaîna la fureur de l'Allemagne et de l'Italie fascistes et que la propagande nazie tira à boulets rouges contre « la France négrifiée ». Il nous fit enfin cet aveu : il n'y a pas de « racisme libidinal » en France, où le désir traverse les préjugés de couleur, au contraire des États-Unis.

Une autre Américaine naturalisée française, Joséphine Baker (1906-1975), danseuse, chanteuse et grande

1. James Baldwin, « Mourir en français », *Marbre,* revue fondée par Olivier Binst, n° 1, novembre-décembre 1986.

2. Interview de Henry Louis Gates Jr. cité in Michel Fabre, *La Rive noire. De Harlem à la Seine,* Lieu commun, 1985, p. 206.

3. James Baldwin, *op. cit.*, p. 175.

résistante déclara, le 12 mai 1957, au Congrès de la LICA (future Licra)[1] :

> « Quand je suis arrivée à Paris, je me suis trouvée devant des gens comme vous. J'étais alors heureuse de sentir tout de même, dans la rue, que je pouvais demander un taxi sans avoir la crainte qu'il refuse de me prendre. J'étais aussi heureuse de penser que si j'avais faim, je pouvais m'arrêter dans n'importe quel restaurant.
>
> Quand j'ai été malade, j'ai été si heureuse de penser qu'un médecin blanc et aussi une infirmière blanche n'avaient pas honte de me toucher. Ils ont lutté pour ma vie, ici, en France ; je vous suis reconnaissante. Vous m'avez sauvée. Ici, je savais que je serais sauvée, que je pourrais vivre pour une cause, et cette cause, c'est la fraternité humaine.
>
> Je suis venue. Personne ne me disait : "noire". Personne ne me disait : "négresse", mot qui me blessait terriblement. Et, tout à coup, petit à petit, toutes ces craintes sont parties. Je suis devenue femme avec confiance dans la vie, femme qui était élevée par la France à laquelle je donne ma gratitude. J'ai été portée aux nues, je peux le dire. »

L'impasse racialiste

Dans un de ses livres célèbres, *La prochaine fois, le feu*, James Baldwin raconte sa visite au fondateur du groupe

1. Régis Debray a proposé, avec justesse, que Joséphine Baker soit panthéonisée. Il serait temps également que James Baldwin ait une plaque ou une rue à son nom.

radical Nation of Islam, Elijhah Muhammad, dans un beau quartier de Chicago. Cet homme doux et magnifique, dont Louis Farrakhan, le « Hitler noir », fut un disciple ardent, était persuadé du caractère démoniaque des Blancs : ces derniers allaient disparaître et la captivité des Afro-Américains toucher à sa fin car « Dieu est noir »[1]. C'est parce qu'il y a des Africains égarés en Amérique qu'Allah n'a pas voulu mettre un terme à l'existence des États-Unis dès 1913. Il prônait donc, comme le fera après lui Malcolm X, la séparation de la communauté afro-américaine d'avec l'Amérique blanche. « Réparationniste », comme aujourd'hui l'écrivain Ta-Nehisi Coates, il réclamait au gouvernement fédéral six ou sept États dus, selon lui, aux Noirs comme « arriérés » du travail fourni par les esclaves. James Baldwin, plusieurs fois arrêté et tracassé, raconte dans ce livre que le chef du parti nazi d'alors, George Lincoln Rockwell, versa de l'argent au parti de Malcolm X puisque, sur la nécessité de maintenir Blancs et Noirs séparés, ils étaient d'accord[2]. (En 1961, Louis Farrakhan invitera le leader de ce parti à s'exprimer sur les méfaits de la juiverie mondiale.) Les uns comme les autres rêvaient d'une Amérique monochrome.

Ce que la France a représenté et représente encore pour les Noirs américains, heureux de s'alléger de l'obssession racialiste, les États-Unis l'incarnent aujourd'hui pour de nombreux Noirs français qui cherchent outre-Atlantique

1. James Baldwin, *La prochaine fois, le feu*, Folio Gallimard, 2018 p. 74, préface de Christine Taubira.
2. *Ibid.*, p. 110.

la solution à leur malaise. On voit bien à quel point l'affaire Adama Traoré, ce jeune Français noir mort dans un commissariat en 2016, dans des circonstances pour l'instant non élucidées[1], a servi de catalyseur à la mobilisation d'une partie des banlieues après l'assassinat de George Floyd aux États-Unis, fin mai 2020. De nombreux militants voudraient établir dans l'Hexagone un communautarisme ethnique. Est-ce la solution ? Essayons de démêler l'écheveau. Comme l'exprime, par exemple, le chercheur Shelby Steele, lui-même afro-américain, la culpabilité blanche aux États-Unis est devenue, depuis la révolution des droits civiques des années 1970 et la déségrégation, une monnaie d'échange d'un camp à l'autre. Alors que Martin Luther King en appelait à la dignité de la nation américaine et à son élévation morale, « le fruit de

1. Un comité Vérité pour Adama, calqué sur le mouvement des droits civiques américains des années 1960, a été créé par sa sœur Assa en 2016. Conseillée par deux intellectuels « blancs » d'extrême gauche, Geoffroy de Lagasnerie, sociologue de son état, et l'écrivain Édouard Louis, ainsi que par le militant islamo-indigéniste Youcef Brakni, elle a fait de son frère, trafiquant, braqueur et présumé violeur, le symbole du racisme policier, ce qui n'est, pour l'instant, pas prouvé, deux des policiers qui l'ont arrêté étant antillais. Le comité Vérité pour Adama est également infiltré par de nombreux activistes proches de Dieudonné. (Voir à ce propos Assa Traoré, Geoffroy de Lagasnerie, *Le Combat Adama*, Stock, 2019.) Cédric Chouviat, livreur mort entre les mains de la police après un contrôle brutal devant le musée Branly, filmé sur vidéo, le 3 janvier 2020, était blanc. Sa famille a plus sobrement demandé justice et la suspension des policiers. Assa Traoré, au faite de la gloire médiatique, a inauguré à Noisy-le-Sec une fresque en l'honneur d'elle-même où elle est représentée les yeux bandés et versant des larmes, et se verrait bien en nouvelle Marianne.

la désobéissance civile est la création d'une communauté fraternelle », écrira-t-il[1], ses successeurs se sont spécialisés dans l'indignation lucrative. La mauvaise conscience blanche constitue désormais une devise sur laquelle les leaders noirs comptent et parient : le moindre accrochage ou incident permet de relancer la dette à tout propos.

Cette notion, selon Steele, n'a aucun sens si l'on compare la situation actuelle avec celle qui a précédé la révolution des droits civiques. Lui-même ayant souffert de la ségrégation dans sa jeunesse, quand Noirs et Blancs étaient séparés dans les bus ou les établissements publics, peut évaluer les deux moments historiques. Et les Blancs, dont on minimise le travail d'autoexamen, se doivent d'endosser pour toujours cette faute dont la contrepartie est de maintenir la communauté noire dans l'irresponsabilité. Seul de tous les grands leaders, Malcolm X, selon Steele, a cherché l'émancipation des Afro-Américains indépendamment de l'influence blanche, par la solidarité, le travail, l'autoéducation, la séparation et le sacrifice[2]. Bref, à insister toujours sur la « barbarie fondatrice » des Blancs, on leur remet en quelque sorte les clefs du pouvoir : tout dépend d'eux encore et toujours. La force est de leur côté, l'impuissance du côté de leurs « victimes ». Cette exaltation du péché originel blanc

1. Martin Luther King, *Stride towards freedom. The Montgomery story*, Harper and Row, New York, 1958, p. 102.
2. Shelby Steele, *White guilt. How black and whites together destroyed the promise of the civil rights era*, Harper, 2007, p. 59.

devient alors une stratégie sournoise pour maintenir la marginalité des Afro-Américains. Ce privilège moral est une malédiction pratique.

Shelby Steele, qui a écrit ce livre en 2006, ne pouvait prévoir ce qui s'est passé depuis : les inégalités salariales et patrimoniales persistantes, les tueries réitérées contre des Noirs, notamment de la part des forces de police. (En 2019, 1 000 personnes ont été tuées par la police américaine, légendairement brutale, dont 23 % de Noirs, lesquels ne représentent que 13 % de la population.) Ces exécutions arbitraires, reproduites avec une régularité macabre, ne semblent plus des exceptions mais la suite par d'autres moyens de la ségrégation (laquelle se perpétue plus encore dans le système judiciaire et carcéral). Il faut punir les Afro-Américains d'avoir osé demander l'égalité des droits. C'est comme une affreuse rengaine rejouée à dates fixes : une seule bavure et tous les spectres du passé reviennent en foule, détruisant un demi-siècle de conquêtes.

Pour Shelby Steele, la référence permanente à la faute blanche a pour contrepartie la vulnérabilité accrue des Afro-Américains. C'est « un combat pour maintenir l'infériorité des Noirs », dépeints en réprouvés éternels. Tous les problèmes rencontrés par eux, mauvais résultats scolaires, misère persistante, violences internes[1], drogue,

1. Un Afro-Américain a vingt fois plus de chances d'être tué par un autre Afro-Américain que par un policier blanc (source LCP, « USA, comment combattre la gangrène du racisme », 1er septembre 2020). Cela fait partie de la tragédie d'une communauté disloquée par l'esclavage et la ségrégation et qui manque pour l'instant d'un leader charismatique.

sont vus comme la conséquence d'une injustice raciale plutôt que comme relevant de leur responsabilité. Et le libéralisme blanc, une fois l'hommage rendu à la diversité, reste un alibi à peine camouflé. Shelby Steele a des mots féroces pour la nouvelle élite blanche « dissociée », qui s'est affranchie du racisme, du sexisme, du militarisme et demeure en raison de cet état tout imbue de sa supériorité morale[1]. Il n'est rien qu'un Américain blanc de gauche aime plus que l'amitié d'un Noir en colère qui le dédouane de tout soupçon de racisme. Il faut faire ostentation de vertu, afficher une largeur d'esprit considérable. Il en est de l'antiracisme comme de la foi : on a besoin d'en donner toujours plus de preuves pour éviter le reproche de tiédeur. Ainsi peut se comprendre l'épidémie de génuflexions à laquelle on a assisté au printemps 2020 : volonté de faire amende honorable et de conjurer la violence, geste symbolique du mouvement des droits civiques de Martin Luther King dans les années 1960. Mais les Afro-Américains ont sans doute envie d'être traités comme n'importe quel citoyen, pas comme des dieux devant lesquels on s'agenouille après les avoir foulés aux pieds.

Méfions-nous de ces royautés éphémères souvent suivies de dévalorisation : on élève au pinacle une minorité et on ravale les autres plus bas que terre. Le *New York Times* par exemple a décidé en juin 2020 d'écrire le mot *Noir* en majuscule et le mot *blanc* en minuscule pour réparer une injustice historique. Il

1. *Ibid.*, p. 150.

s'agit là d'un simple paternalisme typographique, d'un baume cosmétique. L'autodépréciation emphatique du Blanc et l'idéalisation systématique du Noir pourraient bien être le prélude à ces renversements dont l'Histoire a le secret. Attention aux ruses de la raison pénitentielle : la frontière est mince, en ce domaine, entre la sincérité et la mascarade. Vient un moment où être noir, aux États-Unis, c'est entrer dans une camisole de force ethnique, une « fatigue de la race » qui vous assigne à des gestes et des paroles précises[1]. L'identité devait être libération, elle est une prison. C'est l'impasse dont témoigne aussi, par exemple, le jeune écrivain afro-américain Thomas Chatterton Williams qui s'est exilé à Paris, fatigué des délires pigmentaires de sa patrie d'origine.

L'Amérique entame vraisemblablement une deuxième révolution des droits civiques qui complétera la première et verra l'alliance des Noirs et des Blancs progressistes. Ajoutons ceci au raisonnement de Shelby Steele : si d'aventure les Blancs disparaissaient des États-Unis ou étaient réduits à une poignée, il n'est pas certain que les Afro-Américains seraient mieux traités par d'autres minorités, Asiatiques, Hispaniques, Haïtiens ou Africains qui ne se sentent aucune obligation morale à leur égard (Eric Kaufmann[2]). Sans les Blancs, être afro-américain dans une société multiraciale sera difficile : ils perdront le privilège du persécuté et subiront la concurrence victimaire

1. Shelby Steele, *op. cit.*, p. 172.
2. Eric Kaufmann, *op. cit.*, p. 308.

d'autres groupes, les Amérindiens par exemple, qui ont beaucoup enduré sans recevoir la même publicité. Une Amérique plus multicolore ne sera pas plus tolérante.

Une importation maléfique

Devons-nous élever au rang d'une cause nationale la longue et tragique discorde entre Blancs et Noirs aux États-Unis ? Le cauchemar nord-américain se déporte tout doucement en France puisque nous lisons désormais notre histoire à travers lui. Mais au lieu de traduire et d'adapter, nous nous contentons de copier. Si la première faute des États-Unis s'appelle l'esclavage et la ségrégation, la seconde est l'apartheid législatif officiel à travers lequel cette grande nation croit sortir du racisme : chacun désormais est cantonné à son identité, son ethnie, sa couleur de peau, sa confession. Le peuple américain est divisé officiellement en 126 groupes ethno-raciaux élargis aux nationalités d'origine, soit 63 « races » officielles. On reconduit ainsi le mal qu'on prétendait combattre. Chaque recensement est un casse-tête qui mêle la couleur de peau, les origines géographiques, le groupe linguistique, l'ascendance. Chaque nouveau groupe, par exemple les Arabes ou les Perses, réclame sa propre case même si on a le droit d'en cocher plusieurs avec une option multiraciale[1]. Le recensement

1. Voir Benoît Bréville, « Quelle est votre race ? », *Le Monde diplomatique*, juillet 2019. Tout au long du XXe siècle, les recenseurs créent

des citoyens par la science statistique, avec ses fluctuations, a longtemps été un moyen de construire la nation américaine et d'en hiérarchiser les groupes[1].

Toutes proportions gardées, nous ethnicisons également les problèmes sociaux en France et, par une fraude sémantique, réservons la qualification de « quartiers populaires » aux seules banlieues, souvent déshéritées, où vivent des fils ou petits-fils d'immigrés[2]. C'est une vision à fois sentimentale et tiers-mondiste du peuple. Tragique méprise qui explique, entre autres choses, la fuite de la classe ouvrière vers l'extrême droite, la négligence des catégories défavorisées, agriculteurs, employés, petits entrepreneurs prolétarisés, « Blancs modestes de province » (Aymeric Patricot[3]) qui ont formé le cœur du mouvement des gilets jaunes. Tout cela découle de la proposition faite aux socialistes, en 2010, par la Fondation Terra Nova, d'abandonner le peuple d'hier au profit de l'alliance des bourgeois urbains cosmopolites et des banlieues. La prédominance du racial sur le social, de l'éthnique sur le politique, du minoritaire sur la norme, de la mémoire sur l'histoire, explique l'effondrement des gauches classiques et la résurgence des

---

littéralement les races, Mexicains, Hindous, etc., qui vont légitimer la division de la société américaine.

1. Paul Schor, *Compter et classer. Histoire des recensements américains*, EHESS, 2009.

2. Le taux de pauvreté en Seine-Saint-Denis est de 33 à 45 %, contre 14 % pour le reste de la France.

3. Aymeric Patricot, *La Révolte des Gaulois. Portrait d'une communauté qui n'existe pas*, Léo Scheer, 2020, p. 20.

extrêmes gauches reconverties dans la défense des loyautés ethniques. Au lieu d'engager un combat collectif en faveur du progrès et de défendre l'égalité devant la loi, les social-démocraties s'enlisent dans un flirt douteux avec les mouvances indigénistes et décoloniales, mercenaires idéologiques d'une certaine Amérique.

L'Histoire recommence avec chacun de nous

Aucun groupe ou individu ne résiste au prestige de se dire une victime même s'il n'a souffert que de naître, quitte à confisquer cet attribut aux vrais malheureux : c'est un état de transsubstantiation qui vous élève au-dessus de l'humanité courante et vous place dans la catégorie des Intouchables. La victimisation de principe implique que tout homme est la mémoire vivante de toute l'humanité, qu'il ne la recommence pas mais la prolonge, la métabolise. Chaque Blanc est tous les Blancs depuis des siècles, chaque Noir porte toute l'histoire de l'Afrique et de la traite dans ses cellules. C'est oublier que l'histoire recommence avec chacun de nous, sauf à penser que nous charrions le poids des morts sur nos épaules et n'avons aucun moyen de l'alléger. Le pari de toute société démocratique, c'est d'arracher le genre humain à la fatalité. Il est toujours délicat d'instrumentaliser la mémoire à des fins politiques. La faute s'arrête à celui qui l'a commise et ne déteint pas, comme un poison, sur ses descendants, pas plus que le malheur ne se transmet aux héritiers tel un fardeau à porter.

Le président Obama a souvent récusé le simplisme d'un monde en noir et blanc. Dans un discours prononcé à la Convention nationale démocrate en 2004, il a proclamé : « Il n'y a pas une Amérique noire et une Amérique blanche et une Amérique latino ou asiatique. Il y a les États-Unis d'Amérique. » Et il se décrit ainsi : « Enfant d'un Noir et d'une Blanche, né dans le creuset racial d'Hawaii, avec une sœur à moitié indonésienne mais qu'on prend facilement pour une Mexicaine ou une Portoricaine, un beau-frère et une nièce d'origine chinoise, des parents qui ressemblent à Margaret Thatcher et d'autres qui pourraient se faire passer pour Bernie Mac, des retrouvailles familiales à Noël qui font penser à une réunion de l'Assemblée générale de l'ONU, je n'ai jamais eu la possibilité de restreindre mes allégeances sur une base raciale ni de mesurer ma propre valeur à une aune tribale[1]. » Et de citer Martin Luther King : « Nous ne devons pas être jugés à la couleur de notre peau mais à la qualité de notre caractère. » Car s'affirmer « fier » d'être blanc ou noir (ou trans ou gay) ressemble à un étrange lapsus. Cela sous-entend le contraire de ce qu'on paraît énoncer : qu'on pourrait avoir honte d'être qui l'on est. Nous n'avons pas à célébrer ou dénigrer ce que nous sommes, de naissance, hommes, femmes, noirs, arabes, juifs, mais à considérer ce que nous faisons de ces origines. Seule peut nous

1. Barack Obama, *L'Audace d'espérer*, Presses de la Cité, 2007, p. 236.

emplir d'orgueil la manière dont nous construisons notre destin, loin des hérédités et des malédictions.

Barack Obama n'est pas un « descendant d'esclave » et n'a jamais épousé la dramaturgie des Afro-Américains. Il l'a écrit lui-même, il a dû, patiemment, gagner les votes de la communauté afro-américaine, entrer dans les codes de l'ethnicité noire. Il n'a pas subi la « terreur blanche » (Richard Wright[1]), il a choisi son identité plus qu'il n'en a hérité. Beaucoup, aujourd'hui encore, lui reprochent cette « impureté », ce qui témoigne de l'affolement de ce pays face aux incertitudes ethniques. Pour les Républicains, il est un faux américain, un musulman caché ; pour la gauche, il est un imposteur. L'avocat Ralph Nader l'a accusé d'être « un Oncle Tom au service de Wall Street ». Le polémiste et professeur Cornel West a dit de lui qu'il était « un homme blanc à la peau noire ». Ces phrases sont indignes mais elle en disent long sur la mentalité étasunienne.

Y a-t-il une fraternité noire ou blanche ?

Dans la préface, toute en nuances et subtilités, au livre de l'écrivain nord-américain Ta-Nehisi Coates, *Une colère noire*, le romancier franco-congolais Alain Mabanckou précise que, semblable par la couleur de peau avec son collègue nord-américain, ils sont éloignés l'un de l'autre par l'Histoire[2]. Quand Ta-Nehisi Coates

1. Richard Wright, *Black Boy*, Gallimard, 1974.
2. Ta-Nehisi Coates, *Une colère noire. Lettre à mon fils*, Autrement, 2016.

livre, sous forme de lettre à son fils, un pamphlet talentueux et gorgé de fureur contre l'Amérique blanche, « un syndicat, déployé pour protéger son pouvoir exclusif de domination et de contrôle sur nos corps », Alain Mabanckou récuse en douceur l'idée d'un peuple noir. « Le Noir américain a une certaine idée de l'Afrique, fondée sur un mythe, l'Africain a une idée certaine de l'Afrique et réclame le monopole de la source. » Mieux encore, Mabanckou repousse toute idée de « fraternité » : « Aux États-Unis, j'ai en permanence le sentiment que je ne serai jamais intégré dans la communauté noire américaine. Si on m'appelle "frère", on me fait comprendre clairement qu'il y a des choses que je ne pourrai pas saisir (...) il se pourrait que certains de mes ancêtres aient comploté avec le Blanc durant cette période douloureuse. Je suis aimé, adulé comme le frère des "racines" mais je suis aussi perçu comme une des sources des problèmes de cette communauté[1]. » Lorsque d'anciens esclaves américains repartirent en Afrique en 1821, pour fonder le Liberia, première république indépendante du continent en 1847, ils se conduisirent avec les autochtones comme des aristocrates méprisants et des maîtres impitoyables. Tragique ironie : les « *settlers* » (les colons) s'opposèrent aux « *natives* » (les indigènes) pour leur imposer

1. Ta-Nehisi Coates, *op. cit.*, p. 12. Dans son ouvrage *Huit leçons sur l'Afrique* (Grasset, 2020), série de conférences données au Collège de France, Alain Mabanckou raconte comment à Ann Arbor (Michigan) un certain Tim, Afro-Américain, ne cesse de le ramener à ses racines africaines, c'est-à-dire barbares, commence à l'insulter, à le traiter de vendeur d'esclaves et pour finir le menace avec un revolver (pp. 151-155).

des conditions de travail forcé. L'atroce guerre civile qui a éclaté là-bas à la fin des années 1970 est aussi un lointain écho de ces tensions. On sait qu'en Afrique, les Afro-Américains sont en général vus comme des « Blancs » parce qu'ils sont riches et arrogants[1]. Ajoutons que pour nous, Français, un Afro-Américain est d'abord un citoyen américain avec tout ce que cela implique en termes de supériorité culturelle, linguistique ou économique.

Il y a longtemps que l'Europe a cessé d'être monocolore, à l'Ouest en tout cas, du fait de la colonisation, et à l'Est aujourd'hui après les migrations de masse de ces dernières années. Nos nations se construisent désormais dans la bigarrure et la polychromie et il est absurde de nier cette réalité. Reste qu'aucun citoyen n'a envie d'être réduit à sa couleur ou à son phénotype comme à son sexe ou à son âge, ce qui relève d'une vision médicale, policière ou statistique. Ce sont des hasards de naissance : nous sommes des personnes multiples qui sont entre autres choses noires, blanches ou basanées mais qui ne se laissent pas ramener à cette simple qualification. Mabanckou, encore, le dit très bien : il n'y a pas de communauté « noire » en France car il n'y a pas d'histoire commune entre tous ces individus, entre un Antillais, un Sénégalais ou un Congolais, un afro-descendant ou un

1. C'est le thème du très beau roman de Ahmadou Kourouma, *Allah n'est pas obligé* (Le Seuil, 2000, prix Renaudot). Il raconte notamment comment le sergent Doe, en 1980, après un coup d'État réussi, a tiré du lit tous les sénateurs libériens d'ascendance afro-américaine, les a alignés en caleçon sur les plages et les a fait fusiller pour les punir de leur comportement (pp. 97 sqq).

sub-Saharien, qui ne parlent pas la même langue et ne peuvent même pas « revendiquer le monopole funeste de la victime[1] » puisque certains de leurs ancêtres ont été des esclavagistes. *La couleur de peau n'a jamais fait solidarité.*

Quant à l'Amérique contemporaine, elle vit une double tragédie : elle s'enorgueillit depuis les origines d'avoir inventé le *self made man,* la recréation de soi, loin du malheur européen qui enferme les êtres dans la prédestination. Voilà qu'elle redécouvre la pesanteur historique : l'enracinement de chacun dans sa case biologique. Il faut afficher la couleur sous peine d'exclusion. Cruelle ironie : elle se voulait aveugle aux origines, aux croyances, la vieille défroque de l'épiderme revient en force. Pour s'opposer au « racisme structurel et systémique », les États-Unis ont inventé un « antiracisme structurel et systémique » : la même chose, à l'envers avec les mêmes effets. Quand par exemple, à l'été 2020, des manifestants se réclamant de Black Lives Matter apostrophent une femme blanche à son balcon et lui demandent de quitter le quartier car c'est un environnement noir, ils restent dans la pure logique de la ségrégation. Chacun son quartier.

Il faudra beaucoup de finesse pour retisser les liens entre groupes, colmater les blessures, ressusciter le libéralisme racial de Barack Obama fondé sur un centrisme de compromis. « Nous avons des histoires différentes, nous partageons les mêmes espoirs. » Le travail énorme accompli depuis la ségrégation devra être repensé et dépassé. Tout l'avenir des États-Unis se

1. Alain Mabanckou, *op. cit.*, pp. 147,148.

jouera peut-être dans l'opposition entre Martin Luther King et Malcolm X ; le réconciliateur ou le séparateur. Il est probable qu'on choisira une cote mal taillée entre les deux. *Séparation improbable, cohabitation problématique*. Les tensions resteront vives entre la majorité blanche en déclin démographique et les autres communautés qui ne cessent de négocier leurs territoires respectifs, de défendre leur image avec une susceptibilité à vif. Le moindre incident peut dégénérer en émeute, voire en guerre civile, aggravée par la prolifération des armes à feu, plus de 300 millions, et une culture congénitale de la violence. Étrange destin de cette grande nation : elle s'est fondée sur l'élimination des tribus indiennes. Quatre siècles plus tard, elle est devenue une nation de tribus en désaccord permanent les unes avec les autres.

Ajoutons ceci, enfin : à tous les Américains, artistes, écrivains, metteurs en scène, comédiens, musiciens, blancs, noirs, asiatiques, latinos qui ne supportent plus l'atmosphère carcérale de leur pays et veulent respirer l'air de la liberté, proclamons que la France est prête à les accueillir comme elle sut accueillir après la Seconde Guerre mondiale des centaines d'intellectuels, jazzmen, romanciers victimes de la ségrégation[1]. Venez vous réfugier dans la nation de l'art de vivre et de la tolérance. Nous vous attendons. « Il y a plus de liberté dans un pâté de maisons à Paris que dans tous les États-Unis » (Richard Wright).

1. Sur ce moment historique, voire l'excellente étude de Michel Fabre, *La Rive noire. De Harlem à la Seine*, *op. cit.*

CHAPITRE 13

S'il n'existait pas, il faudrait l'inventer

> « La cruauté des hommes blancs a été, jusqu'à ce jour, plus destructrice que toute autre chose. »
>
> Françoise VERGÈS[1]

Il existe plusieurs antiracismes dont l'un n'est que l'inversion en miroir du racisme ordinaire. Il est préoccupant de voir les jeunes générations embrasser avec enthousiasme ce fourvoiement en croyant se battre pour un monde meilleur. Classiquement, la gauche prétendait affranchir chaque individu de sa communauté d'origine alors que la droite l'y maintenait. C'est la fameuse formule de Joseph de Maistre : « J'ai vu dans ma vie des Français, des Italiens, des Russes ; je sais même grâce à Montesquieu qu'on peut être persan. Mais quant à l'homme, je déclare ne l'avoir rencontré de ma vie. S'il existe, c'est bien à mon insu[2]. » Cette grande division se

1. Françoise Vergès, *op. cit.*, p. 102.
2. Joseph de Maistre, *Considérations sur la France*, 1796.

défait : la gauche classique, à l'exception d'une minorité, défend bec et ongles les assignations identitaires qu'elle rejettait jadis et abandonne le flambeau de la liberté et de la laïcité à la droite, jetant le discrédit sur ces notions. Tragique chassé-croisé : toute l'histoire du progressisme depuis trente ans est celle de ses renoncements. La lutte des races est en passe de supplanter la lutte des classes, comme le prévoyait Raymond Aron dans les années 1960.

Le diable blanc

Comment être raciste en toute impunité ? En choisissant une cible unanime. Voilà donc venu le droit de haïr le « Blanc » en toute sérénité. S'il explique tout, notre malheur intime, les inégalités mondiales et jusqu'au réchauffement climatique, il ne faut pas se priver de le rabaisser coûte que coûte[1]. Le politiquement correct étant l'obligation faite à chacun de peser ses mots, il est bon parfois de s'en affranchir et de crier en toute candeur sa haine du visage pâle, sous ses deux espèces masculine et féminine, pour mieux relâcher la tension. C'est à cela que sert le « diable blanc » (Malcolm X) :

1. Dans une tribune cosignée avec d'autres, la militante suédoise Greta Thunberg explique que le réchauffement est aussi la conséquence des « systèmes d'oppression coloniaux, racistes et patriarcaux » qu'il faut démanteler (Les Décodeurs, « Non, Greta Thunberg n'a pas vraiment écrit : "Le climat change à cause du racisme" », *Le Monde*, 9 décembre 2019. Elle ne l'a pas dit tout en le disant et sans le dire : merveilleuse casuistique !

PASCAL BRUCKNER, COUPABLE DE DÉLIT DE RÉEL

Un coupable presque parfait. La construction du bouc émissaire blanc, de Pascal Bruckner, Grasset, 352 p., 20,90 €.

Pascal Bruckner a fait son choix depuis longtemps : il sera compris plutôt qu'aimé. Dans une société influencée un peu plus chaque jour par l'idéologie diversitaire, ses propos critiques envers cette radicalisation dénotent un vrai courage. Avec *Un coupable presque parfait* (Grasset), le philosophe poursuit sa réflexion entamée dès 1983 avec la publication du *Sanglot de l'homme blanc*.

En effet, Pascal Bruckner alerte depuis des années sur ce virage emprunté par une certaine gauche et menant à la haine de l'homme blanc, à l'autoculpabilisation. Au risque d'avoir raison trop tôt. Difficile d'être entendu quand, au fil du temps, la liste des victimes et des coupables ne cesse de s'allonger, que le nombre de procès médiatiques augmente, que les péchés se multiplient et que la séduction homme-femme se transforme en crime : « *Au nom des meilleures intentions, on invite les jeunes femmes à voir l'acte érotique comme un traquenard dont elles seraient les dupes* », observe le philosophe dans son dernier essai. Et, au nom de l'antiracisme, la fameuse « appropriation culturelle » menace désormais les Blancs sur tous les continents. Ainsi, en 2017, un couple d'Américains blancs a dû fermer son camion-restaurant après avoir reçu insultes et menaces de mort. Ils avaient osé vendre des burritos alors qu'ils n'étaient pas Mexicains. Cette extension du domaine de la culpabilité ne semble souffrir aucune limite. « *Le domaine du contentieux s'étend à l'infini* », note l'essayiste.

Celui qui a appartenu aux « nouveaux philosophes » ne le cache pas, il a mal à sa gauche : « *Quand l'émancipation ne se distingue plus de la persécution, c'est qu'il y a quelque chose de pourri dans le parti dit "progressiste".* » ■

RACHEL BINHAS

J.F. Paga

LE PHILOSOPHE analyse les dérives d'un progressisme occidental devenu fou.

ROMANTISME : L'HISTOIRE ALTERNATIVE D'ISAIAH BERLIN

C'est une recherche passionnante qu'effectue le grand historien des idées Isaiah Berlin (1909-1997) dans *les Racines du romantisme,* un essai jusque-là inédit en français. S'il se refuse tout d'abord à donner une définition du romantisme, c'est parce que nombre de grands esprits ont tenté de le faire, souvent de manière contradictoire. Si l'on en croit Stendhal, Goethe, Heine, Schlegel ou encore Chateaubriand, il en résulte que le romantisme est *« beauté et laideur », « force et faiblesse », « pureté et corruption », « guerre et paix », « amour de la vie et amour de la mort »*, etc. Nous voilà bien avancés. C'est pourquoi Berlin se propose d'explorer une

Berlin attache une importance toute particulière à la figure du méconnu Johann Georg Hamann, qui aurait lancé quelque chose de tout à fait singulier : *« La doctrine fondamentale de Hamann* [...], *c'est que Dieu n'est pas plus un géomètre qu'un mathématicien, mais un poète. »*

Kant et Herder, pères fondateurs

Mais la thèse de Berlin prend une tournure encore plus radicale lorsqu'il fait de Herder, et surtout de Kant, les véritables pères du romantisme.

A priori, le rationaliste Kant est une figure antiromantique exemplaire. Pourtant, Berlin voit dans son attachement

> « Quand je dis que l'homme blanc est un diable, je parle avec l'autorité de l'histoire (...). L'histoire de l'humanité montre que l'homme blanc, en tant que peuple, n'a jamais fait le bien (...) il a spolié nos pères et nos mères de leur culture de la soie et du satin et les a ramenés dans ce pays dans le ventre d'un navire (...). Il nous a maintenus dans les chaînes depuis que nous sommes ici. Désormais le temps de ce diable aux yeux bleus est sur le point d'être révolu[1]. »

Le professeur à la City University de New York (jusqu'en 1993) et afrocentriste Leonard Jeffries abondera en ce sens : les Noirs sont les peuples du soleil qui ont tout inventé mais se sont fait voler leurs trésors par « les peuples de la glace », les démoniaques descendants des Européens (Jeffries y ajoute une forte dose d'antisémitisme qui lui vaudra son poste d'enseignant). Pour lui, la mélanine prouve la supériorité intellectuelle et morale des Noirs sur les leucodermes[2]. Elle leur permet de « dialoguer avec les vibrations de l'univers et de gérer les rayons ultraviolets du soleil[3] ». Heureusement que le Blanc est là : comme Satan, pour Baudelaire, s'il n'existait pas, il faudrait l'inventer. Si sa disparition devait rendre le monde meilleur, de nombreux volontaires, soyons-en sûrs, cesseraient de se reproduire comme le recommandent déjà certains écologistes. La famille

1. Nell Irvin Painter, *op. cit.*, pp. 350-351.
2. *Time Magazine*, 24 juin 2001.
3. *Ibid.*, 15 mai 2009.

humaine en serait-elle améliorée ? On peut craindre que non. Les « Blancs » ne peuvent pas s'effacer physiquement : ils sont devenus indispensables à l'édifice antiraciste. Il faut les maintenir pour mieux les accabler.

Il y a dans ce dénigrement un effet de snobisme : quand Delphine Ernotte, à la tête de France Télévisions, déclare en 2015 qu'elle ne veut plus « d'une télévision d'hommes blancs de plus de 50 ans », quand la multinationale L'Oréal veut supprimer les mots « blanc », « blanchissant » et « clair » de ses produits, au risque de froisser beaucoup de ses consommateurs, elles cèdent l'une et l'autre à l'esprit du temps, à la double maladie démocratique du mimétisme et du conformisme. On sait à quel point les médias, soucieux de coller à l'actualité, rivalisent les uns avec les autres dans cette course. Pour eux, « tout ce qui est réel est rationnel » et mérite donc d'être encensé, même si l'on doit changer de « réel » six mois plus tard. Ils se suivent, se talonnent et bifurquent avec la régularité d'un banc de poissons. La mode, l'époque leur dictent la conduite à tenir. Reste que le *white bashing* n'est pas sans conséquences concrètes. Car il n'est pas d'exemples dans l'histoire d'un groupe ethnique ou culturel qui, désigné à la vindicte générale, ne finisse par être malmené.

Violences « antiracistes »

Trois exemples : la presse a beaucoup évoqué les événements inquiétants qui se sont déroulés à l'université d'Evergreen, dans l'État de Washington. En 2017, un nouveau comité d'éthique, chargé de l'équité en matière raciale ou sexuelle, y reçoit les pleins pouvoirs. Il dicte alors une charte antiraciste, dérivée de « l'intersectionnalité », qui pénalise toute personne en désaccord avec elle. Un enseignant, Bret Weinstein, proteste quand une directive demande aux Blancs, élèves comme enseignants, de rester chez eux une journée par mois et crie à la discrimination fondée sur la couleur de peau. Il est insulté et menacé. Les professeurs blancs doivent alors se présenter en public devant un tribunal d'étudiants en affichant leurs privilèges et leur orientation sexuelle. Ils ne prennent la parole que s'ils y sont autorisés. Une sociologue grassement payée, Robin DiAngelo[1], la millionnaire de l'antiracisme, vient à l'université dénoncer la blanchité toxique : elle énonce que le racisme chez les Blancs est systémique, tel un gaz qui les asphyxie à leur insu. Seuls les Blancs « sont racistes 24 heures sur 24 » de la naissance à la mort. Demander des preuves de ce racisme à ceux qui vous en accusent, c'est du racisme au carré. Le campus se transforme en tribunal populaire au nom de l'inclusion et de l'équité. Des membres du personnel sont séquestrés dans une pièce, nargués par des activistes qui les insultent. Le tout avec l'accord tacite de l'administration et le silence des autres étudiants, terrifiés par une poignée de meneurs. Finalement Bret Weinstein,

1. Robin DiAngelo est l'auteure à succès aux USA de *Fragilité blanche. Ce racisme que les Blancs ne voient pas*, Les Arènes, 2020.

empêché d'enseigner, sera licencié, non sans obtenir 500 000 dollars de dédommagement[1]. Même s'il s'agit d'un cas pour l'instant isolé, l'affaire d'Evergreen est symptomatique d'une dérive extrémiste qui bafoue la lettre de la Constitution.

Deuxième exemple : au Royaume-Uni, entre 1997 et 2013, un gang d'origine pakistanaise perpètre à Telford et Rotherham des viols et des abus sur à peu près 1 000 enfants drogués, battus. La majorité des victimes étaient des jeunes filles blanches et quelques adolescentes de la communauté asiatique. Ce qui a constitué un des plus vastes réseaux de pédophilie dévoilé en Angleterre a pu survivre grâce à l'incurie des services sociaux et de la police, qui redoutaient d'être accusés de racisme. Il leur a fallu une décennie pour lancer une première enquête alors que deux enfants et leur mère avaient été assassinés. Une femme qui enquêtait sur les viols a dû suivre des cours de sensibilisation à la diversité parce qu'elle évoquait l'origine des violences[2]. La journaliste Joanna Williams, du magazine *Spiked*, s'est étonnée du silence de #MeToo sur cette affaire. Elle l'explique par l'origine sociale des personnes impliquées, des femmes de la classe ouvrière et non de la haute société, et par la personnalité de leurs agresseurs, qui auraient été dénoncés s'ils

1. Marianne Grosjean, « Sous couleur d'antiracisme, le campus d'Evergreen instaure un régime de terreur discriminant les Blancs », *La Tribune de Genève*, 10 juillet 2019.

2. France Inter, 19 mars 2018.

avaient été des hommes blancs et puissants. Le scandale de Telford a été comparé à celui de Cologne. La ministre de l'Intérieur d'alors, Theresa May, déplora que « le politiquement correct institutionnalisé et la peur d'être taxé de racisme aient contribué à couvrir ces crimes pendant de si longues années ». On dira que tous ces faits divers sont peu de chose, un juste retour de bâton de la part de groupes qui ont tellement enduré. Mais l'Histoire est-elle de l'ordre de la revanche ou de la réconciliation ? Si un certain antiracisme devient un commerce de la vocifération et du pogrom autorisé, c'est qu'il emprunte ses armes au racisme d'hier, il en est l'exact symétrique. Sa continuation par d'autres moyens.

Enfin, comment comprendre la promotion de la non-mixité qui arrive en France depuis peu – hommes et femmes, Blancs et Noirs, homos et hétéros ne devraient pas se mélanger – sinon comme la copie inversée des pratiques les plus délirantes de l'extrême droite ? Le « Blanc » étant dominant par nature, il faut le bannir autant que faire se peut des réunions militantes. En 2017, par exemple, le syndicat d'enseignants Sud Éducation 93 organise des ateliers en « non-mixité raciale » qui mettent en fureur le ministre de l'Éducation Jean-Michel Blanquer. Cette mise à l'écart est revendiquée au nom de la lutte anticoloniale et anti-impérialiste[1]. On se contente, dans un stupéfiant

1. Au printemps 2016, l'éphémère mouvement Nuit Debout, cornaqué par le chercheur Frédéric Lordon qui privatisa quelques

mimétisme, d'inverser la rhétorique de la ségrégation qui exaltait les seuls Blancs au détriment des Noirs. Ici, c'est le contraire : on dénigre « les faces de craie » pour célébrer les autres couleurs de peau en leur attribuant toutes les vertus. Nelson Mandela et Martin Luther King doivent se retourner dans leur tombe, eux qui prônaient la coexistence bienveillante. Avec cette épidermisation hystérique du débat, on reste dans la droite ligne des vieilles distinctions issues de l'esclavage. L'apartheid, même de gauche, reste l'apartheid. Il ne fait pas bon par exemple, aujourd'hui, être un acteur blanc d'âge moyen à Hollywood : au nom du rééquilibrage historique, sont engagés préférentiellement les personnes de couleur, les femmes et les LGBT[1]. Et ceux qui protestent sont traités de racistes et renvoyés aux poubelles de l'histoire.

Le racisme classique transformait la biologie en destin. L'antiracisme raciste également. Chacun est prisonnier de sa couleur de peau, de sa culture d'origine, de ses croyances. Même l'ancien champion de football Lilian Thuram, soucieux de protester à juste titre contre des cris de singe poussés par des spectateurs

---

semaines durant à Paris la place de la République, organisait des réunions féministes interdites aux « cisgenres », mot affreux qui désigne les hommes blancs hétérosexuels. Comme l'a dit alors l'avocat Alain Jakubowicz, il s'agit d'un « Ku Klux Klan inversé » où le seul critère qui vaille est la couleur de peau.

1. On oppose les Bipoc (Black, Indigenous, people of colour) aux Mennemy (White male enemy of the diversity movement), les Noirs, Indigènes et personnes de couleur aux hommes blancs ennemis de la diversité (*Daily Mail*, 13 juillet 2020).

lors d'un match-rencontre à Cagliari (Italie) en septembre 2019 à l'endroit de Romelu Lukaku, attaquant belge de l'Inter Milan, meilleur buteur de son équipe, s'est cru obligé d'expliquer qu'« il y a du racisme dans la culture blanche. Il est nécessaire d'avoir le courage de dire que les Blancs pensent être supérieurs et qu'ils croient l'être[1] ». Est-ce du courage que de retomber dans les travers qu'on prétend dénoncer : la définition des individus par leur couleur de peau ? La surenchère dans l'extrémisme pigmentaire risque de devenir la règle. Ne voit-on pas Françoise Vergès reprocher à l'icône américaine de la déségrégation Rosa Parks d'avoir été « blanchie » par le système et séparée de sa communauté militante ? Quand on n'a jamais pris le moindre risque politique, il est cocasse d'aller faire la leçon aux grandes figures du passé. Plus radicale que moi, tu meurs[2].

Il ne faut pas se croire immunisé d'un mal parce qu'on le récuse.

---

1. Arnaud Gonzague, « Lilian Thurman : "Pourquoi les Blancs devraient-ils être les seuls à n'être jamais désignés par leur couleur ?" », *L'Obs,* 5 septembre 2019.

2. Françoise Vergès, *op. cit.*, pp. 93-94.

CHAPITRE 14

Dans la chaude tradition d'une vieille haine

« "Espèce de juif, mes excuses" n'est pas antisémite en arabe et fait partie du langage courant. C'est une insulte passée dans le langage courant. »

Nacira Guénif, sociologue indigéniste, proche des Frères musulmans[1]

Le racisme est un phénomène universel. Pas un continent, pas un peuple qui n'en soit prémuni. On ne peut donc décliner ce mot qu'au pluriel. Il peut se déguiser sous de multiples accoutrements, religieux, doctrinaires, sanitaires, et même, nous l'avons vu, sous les oripeaux de l'antiracisme. Mais il est parfaitement exact que l'Europe et les États-Unis ont donné aux préjugés inhérents à toutes les sociétés une caution « scientifique » qui

1. *The Times of Israel*, 26 janvier 2017. Citation tirée du procès intenté à Georges Bensoussan. Nacira Guénif récidivera le 13 juin 2020 lorsque des manifestants hurleront « sales Juifs » dans une manifestation pour Adama Traoré. Bref, dire « sales Arabes ou sales Noirs » est un crime mais « sales Juifs » une simple coutume…

a permis, entre autres choses, la conquête coloniale, la traite négrière ainsi que la gestion des classes dangereuses (prolétariat, mendiants, domesticité). Le rabaissement des autres peuples y est devenu une théorie politique justificatrice de l'expansion et de l'exploitation. Avec Gobineau, Vacher de Lapouge, Chamberlain et enfin Alfred Rosenberg, théoricien du IIIe Reich, l'Europe a rationalisé l'éthnocentrisme à des fins inavouables. « Avant le XVIIIe siècle, nous avions des racismes formulés dans le langage du mythe ; à partir du XVIIIe siècle nous avons un racisme qui prétend parler celui de la science[1] » (Christian Delacampagne). Si l'Europe a théorisé le mal, elle a aussi tenté d'inventer le remède et a suscité les contrepoisons aux idéologies abominables nées sur son sol. Nos sociétés se sont donné, après la catastrophe de la Seconde Guerre mondiale, tous les instruments juridiques, politiques, philosophiques pour combattre le racisme et le mettre hors la loi. Avec un succès mitigé.

Des faux Blancs

N'est-il pas tragique de retrouver l'idéologie du *Blut und Boden* (du sang et du sol) au fondement de la doctrine nationale-socialiste chez des gens qui se croient immunisés de tous ces poisons ? De même que la haine

1. Christian Delacampagne, *Une histoire du racisme*, Livre de Poche/France Culture, préface de Laure Adler, 2000, p. 142. Voir aussi Catherine Coquery-Vidrovitch in *Les Crimes du colonialisme, Le postulat de la supériorité blanche*, pp. 863 sqq.

n'est jamais aussi grande que quand elle parle le langage de l'amour, le racisme n'est aussi pervers que quand il prend l'apparence de son contraire. En 2016, le magazine américain de centre gauche *The Atlantic* s'interroge gravement pour savoir si les Juifs sont blancs[1]. L'interrogation n'est pas anodine : s'il se trouve qu'ils le sont, toute leur histoire est à reconsidérer. Cela voudrait dire qu'ils sont passés du mauvais côté et jouissent d'un privilège indu. La question est complexe : à l'extrême droite, les Juifs sont vus comme des Blancs impurs qui corrompent l'Amérique et la dénaturent. À gauche, comme des imposteurs qui prétendent au monopole de la souffrance pour éclipser celle des gens de couleur. À mesure qu'ils s'intègrent, ils rentrent dans la catégorie des « Caucasiens » et acquièrent un statut supérieur. En conclusion de sa longue enquête, la journaliste de *The Atlantic*, Emma Green, en conclut que c'est une question compliquée. Certes : seul un pays obsédé par la race peut se poser des questions aussi absurdes.

Aux USA, « blanc n'est pas une couleur de peau mais une catégorie qui marque le pouvoir », dit-on. En réalité, la réussite sociale a rendu les Juifs plus vulnérables et accru l'aversion qu'on leur porte. La blanchité nouvellement acquise n'est jamais qu'une raison supplémentaire de les haïr. Car ils restent des *Blancs incertains*. Pas assez pâles pour l'extrême droite, beaucoup trop pour l'extrême gauche et les minorités. Ils simulent,

1. Emma Green, « Are Jews white », *The Atlantic*, 5 décembre 2016.

dans tous les cas de figure : ils font semblant d'être intégrés à la majorité blanche ou de se montrer solidaires de leurs frères noirs alors qu'ils sont déjà de l'autre côté. Des usurpateurs.

Sionisme égale nazisme

C'est une histoire en deux temps. Comme l'explique, avec le terrible sérieux de l'idéologue, le professeur Enzo Traverso, jadis aux États-Unis Juifs et Noirs combattaient ensemble le racisme et la colonialisme. Cette solidarité s'est brisée. Les Juifs ont depuis 1948 franchi la « ligne de couleur », se sont enrichis et sont devenus « blancs », c'est-à-dire oppresseurs[1]. Avec sa réussite sociale, le Juif serait entré dans la race supérieure (la blanche) ; avec la création de l'État d'Israël, il aurait contracté la maladie européenne du nationalisme et du colonialisme et cela l'a perdu. Sorti du ghetto, il n'incarne plus « cette altérité négative » qui le rendait unique autrefois. « L'outsider interne n'est plus le Juif : il est maintenant l'Arabe et le Noir, c'est-à-dire l'ex-colonisé résidant en Métropole et devenu citoyen français. »

On sait que l'écrivain Frantz Fanon aimait à rappeler les paroles de son professeur de philosophie : « Quand vous entendez dire du mal des Juifs, tendez l'oreille,

1. Enzo Traverso, *Les Juifs et la ligne de couleur*, in coll., *De quelle couleur sont les Blancs* ?, *op. cit.*, pp. 253-261.

on parle de nous. » Un antisémite était forcément un négrophobe englobés l'un et l'autre dans une même détestation. L'afflux de sang nègre, disait déjà Hitler, est le résultat d'un complot juif[1]. Aux États-Unis, Noirs et Juifs ont longtemps partagé une même solidarité d'exclus : ils étaient les uns et les autres des Indésirables, barrés de l'espace public réservé aux seuls Wasps. Cette belle unité s'est fracassée, ici comme outre-Atlantique : le Juif n'est plus le « frère de malheur », selon Frantz Fanon, mais celui dont la tragédie éclipse la nôtre et nous empêche d'être solidaires. En Amérique, les frictions, pour ne pas dire les affrontements, entre Juifs et Noirs ne sont pas rares : le plus spectaculaire reste celui, en 1991, du quartier de Crown Heights à Brooklyn, quand des émeutes antisémites ont dégénéré en pogroms à la suite d'un accident de la circulation qui a causé le décès d'un enfant noir. Des jours entiers de destruction ont conduit au meurtre d'un étudiant juif. Les cris de « Mort aux Juifs » et de « Hitler n'a pas fini le travail » ont été proférés. Le 10 décembre 2009, deux tireurs, se réclamant du mouvement Black Hebrew Israelites

1. « La contamination provoquée par l'afflux de sang nègre sur le Rhin, au cœur de l'Europe, répond aussi bien à la soif de vengeance sadique et perverse de cet ennemi héréditaire (la France) de notre peuple qu'au froid calcul du Juif, qui y voit un moyen de commencer le métissage du continent européen en son centre et, en infectant la race blanche avec le sang d'une basse humanité, d'établir les fondations de sa propre domination (...) la pollution des races (est) le péché héréditaire de l'humanité », *Mein Kampf*, ch. 9, p. 388 sqq, cité in P.-A. Taguieff, *op. cit.*, p. 161.

(qui les a désavoués), ont tué quatre personnes dans une épicerie kasher à Jersey City. Une partie du mouvement Black Lives Matter penche également du côté de l'outrance gauchiste et de la judéophobie au nom de la lutte en faveur des Palestiniens[1]. Comme l'a bien vu l'écrivain anglo-nigérien Ralph Leonard, l'antisémitisme noir est de même nature que l'antisémitisme blanc. C'est la bonne vieille rengaine qui se reproduit chez les uns comme chez les autres[2]. La romancière afro-américaine Alice Walker, auteure à succès de *La Couleur pourpre,* militante propalestinienne et pro-BDS, a publiquement soutenu dans le *New York Times* un conspirationniste britannique, David Icke, qui voit dans le coronavirus « la création de la dynastie bancaire juive des Rothschild ». « Rendez-vous compte, a-t-elle commenté, nous parvenons enfin à prendre la mesure de l'invisible[3]. » George Floyd, si l'on en croit un article de Mediapart, aurait été tué par des policiers formés en Israël[4], information relayée par une députée

1. Telles la fondatrice de la Women's March Tamika Mallory, proche de Louis Farrakhan, ou Linda Sarsour, militante palestinienne proche du Hamas et islamiste convaincue.

2. Pour Chanda Prescod-Weinstein, il ne faut pas confondre les actes antisémites des Blancs avec ceux des Noirs. Ces sont les premiers qui seraient responsables des dérives éventuelles de certains Afro-Américains, prisonniers malgré eux des schémas antijuifs des suprémacistes blancs. Le déni est complet. Cité in Ralph Leonard, « Black or White, it's the same old anti-semitic pathology », *Quillette*, 7 janvier 2020.

3. InfoJmoderne, 31 mai 2020.

4. Philippe Giraldi (ancien officier de la CIA), « Des gilets jaunes à George Floyd. Comment Israël a militarisé la police occidentale »,

travailliste britannique et abondamment reprise sur les réseaux. Conclusion : ce sont des sionistes qui ont assassiné George Floyd ! En France même, 40 militants de la Tribu Ka, mouvement suprémaciste noir, défilent le 28 mai 2006 dans le quartier juif de la rue des Rosiers à Paris en proférant des insultes antisémites. Le mouvement est dissous, reconstitué sous un autre nom, à nouveau dissous, et son fondateur Kémi Séba, aujourd'hui réfugié au Bénin où il lance des anathèmes contre « la République maçonnique », condamné à un an de prison avec sursis. La Tribu Ka semble avoir été remplacée par une Ligue de défense noire africaine, groupuscule de provocateurs qui, non contents d'« excommunier » de la communauté africaine Sibeth Ndiaye, porte-parole du gouvernement Macron jusqu'en juillet 2020, ont manifesté notamment contre la tenue de l'exposition Toutankhâmon à Paris en avril 2019 en accusant les organisateurs d'avoir blanchifié les pharaons, lesquels selon eux étaient noirs, ce que les Égyptiens eux-mêmes récusent.

Des Shoahs à gogo

Plus les Juifs invoquent leurs malheurs passés, plus on les hait car ces vicissitudes éclipsent celles des autres communautés. Pour Houria Bouteldja, la Shoah n'est pas un détail, « elle n'est même pas dans le rétroviseur ».

Mediapart, 29 juin 2020.

« La Shoah ? Le sujet colonial en a subi des dizaines. Des exterminations ? À gogo[1]. » Non seulement la Shoah n'a pas servi d'antidote à l'antisémitisme mais elle l'a ravivé d'une flamme nouvelle : voilà qu'on envie aux Juifs leur tragédie. C'est une décoration de plus sur leur blason : l'uniforme du déporté est devenu un autre habit de lumière. Le monde ne pardonnera jamais Auschwitz aux Juifs, a dit le psychologue israélien Zvi Rex, dans une phrase détournée de Theodor Adorno. Comment faire le lien entre le survivant d'hier, auréolé de toute l'horreur du système nazi, et le colon d'aujourd'hui qui, en Israël, opprime les Palestiniens ? L'écrivain chilien Luis Sepúlveda, mort en 2020, avait établi une continuité sans équivoque :

> « Aujourd'hui comme hier, nous haïssons les nazis pour ce qu'ils ont fait subir aux Juifs, aux Tziganes, aux homosexuels, aux opposants. Aujourd'hui, demain, les Juifs seront haïs à cause de ce qu'une caste guerrière, commandée par Sharon, fait subir aux Palestiniens. À Auschwitz et Mauthausen, à Sabra, Chatila et Gaza, sionisme et nazisme se donnent la main[2]. »

« Il n'y en a que pour eux » : voilà ce qu'on entend de toutes parts. Les Juifs tirent toujours la couverture et gagnent sur tous les tableaux. Ce sont les « chouchous de la République », dit encore Houria Bouteldja,

---

1. Houria Bouteldja, *op. cit.*, p. 54 et p. 111.
2. Luis Sepúlveda, *Une sale histoire*, Anne-Marie Métailié, 2005, p. 44.

qui aurait fait une excellente commissaire aux Affaires juives (il n'est pas trop tard). Elle somme donc les Juifs français de répudier Israël. En l'espace de cinquante ans, selon elle, ils seraient « passés de parias à dhimmis de la République pour les besoins de l'État-nation et à tirailleurs sénégalais pour les besoins de l'impérialisme occidental[1] ». Bouc émissaire de l'Occident, jadis, le Juif est désormais, dans sa version sioniste, le parangon du colonialisme. Il est donc un Blanc à la racine carrée, un Blanc quintessentiel mais qui perd sur les deux tableaux. De là qu'en France le racisme et l'antisémitisme, jadis liés, soient de plus en plus dissociés. L'obsession identitaire a eu raison des grandes causes généralistes d'hier[2].

Classiquement, on distingue entre un racisme de supériorité et un racisme d'infériorité ; l'un est fondé sur le mépris, l'autre sur la jalousie. L'antisémitisme, disait Cioran, qui en connaissait un rayon, est le plus grand éloge jamais adressé aux Juifs. Comme le notait,

---

1. Houria Bouteldja, *op. cit.*, p. 51.

2. Si l'on compare les actes racistes, selon les statistiques données par le ministère de l'Intérieur, on constate qu'en 2018, les actes antisémites ont explosé de 74 % par rapport à l'année précédente, 514 pour 311 en 2017, et de 27 % en plus en 2019, 687, comprenant actions et menaces. Les faits antimusulmans étaient en 2018 à leur plus bas niveau historique depuis 2010 et, en 2019, leur niveau est resté relativement faible – 154 – malgré une fusillade devant une mosquée de Bayonne qui a fait deux blessés graves. Les actes antichrétiens comprenant profanations de cimetières et déprédations de bâtiments restent les plus nombreux (1063). Rappelons que les Juifs en France représentent 1 % de la population et les musulmans entre 8 et 10 %.

après Léon Poliakov, Vladimir Jankélévitch, la haine des Juifs ne s'adresse pas à l'autre mais à « l'altérité minimale », au presque semblable, à celui qui nous ressemble mais n'est pas nous, quoique proche. On lui prête une omnipotence dissimulée sous les atours de la faiblesse. Il endure les persécutions pour continuer à régner. Sa fragilité apparente cache mal sa volonté de puissance. Comme le disait la propagande nazie, le Juif est à la fois le bolchevique qui veut détruire le capitalisme et le financier qui le promeut. Il s'incarne sous une double espèce, ennemie en apparence, pour tromper l'humanité.

Le renversement des valeurs

La modernité, c'est aussi l'inversion des valeurs. Le fascisme contemporain est souvent antifasciste dans son énonciation : on l'a vu avec le gouvernement nationaliste de Milošević et ses alliés serbes de Bosnie, Ratko Mladić et Radovan Karadžić, durant la guerre en ex-Yougoslavie, qui justifiait ses menées criminelles et génocidaires au nom de la lutte contre un IVe Reich imaginaire[1]. La nouvelle peste brune se déguise en

1. Je renvoie ici à mon livre *La Tentation de l'innocence*, Grasset, 1995, chap. VI, « L'innocence du bourreau ». Sur ce thème, voir également l'article de Rémy Ourdan sur le négationnisme serbe à propos des crimes de masse des troupes de Ratko Mladić à Srebrenica, dignes héritiers des Einsatzgruppen allemands, et le rôle de faussaire moral du réalisateur Kusturica (« Balkans : le poison du

ennemie de la peste brune et celle-là est irréfutable, car elle comprend déjà sa propre critique (voyez en France les milices néomussoliniennes des Black Blocs et les groupes brun-rouge des antifas). La falsification est grossière mais elle marche. Pierre-André Taguieff l'avait noté : c'est lors de la conférence de Durban en 2000 que l'antiracisme officiel est devenu la courroie de transmission d'un nouvel antisémitisme, celui-là inattaquable car paré du bouclier de la vertu, du respect de l'Autre. Un renouvellement de la judéophobie d'hier reconvertie dans son contraire apparent : une divine surprise, comme le disait déjà Jankélévitch de l'antisionisme, le droit de haïr les Juifs en toute bonne conscience. Au nom de la lutte contre Israël, le premier devoir d'un antiraciste serait d'être antisioniste. On voit apparaître un nouveau venu dans la lutte politique : l'« antifasciste antisémite », comme l'étaient les profanateurs du cimetière juif de Sarre-Union qui promettaient de « combattre le nazisme… jusqu'au dernier Juif[1] ». L'oxymore est savoureux. La rhétorique antinazie est utilisée pour promouvoir l'idéologie même du nazisme : on ne comprend rien aux mouvements actuels si on ne prend pas en compte ce basculement. Marx décrivait déja l'idéologie comme étant « le monde à l'envers » qu'il se proposait de remettre sur ses pieds. Voilà qu'il est chaudement

déni, 25 ans après le massacre de Srebrenica », *Le Monde*, 10 juillet 2020).

1. Marion Van Renterghem, « L'antisémitisme impulsif de 5 gars "sans problèmes" », *Le Monde*, 20 février 2015.

recommandé d'être antisémite pour tuer le national-socialisme. Il est effroyable qu'une génération qui n'a pas connu la Seconde Guerre mondiale mais se réclame de la Résistance commence par reproduire les gestes des bourreaux.

Puisqu'une partie de la jeunesse manifeste, à juste titre, depuis le printemps 2020 contre les violences policières et le racisme, il faut aussi rappeler les crimes antisémites qui ont émaillé l'histoire française récente : depuis 2006, douze Juifs français ont été tués parce que juifs, de Ilan Halimi à Mireille Knoll, par des islamistes. Sans compter les 60 000 Juifs qui ont dû, depuis 2010, déménager, faute de pouvoir vivre dans des quartiers à majorité musulmane, où ils se sentent menacés. C'est l'alya intérieure, l'exil interne, reconnaissait le Premier ministre Édouard Philippe dans *L'Express*[1]. Rappelons que la ville de Malmö, dans le sud de la Suède, qui abrite une forte communauté arabe et une petite minorité juive, pourrait bientôt être *judenfrei* tant les attaques contre les Juifs rendent leur sécurité impossible. C'est au moment où les Juifs déparent dans le casting de la victime idéale qu'il leur devient difficile, voire dangereux, de se promener avec une kippa sans être insultés ou craindre pour leur vie. De nombreux enfants juifs ne peuvent plus être scolarisés dans certaines écoles publiques ni la Shoah

1. Vincent Mongaillard, « Antisémitisme : obligés de déménager parce que juifs », *Le Parisien*, 25 février 2019.

être enseignée dans de nombreux établissements, comme l'avait révélé le rapport Obin dès 2004[1].

Pour des accommodements raisonnables

L'Europe et la France ont, depuis quatre décennies, érigé toutes les barrières morales et juridiques pour prévenir le retour de « la bête immonde » (Bertolt Brecht). Mais elles peuvent, à l'occasion, comme la gauche travailliste britannique ou comme le mouvement La France insoumise dans l'Hexagone, pratiquer un antisémitisme par abstention au nom du clientélisme. Il y a une raison mathématique simple à cette attitude : en Grande-Bretagne comme en France, le vote juif est minoritaire (respectivement 290 000 et 500 000) par rapport au vote musulman (3 140 000 au Royaume-Uni, 5 à 7 millions en France). C'est ce qu'on a appelé le « théorème Boniface », du nom du politologue Pascal Boniface qui a, le premier, procédé à ce calcul pour le Parti socialiste au début du siècle (lui-même se défend de tout procès d'intention). Contraints de départager entre deux minorités, beaucoup d'intellectuels et de responsables politiques, par ailleurs sympathisants de la cause

1. Jean-Pierre Obin, *Les Signes et manifestations d'appartenance religieuse dans les établissements scolaires*, La Documentation française, 2004. Outre la Shoah, *Madame Bovary* était remise en question car c'était l'histoire d'une femme adultère, le plan des basiliques également, Voltaire aussi qui avait insulté le Prophète. Tous « haram », péché…

palestinienne, préfèrent, au nom d'un antiracisme strict, abandonner les Juifs au profit des musulmans, jugeant ceux-ci injustement favorisés, ceux-là injustement déshérités (en France principalement des Maghrébins, des Maliens et des Comoriens au contraire des musulmans britanniques, Pakistanais, Indiens, Bengladais, souvent plus aisés). Les actes de violence, les meurtres contre des Juifs français, les intimidations ont été expliqués par le malaise des jeunes de banlieue ou le conflit du Proche-Orient. Dans toutes les villes du Vieux Monde, maires et gouvernants, pour de simples raisons électorales, doivent trancher entre des communautés musulmanes fortes et une minorité juive. On imagine aisément lesquelles ils délaisseront pour glaner des voix.

N'est-ce pas en France le leader de La France insoumise, Jean-Luc Mélenchon, qui a accusé, sans motif, le lobby juif français ou plus exactement le Crif (Conseil représentatif des institutions juives) d'avoir causé la défaite de Jeremy Corbyn aux élections législatives britanniques de l'automne 2019 ? Le même Jean-Luc Mélenchon, laïcard revendiqué quand il s'agit du christianisme, n'a-t-il pas participé à un défilé contre « l'islamophobie » en novembre de la même année, aux côtés d'organisations connues pour leur radicalité ? Dans les deux cas, l'opportunisme inspire les engagements des élus.

Étrange spirale : l'antiracisme finit par sombrer dans ce qu'il dénonçait, la détestation d'un groupe précis, laquelle fait plus pour ressouder une communauté que les appels fades au « vivre ensemble ». Dès 1930, Sigmund

Freud avait prévenu dans *Malaise dans la civilisation* : « Il est toujours possible d'unir les uns aux autres par les liens de l'amour une plus grande masse d'hommes, à la seule condition qu'il en reste d'autres en dehors d'elle pour recevoir les coups. » Les Juifs représentent à cet égard le totem parfait : ils sont de par leur dispersion à la fois proches et lointains. Semblables et différents. Enfin, ils jouissent du privilège de l'antériorité et restent la cible privilégiée. Ils ont pour eux la force de la tradition. Une fois asséchée la ronde des boucs émissaires immatériels, le capitalisme, le libéralisme, l'argent, ils sont toujours là pour concentrer sur eux rage et frustration, de la part de l'extrême droite comme de l'extrême gauche, frères ennemis une fois encore. Les Juifs n'épuisent pas le racisme anti-Blancs mais ils en constituent un maillon important. Et même s'il n'y a sur cette planète que près de 14 millions de Juifs, leur résilience, leur entêtement à ne pas disparaître avivent l'hostilité qu'on leur voue. L'antisémitisme est une passion qui traverse les siècles et se nourrit tous les cinquante ans de sa réfutation. La Shoah n'a fait qu'attiser les braises de la haine.

CHAPITRE 15

Lumières ou romantisme ?

> « La France blanche n'existe plus et ceux qui ne l'aiment pas doivent la quitter[1]. »
>
> Rokhaya DIALLO

L'antiracisme est pris depuis ses origines dans une contradiction explosive : contraint de proclamer l'universalité du genre humain, il doit le défendre jusque dans ses particularités. À un universalisme éthéré, il préfère un universalisme incarné. « L'humanité est une mais elle parle plusieurs langues », disait déjà Raymond Aron. « Quiconque oublie l'un des deux termes retombe dans la barbarie. » On reconnaît là l'opposition entre les Lumières et le romantisme : les premières font appel à l'Homme majuscule, dégagé de toute contingence géographique ou culturelle, le second à l'inverse entend retrouver les hommes de chair, ancrés dans leur terroir, leurs patries, leurs idiomes. Y compris les peuples premiers.

1. Rokhaya Diallo, *À nous la France !*, Michel Lafon, 2017, p. 30.

L'humanité est une seule famille qui doit éviter le double cauchemar de l'uniformité et de la balkanisation.

Cultures subalternes, cultures intouchables

L'antiracisme ethnique ou confessionnel incline plutôt à l'éloge des petites différences qui isolent chaque groupe de tous les autres. Ainsi doit se comprendre la querelle de l'appropriation culturelle : à savoir la tentative exercée par les Blancs de dérober à des « groupes subalternes » leurs traits distinctifs. Il est déconseillé, par exemple, de vendre des burritos si l'on n'est pas mexicain. En 2017, un couple d'Américains « blancs » de la côte Ouest qui avait ouvert un camion-restaurant vendant de tels produits reçut des menaces de mort et dut fermer son commerce[1]. Devrions-nous, en tant que Français, interdire aux consommateurs américains de manger des frites (*french fries* en anglais), des baguettes ou des croissants ? Un Blanc n'a pas le droit de porter des dreadlocks, qui appartiennent à la culture jamaïquaine, de pratiquer l'« appropriation capillaire », ni un écrivain d'imaginer des personnages de couleur[2], ni Elvis Presley de chanter la musique des Noirs[3]. Le peintre

1. Cité in Douglas Murray, *op. cit.*, p. 147.

2. C'est la mésaventure arrivée à Timothée de Fombelle, auteur à succès pour la jeunesse, parce que le personnage de son dernier ouvrage, *Alma*, est une jeune fille noire : son éditeur américain, Walker Books, a décidé en 2020 de ne pas le publier.

3. Autant d'exemples donnés par Géraldine Smith, *op. cit.*, pp. 257-259.

Hervé Di Rosa, chargé d'illustrer en 1991 sur les murs du Palais Bourbon les grands faits de l'Assemblée nationale, dont l'abolition de l'esclavage de 1794, a été accusé de racisme par l'universitaire Mame-Fatou Niang au motif que ses personnages féminins ont de grosses lèvres rouges qui empruntent « à la fois aux publicités Banania et à *Tintin au Congo* ». En réalité, le crime de Hervé Di Rosa, qui peint toujours des visages outrés, des bouches lippues, dans la tradition d'une certaine bande dessinée, est d'être blanc et d'oser peindre des hommes et des femmes noirs. Un simple coup d'œil à la peinture africaine contemporaine montrerait que les artistes locaux ne procèdent souvent pas autrement, qu'il s'agisse de l'école de Poto-Poto au Congo-Kinshasa ou de JP Mika et de beaucoup d'autres.

Interdiction également à un « dominant » de faire du yoga, pratique gymno-respiratoire de sociétés colonisées, de jouer un handicapé si l'on est en pleine santé ou de chanter des gospels si l'on n'est pas noir[1]. Il s'agit dans tous les cas de larçins effectués contre d'anciens dominés ou colonisés. Il est défendu de se mettre à la place des autres car chaque culture est une île et s'installer sur cette île, c'est en exproprier les habitants. Justin Trudeau, Premier ministre canadien, a dû s'excuser platement d'avoir pratiqué le *black face* en 2001 lors d'une fête étudiante : il était déguisé en Aladin avec du maquillage foncé. Il récidivera en s'habillant en mage indien et en sikh pieux lors

1. Mathieu Bock-Côté, *L'Empire du politiquement correct*, Le Cerf, 2019, p. 184.

d'un voyage calamiteux à Delhi en février 2018. Justin Trudeau est vraiment le Fregoli du Canada, capable de s'incarner dans tous les costumes, tous les personnages. Quant à la célébration d'Halloween aux États-Unis, elle est devenue un casse-tête tant la crainte est forte d'arborer un costume qui blesse tel ou tel membre d'une « minorité opprimée ».

Lorsque la réalisatrice Kathryn Bigelow, en 2017, tourne un film à gros budget, *Detroit*, sur les émeutes raciales de 1967 dans cette ville, elle est immédiatement attaquée en tant que Blanche sur sa prétention à s'emparer des histoires ethniques des Afro-Américains. Au Québec, le metteur en scène Robert Lepage a dû renoncer en 2019 à sa pièce *Kanata* (« le village » en langage huron) qui porte sur l'histoire des premiers habitants du Canada parce qu'il n'y avait pas d'acteurs autochtones dans le spectacle. Finalement Ariane Mnouchkine le montera en France au Théâtre du Soleil puisque dans sa troupe se mêlent des Indiens, des Afghans et des Sud-Américains : en quoi est-ce plus acceptable puisque les Afghans, les Sud-Américains et les Indiens du sous-continent n'ont aucun rapport avec les Amérindiens du Canada ? Seuls les peuples premiers auraient le droit de parler des peuples premiers, les Noirs des Noirs, les Indiens des Indiens, et les Blancs n'auraient que le devoir de faire pénitence. On en a vu un autre exemple cocasse quand la candidate démocrate aux élections américaines, Elizabeth Warren, s'est en 2019 revendiquée d'une ascendance amérindienne à la suite d'un test ADN approximatif qui a été réfuté notamment par la nation Cherokee et lui a valu de la part de Donald Trump le sobriquet de « Pocahontas ». Au Canada, Yolanda Bonnell, une dramaturge d'origine ojibwe (ensemble de tribus du nord de l'Amérique) et sud-asiatique, par ailleurs queer, demande aux critiques blancs de ne pas écrire sur sa pièce[1]. Elle exige que « seuls des indigènes noirs et personnes de couleur rendent compte du spectacle ». Les Blancs ont le droit d'y assister (« il est important que des témoins soient là pour comprendre les effets toujours actuels du colonialisme ») mais ils doivent garder le silence sur ce qu'ils ont vu. La bouffonnerie atteint ici un sommet : le narcissisme minoritaire retrouve dans sa mégalomanie les mœurs d'Ancien Régime. Ces micro-événements, comme l'a bien vu Mathieu Bock-Côté, ne sont pas des anecdotes mais des faits politiques qui doivent symboliser le pillage systématique des peuples dominés par la culture occidentale.

Ce repli est aussi le symbole d'une véritable solitude métaphysique. Quand une sociologue américaine, Alice Goffman, publie une enquête sur la jeunesse noire des ghettos, sur le harcèlement policier dont celle-ci est l'objet et sa « précarité judiciaire »[2], elle fait l'objet d'une polémique : de quel droit une Blanche vient-elle offrir le récit du malheur noir ? On relève dans une contre-enquête une série d'erreurs flagrantes même si, au final, le livre est réédité et réhabilité par le *New York Times*, le Vatican

1. David Caviglioli, « Une dramaturge canadienne demande aux critique blancs de ne pas écrire sur sa pièce », *Biblio Obs*, 19 février 2020.

2. Alice Goffman, *L'Art de fuir. Enquête sur une jeunesse dans le ghetto*, Le Seuil, 2020.

intellectuel de la gauche, qui lui accorde son imprimatur. Dans sa postface, le sociologue Didier Fassin, pourtant peu suspect de complaisance et lui-même professeur à Princeton, remarque qu'« on ne peut occulter l'existence d'une suspicion a priori dans les milieux intellectuels afro-américains radicaux, à l'encontre des chercheurs blancs enquêtant dans les milieux noirs, héritage d'une longue domination raciale à laquelle le monde académique a contribué ». Tout cela est exact, mais alors pourquoi s'intéresserait-on au malheur de la communauté afro-américaine si elle ne veut parler que d'elle-même à elle-même ? Ce séparatisme identitaire rend toute reconnaissance difficile.

On postule une affinité exclusive entre un groupe donné et ses manifestations cuturelles (Thomas Pavel[1]), lesquelles agissent comme révélateur de ses malheurs. Mais en réalité, qu'est-ce qui relie les cultures mexicaine, amérindienne, thaïe, samoa, dogon ou massaïe, toutes si diverses et sans lien les unes avec les autres hormis la présence, tapie dans un angle obscur, du Blanc infâme ? C'est une corrélation négative. L'identité personnelle, reflet de l'identité collective, serait donc « le trésor le plus sacré[2] ». On est rivé à ses racines comme l'huître à son rocher. Au nom d'une critique de l'universalisme abstrait des Lumières, les différentialistes incarcèrent chacun dans sa

1. Thomas Pavel, « Le rejet des classiques », *Le Messager européen*, 1991, p. 116.

2. Laurent Dubreuil, « Contre la politique d'identité », *Le Débat*, novembre-décembre 2018, p. 142.

geôle communautaire : défense de sortir de soi ! Dire je, ce serait toujours dire nous, confirmer une appartenance plus qu'annoncer une innovation. La célébration des racines, jadis thème de droite, est désormais revendiquée par la gauche : on s'enivre jusqu'à l'extase de sa singularité, *women studies, black studies, trans studies*. Alors que la culture noire américaine fait partie des trésors de l'humanité, qu'elle a inventé le blues, le jazz, la soul, le hip-hop, qu'elle brille dans la peinture et la littérature, on revendique de la garder pour soi : défense d'imiter. Une Jessye Norman recevant la révélation de la musique classique par la retransmission radiophonique, un samedi après-midi, de *Lucia di Lammermoor* de Donizetti ou Barbara Hendricks, remarquée par un mélomane dans une église pauvre du Sud alors qu'elle entonnait des cantiques, seraient-elles accusées de nos jours de trahison culturelle ? Et que dire d'Aretha Franklin chantant l'*Ave Maria* de Schubert et instillant les accents et les rythmes du Negro spiritual dans cet hymne sacré, produisant une bouleversante polyphonie ? Nina Simone a souvent dit son malheur de ne pas avoir fait une carrière de pianiste classique en raison de sa couleur de peau. On s'en veut de rappeler cette évidence : en matière de musique, de peinture, de littérature, d'alimentation, l'audace est dans l'emprunt, la citation, le jeu des influences, puisque l'art ne connaît ni cloisons ni frontières (la chanteuse béninoise Angélique Kidjo ne parle-t-elle pas à ce propos d'expansion culturelle ?). Que serait la grande romancière afro-américaine Toni Morrison sans la double filiation de William Faulkner et de Virginia Woolf ?

Le mot d'ordre, désormais, c'est l'authenticité : la coïncidence du microcosme individuel et du macrocosme communautaire. Rappelons que *authentos,* en grec, comporte toujours une connotation agressive : cela signifie avoir les pleins pouvoirs et commettre un meurtre[1]. On affiche sa singularité en intimant aux autres l'ordre de la reconnaître et de la respecter. On parle toujours « en tant que femme, en tant que gay, en tant qu'Hispanique », ce qui invalide tout point de vue partagé, comme l'a bien remarqué Mark Lilla au lendemain de la défaite de Hillary Clinton en 2016[2]. Il expliquera ensuite cette déroute par une campagne axée sur le clientélisme communautaire et conjurera les démocrates américains de retourner à l'inspiration de Roosevelt pour retrouver le souci du bien commun[3]. Songeons que la théoricienne américaine Iris Young (1949-2006) est allée jusqu'à proposer une citoyenneté différente pour chaque minorité, avec des droits, des codes civil et pénal divergents, parachevant l'éclatement de toute communauté nationale. Position qui nous rapproche de l'apartheid sud-africain. L'être humain est attachement et arrachement. Pour que l'attachement ne soit pas une chaîne, il doit y avoir un arrachement possible, un éloignement de son lieu d'origine.

---

1. Lionel Trilling, *Sincérité et authenticité*, Grasset, 1994, p. 158.
2. Mark Lilla, « The end of identity liberalism », *The New York Times*, 18 novembre 2016.
3. Mark Lilla, *La Gauche identitaire. L'Amérique en miettes*, Stock, 2018.

Les ponts ou les cloisons

Cette exigence de faire corps avec ce qu'on est nous ramène aux théories les plus rétrogrades de l'appartenance. L'identitarisme demande à chacun de se confondre avec ses origines, son ethnie, sans chercher à en sortir. De là qu'un certain antiracisme oscille en permanence entre deux propositions : soit il prône le mélange de tous avec tous, le bol de salade (en anglais *salad bowl*) en lieu et place du creuset (*melting pot*), soit il recommande l'étanchéité. La communion ou la séparation. D'un côté les cloisons qui divisent les hommes sont infranchissables, de l'autre elles ne sont que des membranes aisément traversables. On oscille entre l'indifférenciation et le patriotisme ethnique.

La première version fut incarnée dans les années 1990 par la campagne photographique de Benetton : la fusion progressive de tous les peuples de la Terre, blanc, noir, asiatique, homme ou femme, vieux ou jeune, en une même personne, toujours identique et toujours différente, sans âge ni couleur. Les êtres humains sont un seul et même visage, qui se réincarne, sous des apparences diverses, dans un kaléidoscope vertigineux. À l'inverse, la différence que représente autrui à mon égard est une barrière que je ne devrais même pas songer à renverser. On n'est pas loin de la philosophie de la ségrégation qui divisait les hommes en catégories étrangères dans la même société. Les communautés, comme les religions, ont ceci de plaisant qu'elles déchargent les individus de choix personnels compliqués et leur indiquent la marche à suivre : il suffit de se conformer au dogme ou à la tradition. Les noces heureuses avec soi-même : voilà ce que permet l'éthnicité, le droit d'embrasser et de cultiver passionnément ses racines.

Les barrières raciales sont plus étanches que celles des genres. S'il est possible pour un homme de devenir femme et vice versa, ou pour un individu de se revendiquer des deux parties de l'humanité, en revanche il est difficile pour le moment d'être transracial. Dans la hiérarchie des minorités, comme l'ont bien noté Eric Kaufmann et Laurent Dubreuil, la couleur de peau est un avantage supérieur à l'orientation sexuelle[1]. Elle n'est pas négociable, elle constitue une de ces frontières que nul n'a le droit de franchir, même avec le passeport de la bonne volonté progressiste. On y voit au mieux une dérobade, au pire une parodie humiliante. Ainsi, lorsque la féministe Rebecca Tuvel plaide en faveur d'un transracialisme[2] qui pourrait se dérouler sur le même mode que le transgenrisme, elle est violemment dénoncée : si ce particularisme peut être acquis pour certains, il est perdu pour d'autres. Un simple déguisement et quelques arrangements cosmétiques en font une option parmi d'autres. Votre couleur de peau cesse d'incarner la charge tragique de la condition noire (ou indienne ou indigène) qui devient une pos-

1. Eric Kaufmann, *op. cit.*, pp. 311 sqq. et Laurent Dubreuil, *op. cit.*, pp. 48-49.

2. Rebecca Tuvel, « In defense of transracialism », *Hypatia*, 29 mars 2017.

sibilité parmi d'autres (en revanche, rien n'est dit sur les femmes noires, nombreuses, qui se défrisent les cheveux ou tentent de se blanchir la peau).

La même mésaventure est arrivée à une autre activiste, Rachel Doleza, responsable du comité de la NAACP (Association nationale pour l'avancement des personnes de couleur) de Spokane (État de Washington). Femme de caractère, elle a épousé un Afro-Américain dont elle a eu des enfants et se présente depuis toujours comme une Noire[1], se dessinant enfant avec un crayon marron alors que ses parents biologiques sont des Blancs du Montana. Là est son crime. Elle a été exclue de son université, conspuée et renvoyée à sa blanchité. Le fait qu'elle ait pu si longtemps se faire passer pour afro-américaine constitue un scandale. La fluidité a des limites : s'il est interdit de se faire passer pour noir, c'est que la nature et la biologie n'ont pas perdu tous leurs droits. Malheur aux tricheurs : si une femme blanche pouvait devenir noire, cela voudrait dire que la fameuse ligne de couleur est une fiction et que les bénéfices secondaires tirés de ce statut sont eux-mêmes fictifs. C'est vraiment le spectre de la dilution qui rend les gens fous.

La preuve par les métis

Si jamais les Blancs disparaissaient, comme semblent le souhaiter certains, ils seraient donc remplacés par des

1. Laurent Dubreuil, *op. cit.*, pp. 50-51.

Chocolat-clair, des Café-au-lait selon tout un spectre polychrome à décliner. Croire que le métissage éludera, comme par miracle, toute ségrégation parce que chacun portera l'autre en lui relève de la naïveté. La méfiance que suscitent, chez les enragés du classement, les mulâtres ou les quarterons suffit à dissiper l'illusion d'une cohabitation heureuse. Le métis est coupable d'être flou sur l'échelle des distinctions.

> « Je suis né en France et je peine à m'identifier à un Noir ou à un Blanc. Je suis quelquefois noir, quelquefois blanc, un peu des deux la plupart du temps. Ou plutôt ce sont les autres qui, au hasard d'une réflexion ou d'un lapsus, me blanchissent ou me noircissent à loisir[1]. »

Le grand écrivain ivoirien Ahmadou Kourouma disait plus cruellement, faisant référence aux temps anciens de la colonie :

> «… quand tu rencontres un mulâtre, tu es en face d'un homme malheureux de ne pas être un Blanc mais heureux de ne pas être un Noir. La vie est toujours douloureuse pour les gens qui aiment ceux qui les excluent et méprisent ceux qui les acceptent[2]. »

Aux siècles derniers, en Amérique latine, les maîtres espagnols ou portugais s'attachèrent à créer une stratification

---

1. Fabrice Olivet, *op. cit.*, p. 8.
2. Ahmadou Kourouma, *En attendant le vote des bêtes sauvages*, Points-Seuil, 2000, p. 106.

sociale maniaque fondée sur la couleur de peau : métis pour le produit d'une union entre un Européen et une Indienne, mulâtre pour celui d'un Noir et d'une Espagnole, zambos pour les personnes issues d'unions entre Noirs et Amérindiens, sans compter toutes les nuances que l'on retrouve aux Antilles françaises, quarteron, quinteron, octavon, dans une sorte de dégradé sans fin[1]. Dans les années 1990, la guérilla maoïste du Sentier lumineux, au Pérou, mouvement indigéniste, proposait l'élimination physique de tous les métis, les traîtres à l'indianité. Tous ces « sang-mêlé », Eurasiens, Afro-Asiens, tous ces hybrides à la peau claire et aux cheveux crépus expérimentent souvent le rejet des deux groupes dont ils sont issus : à la fois dedans et dehors, inclassables. Ces caméléons, passionnants personnages pour les romanciers (songeons à V.S. Naipaul ou Hanif Kureishi), déchirés entre deux cultures, deux continents, portent en eux toutes les malédictions de leur héritage. *Inky* (noir comme de l'encre), ainsi appellait-on les élèves indiens dans les collèges britanniques au temps du Raj. Mais les Anglo-Indiens n'étaient eux-mêmes qu'une « caste de demi-Blancs, conçus dans l'intérêt des Anglais pour jouer les contremaîtres[2] ». Traîtres aux yeux des Indiens, ils étaient pour les Anglais des « bâtards » d'ascendance inconnue issus « de la débauche d'un vulgaire trouffion britannique » et qui ne produiraient probablement « qu'une portée de noirauds ».

---

1. Christian Delacampagne, *op. cit.*, pp. 143-144.
2. Bunny Suraiya, *Adieu Calcutta*, Albin Michel, 2015.

Si la réprobation envers les « Blancs » venait à se généraliser en Europe, elle pourrait toucher aussi les métis, pas assez ou trop clairs[1]. Par un paradoxe qui rappelle le terrible adage nord-américain « une seule goutte de sang noir suffit à gâter les plus belles carnations », voilà qu'une goutte de sang blanc pourrait vous précipiter dans le camp des dominants. Même s'il s'agit là de notions viciées – elles supposent des identités parfaites altérées par le mélange – il n'en reste pas moins troublant de défendre, au nom de l'antiracisme, la pureté ethnique et identitaire. Ainsi, lors d'un rassemblement de soutien à Adama Traoré et « contre le racisme », le 2 juin 2020 à Paris, un policier noir a-t-il été traité de « vendu » ; « tu n'as pas honte d'être de leur côté ? » le haranguèrent certains participants (il a porté plainte entre-temps avec d'autres collègues victimes des mêmes insultes). C'est vraiment la victoire posthume du IIIe Reich : qui aurait pu imaginer que soixante-quinze ans après la mort d'Adolph Hitler, le cri de « Traître à ta race » retentirait dans les rues de Paris de la part de manifestants « antiracistes » ? D'autres fonctionnaires sont qualifiés d'« Arabes de service » ou de « Nègres laquais ». Les mêmes qui se réclament de la diversité refusent que la police française inclue dans ses rangs des Noirs, des Arabes, des Asiatiques ! Mélanine contre leucoderme : tous les parjures, les vendus, seront

1. Rappelons que les « libres de couleur », les métis afro-caribéens révoltés, ont joué un rôle important dans l'abolition de l'esclavage puisqu'ils ont forcé « l'autorité coloniale à reconnaître qu'un individu non-blanc peut être libre » (in Frédéric Régent, *La France et ses esclaves,* Grasset, 2007, p. 211).

donc qualifiés de Blancs, de Bounty, de Cappuccinos, d'Oncle Tom, noir dehors, blanc dedans. Malcolm X lui-même ne traitait-il pas Martin Luther King de « Nègre de maison », de larbin au service des maîtres[1] ? On veut absolument racialiser à loisir les désaccords : dans la communauté musulmane d'origine maghrébine, on stigmatise les « collabeurs » qui s'éloignent de l'islam, on les dit vendus aux « kouffar », aux infidèles. Si un Noir pense autrement que ses « frères », il pense comme un « toubab », il est forcément un traître à la cause. Il passe donc dès lors pour le « jaune d'un syndicat ethnique » voué à la défense d'intérêts communautaristes[2].

On sait que les métis, surtout aux Antilles, sont vus parfois comme des agents doubles portant en eux la coexistence redoutable du maître et de l'esclave (à quoi s'ajoute la rancœur envers les Africains qui ont vendu leurs ancêtres aux négriers européens ou arabes). « Je suis génétiquement situé dans le camp des victimes et des bourreaux », dit très clairement Fabrice Olivet, écartelé entre deux allégeances. Et l'on a pu expliquer l'évolution antisémite du comique Dieudonné, métis franco-camerounais,

1. « Si, d'une manière générale, il est théoriquement faible et moralement pas très loyal de rejeter un argument ou une position en les renvoyant à la "race" de celui qui parle, que dire de l'attitude qui consiste à discréditer les universalistes, noirs ou arabes ou autres, en les traitant de "Blancs" ! C'est parler comme s'ils étaient des traîtres à leur "race", sociale bien sûr » (Stéphanie Roza, *op. cit.*, p. 157).

2. Jim Sleeper, *Du racisme libéral. Comment la fixation de la race a tué le rêve américain*, Rowan and Littlefield Publishers, Boston, 2002, cité in Géraldine Faes et Stephen Smith, *Noirs et Français !*, 2007, Pluriel, p. 385.

comme symptôme d'une identité africaine incertaine donc surjouée. L'hésitation sur les cas douteux : c'est ce qui poussait jadis le Recensement américain à classer, dans telle famille, plusieurs membres comme mulâtres en 1880, noirs en 1900, mulâtres à nouveau en 1910 avant d'être blancs à nouveau en 1920. Si les « Blancs » devaient disparaître un jour, remplacés par de multiples formes de métis, alors ces derniers occuperaient peut-être la place délicate jusqu'alors assumée par les premiers. L'hystérie de la pureté jouerait en ce sens comme elle put jouer en sens inverse au siècle dernier.

L'épiderme est-il politique ?

Aux États-Unis, quiconque sympathise avec le « pouvoir blanc » perd les qualités inhérentes aux Afro-Américains. Être gay ou noir est une identité politique à laquelle il ne faut pas déroger. Le chanteur et producteur Kanye West, mari de Kim Kardashian, n'a-t-il pas été symboliquement expulsé de la communauté noire parce qu'il soutenait Donald Trump ? Peter Thiel, homosexuel et fondateur de PayPal, fut, pour les mêmes raisons, chassé de l'« Église gay » (Douglas Murray[1]). L'écrivain Ta-Nehisi Coates a expliqué que Kanye West n'était pas un « libre penseur » mais un champion de la « liberté blanche »[2]. Joe Biden lui-même, dans une embardée

1. Douglas Murray, *op. cit.*, p. 152.
2. *Ibid.*, p. 157.

malheureuse, a décrété sur une radio, le 22 mai 2020, qu'un Noir qui vote Trump n'est pas un Noir. Il a retiré ensuite ces propos. Une chose est de vouloir terrasser le vieux préjugé en usage dans l'islam et le christianisme qui associait la noirceur de la peau à la noirceur de l'âme, « la malédiction de Cham[1] ». Une autre est d'exalter la négritude, l'afro-centrisme, d'en faire des modes de pensée radicalement différents, d'établir un lien entre le patrimoine génétique d'un individu et ses qualités intellectuelles ou morales avec, comme aux temps des colonies, les attributs d'infériorité ou de supériorité des uns et des autres[2]. Y a-t-il une raison noire, une raison blanche, comme il y avait jadis une science prolétarienne et une science bourgeoise ? La biologie détermine à nouveau les personnes comme dans les postulats du racisme « scientifique » au XIXe siècle.

L'acharnement avec lequel certains courants « progressistes » piétinent ce qu'ils appellent les « Blancs » tout

1. Justification religieuse qui explique la mise en esclavage des Noirs par la Genèse. « Noé travaillait une vigne. Un jour il en but le vin et s'enivra. L'un de ses fils, Cham, se serait alors moqué de lui, à la différence de ses autres frères, Sem et Japhett. Lorsque Noé fut mis au courant, il maudit Canaan, le plus jeune fils de Cham, déclarant qu'il serait "pour ses frères l'esclave des esclaves" », in Olivier Pétré-Grenouilleau, *Les Traites négrières. Essai d'histoire globale*, Gallimard, 2005, p. 31.

2. Sur l'afro-centrisme, il existe une véritable bibliothèque en anglais comme en français. Sur la figure controversée de Cheikh Anta Diop (1923-1986), inventeur de l'Égypte africaine, voir Catherine Coquery-Vidrovitch qui en trace un portrait nuancé et plutôt positif dans *Le Débat*, n° 208, janvier-février 2020, pp. 178 sqq.

en expliquant qu'il n'y a pas de discrimination à leur égard est étrange. Pour eux, évoquer un racisme anti-Blancs, c'est parler la langue du Rassemblement national car les victimes du racisme ne peuvent pas être racistes. Elles sont indemnes des préjugés qui frappent la majorité de la population[1]. Or c'est l'inverse qui se produit : en France, le racisme et l'allergie à l'autre se multiplient à vitesse exponentielle entre groupes et communautés, gens du voyage, Roms, Maghrébins, Africains, Tchétchènes, Vietnamiens, Chinois[2], Juifs, « Gaulois » : tout s'explique désormais en termes de physique, de pureté de sang et de différence. Sans compter l'homophobie et la transphobie dominantes dans les « quartiers ». Les fous de la Race prolifèrent comme les fous de Dieu et avec la même intransigeance. L'antiracisme affiché est un boomerang qui revient en force contre ceux qui s'en proclament les détenteurs. Ils font la leçon aux autres, ils méritent d'en recevoir une. Voilà que renaît l'obsession du pedigree, des vieilles distinctions issues de l'esclavage. On ravive les blessures qu'on est censé colmater. Fin du concept d'humanité, comme unité du multiple, triomphe de l'arène, de l'enclos comme assemblage d'espèces incompatibles.

---

1. Damien Charrieras, « Racisme(s) ? Retour sur la polémique du "racisme anti-Blancs" en France », in *De quelle couleur sont les Blancs ?*, *op. cit.*, pp. 244 sqq. L'abjection raciste est redoublée ici par son déni.

2. En août 2016, des milliers d'Asiatiques ont défilé dans les rues de Paris pour réclamer plus de sécurité et dénoncer les attaques dont ils étaient l'objet de la part de jeunes de banlieues « racisés ».

Société post-raciale ou hyper-raciale ?

Reste à savoir comment va évoluer la « stigmatisation » du Blanc, homme ou femme, si elle va s'accentuer aux États-Unis alors que dans ce pays, la part des « Caucasiens » sera inférieure à 45 % en 2050, selon une projection de 2018 du US Census Bureau. Mais par un préjugé lui-même racialiste, le Bureau américain du recensement considère comme « blanc » celui ou celle dont les deux parents le sont également. C'est oublier que beaucoup d'enfants issus de mariages entre Asiatiques, Hispaniques et Blancs se considèrent eux-mêmes comme Blancs. Le Blanc va-t-il absorber les Asiatiques et les Hispaniques par des mariages interethniques de plus en plus nombreux au prix de « blanchir » ces derniers ? En d'autres termes, assiste-t-on à l'élargissement du groupe « blanc » plutôt qu'à sa disparition[1] ? Cela voudrait dire que l'Amérique restera culturellement blanche malgré l'accroissement de la population latino, elle-même à gauche sur le plan économique mais plutôt conservatrice sur les sujets culturels. Contrairement aux prédictions des suprémacistes, il se pourrait que les « Caucasiens » demeurent l'ethnie leader à l'intérieur d'une créolisation généralisée. Les « Blancs », numériquement déclinants, garderont une certaine prééminence économique[2], même s'ils sont talon-

1. C'est l'hypothèse toute en nuances d'Eric Kaufmann, *op. cit.*, pp. 414-415.

2. Richard Alba, « The myth of a white minority », *The New York Times*, 11 juin 2015. En 2018, le revenu médian des ménages blancs était de 70 % supérieur à celui des ménages noirs, 70642 dollars

nés, voire dépassés, par les Asiatiques. Mais les États-Unis, de par leur ADN historique, resteront soumis à une malédiction persistante : bousculer les ségrégations pour mieux les recréer, se contenter de porter au pinacle une minorité pour en rabaisser une autre en attendant la suivante. Combien plus exigeante semble la conception française de la citoyenneté universelle et de la laïcité, même si certains esprits colonisés voudraient installer chez nous une « démocratie raciale et sexuelle » (Éric Fassin), c'est-à-dire un apartheid aménagé et non subi[1].

À moins d'être une juxtaposition d'affligés qui récitent leurs malheurs et brandissent leurs griefs, une nation est d'abord un esprit collectif lié par une langue, fondé sur une histoire et une mémoire communes et tourné vers l'avenir. C'est plus que jamais l'indifférence proclamée à l'identité, à la religion, qui fonde la grandeur du contrat social. La meilleure victoire sur les oppresseurs et exterminateurs d'hier, c'est la coexistence dans nos sociétés de populations que les préjugés et les mentalités décrétaient jadis incompatibles, c'est l'accès des anciens dominés au rang de semblables. Des millions d'hommes d'origines diverses doivent apprendre à vivre côte à côte : leurs ancêtres se sont peut-être entretués pour des motifs qui semblent désormais obscurs ou absurdes. Ils peuvent

---

contre 41 692. La malédiction de la communauté afro-américaine, malgré la constitution d'une bourgeoisie noire, c'est l'absence d'un patrimoine solide sur plusieurs générations.

1. Éric Fassin, « La fin de l'exception raciale en France » *Libération*, 11 juin 2020.

continuer à cultiver une mémoire agressive, rivaliser dans la rancœur. Ou bâtir à l'inverse un projet commun. D'un mot et pour le dire en deux temps : quiconque n'aime pas les Noirs, les Arabes, les Indiens, les Asiatiques, les homosexuels, les femmes libres, les laïcs, les athées, quiconque est hostile à la diversité des physionomies, à la pluralité des modes de vie, à la tolérance religieuse, ne doit pas vivre dans les métropoles occidentales. Il s'est trompé de siècle, pour reprendre une célèbre expression de Trotski. Mais quiconque ne supporte pas la vue des « faces de craie », des « leucodermes », et souhaite les asservir, les humilier, les traiter comme une sous-humanité se fourvoie également et devrait changer de mentalité ou s'expatrier sous des cieux plus cléments. Car, à moins d'une catastrophe, il est vraisemblable que l'Europe restera majoritairement de peau claire. Un antiracisme éclairé devrait être une sagesse de la coexistence quand des individus de toutes cultures se côtoient dans un même espace. Il devrait aussi inclure une intelligence du discernement et distinguer ce qui relève du préjugé, de l'ignorance ou de la volonté de nuire. L'idéal serait d'en arriver à l'indifférence à la couleur, à l'ethnie, à ne voir que des talents, des noms propres, des réussites exceptionnelles et non des individus encastrés dans des catégories préexistantes. On en est plus loin que jamais. « Black lives matter » (les vies noires importent), disent les Afro-Américains. « All lives matter » (toutes les vies comptent), devraient leur répondre les Français. Ne divisons pas l'humanité.

Il faut unir les hommes par de grands desseins, sauf à les voir s'entretuer pour de misérables querelles et de non moins misérables pourcentages de sang. Le désintérêt envers la couleur de peau fait partie de ces utopies dont le monde a besoin comme horizon éthique[1] tout en sachant qu'elle se heurtera toujours aux préjugés, aux aversions. C'est à l'élargissement de la famille humaine qu'il faut travailler, non à la rumination sans fin des malheurs passés. Reconstituer, à coups de sophismes, une race maudite et des ethnies bénies, c'est retomber dans une nouvelle hiérarchie, la brute brune ayant remplacé la brute blonde. Où est le progrès ?

1. Pour beaucoup aux États-Unis, la vieille idée de Martin Luther King selon laquelle l'indifférence à la couleur de peau est la noblesse des sociétés civilisées est vue comme raciste. Un certain Eduardo Bonilla-Silva, professeur à Duke, y voit même le triomphe du racisme (Douglas Murray, *op. cit.*, pp. 126-127). L'auteur explique que l'élection d'Obama est la manifestation de cette cécité à la couleur qui constitue le comble du racisme. On comprend qu'il y a là une niche professionnelle à exploiter et que l'indifférence à la question raciale serait une très mauvaise nouvelle pour ceux qui en vivent. Le racisme est une double abomination : pour ceux qui en souffrent et ceux qui en vivent grassement comme d'une rente.

TROISIÈME PARTIE

Fermer les yeux du vieil Européen ?

> « Le monde a changé. La France de Clodion le Chevelu, de Jeanne d'Arc, de Philippe Pétain, de Charles de Gaulle n'est plus ! Aujourd'hui c'est la France de la Ligue de défense noire africaine. »
>
> Ligue de défense noire africaine, 2020[1]

> « Je préfère vos condamnations à vos condoléances. »
>
> Golda Meir, 1969

1. Son président, Egountchi Behanzin, soutient que l'État français est « totalitaire, terroriste, esclavagiste, colonialiste » et en appelle au « renommage (*sic*) des rues, places et lycées ». Il demande également que Montesquieu, Napoléon et de Gaulle soient remisés dans « un musée des mauvais hommes » qui serait « le pendant négatif du Panthéon ». Stéphane Kovacs, « Statues vandalisées : ces activistes qui veulent "purifier" l'histoire de France », *Le Figaro*, 26 juin 2020.

CHAPITRE 16

La peur de l'Autre ?

En 2011, un film français connut un immense retentissement : *Intouchables*, avec Omar Sy et François Cluzet. L'Histoire est celle d'un riche tétraplégique, Philippe, qui engage un aide-soignant, Driss, jeune Sénégalais de banlieue qui sort de prison pour braquage de bijouterie. Entre ces deux hommes, issus d'univers aux antipodes, naît une amitié touchante. On peut voir ce film comme l'éloge de la tolérance et de l'humour contre les préjugés[1] mais le lire aussi comme une métaphore du déclin du vieil Européen, malade, régénéré par un Africain dynamique qui lui fait redécouvrir le parapente, la voiture et le shit (Jean-François

1. La bêtise étant insondable, le film *Intouchables* fut aux États-Unis soupçonné de racisme par le magazine *Variety*. Un certain Jay Weissberg accuse les réalisateurs de flirter avec un « racisme digne de l'Oncle Tom » et qualifie Omar Sy de « singe de compagnie qui apprend au Blanc coincé comment s'amuser » (*Variety*, 29 septembre 2011). L'intéressé appréciera la comparaison.

Braunstein)[1]. Une civilisation déclinante se remet entre les mains d'une culture montante. On pense ici à la prophétie du démographe Alfred Sauvy : au siècle dernier, il prévoyait déjà une disparition progressive du Vieux Monde et imaginait des jeunes gens, venus d'ailleurs, venir fermer les yeux des vieux Européens béats et stériles[2], leur administrer en quelque sorte l'extrême onction. Après la contrition, l'homme blanc doit maintenant envisager l'extinction. Il est temps pour lui de prendre congé, de quitter à pas de loup la scène de l'Histoire.

Lever toutes les barrières ?

C'est une petite musique, presque une rengaine, qui court dans tous les médias, sur tous les réseaux : le « Blanc » ne peut pas comprendre l'Autre, il est « une forteresse inexpugnable[3] ». Mais posons-nous la question : l'« Autre » comprend-il le « Blanc » ? L'Autre comprend-il l'Autre que lui, l'Africain les Indiens d'Amérique, les Indiens les peuples de Papouasie-

1. Sur ce film et sur *Des hommes et des dieux*, lire le percutant article de Jean-François Braunstein, « Des hommes et des vieux », paru dans *8 semaines avant*, 7 mars 2012.

2. Alfred Sauvy, *L'Europe submergée. Sud-Nord dans 30 ans*, Dunod, 1987 : « Un peuple peut-il mourir de vieillesse, s'éteindre doucement dans la béatitude ? Y a-t-il eu dans la préhistoire ou l'histoire des morts douces ? », dit la quatrième de couverture.

3. Houria Bouteldja, *op. cit.*

Nouvelle-Guinée, les Chinois les habitants des îles d'Océanie, etc. ? L'Europe n'est-elle pas composée de peuples si divers qu'ils se connaissent à peine ? Quoi de plus exotique pour nous que l'Islande, les Samis du nord de la Suède, les peuples de Sibérie ou les Roms d'Europe centrale ? Entre un Finlandais et un Sarde, n'y a-t-il pas un fossé ? C'est au nom de cette grande figure de l'Altérité qu'un certain nombre d'intellectuels encouragent vivement l'immigration. Selon le maoïste Alain Badiou, elle devrait nous permettre « au moins de devenir étrangers à nous-mêmes, de nous projeter hors de nous-mêmes, assez pour ne plus être captifs de cette longue histoire occidentale et blanche qui s'achève[1] ». Le philosophe Achille Mbembe plaide quant à lui pour un droit des Africains à circuler partout en Europe, sur simple présentation de leur passeport, et insiste sur « l'impératif de la défrontiérisation ». Il faut tout remettre en circulation car le Vieux Monde vieillit et doit s'ouvrir aux populations plus jeunes et plus nombreuses de l'Afrique. Un mauvais esprit dirait qu'il s'agit là d'un éloge de la fuite des cerveaux, préjudiciable d'abord aux nations africaines. Le destin de toute migration, c'est aussi de concourir au bien-être de la métropole dont elle est issue et de rentrer un jour au pays, armée d'un savoir et d'une expérience nouvelle. C'est toujours une aventure collective. L'ancienne secrétaire d'État Rama Yade, dans une tribune publiée en avril 2020, ne proposait-elle pas aux

1. Alain Badiou, *De quoi Sarkozy est-il le nom ?*, Nouvelles Éditions Lignes, 2007.

États africains de reprendre leurs migrants en déshérence[1] ?

Achille Mbembe dénonce aussi le « déploiement de technologies coloniales de régulation des mouvements migratoires à l'ère électronique avec leur cortège de violences au quotidien ». Cela lui permet de tracer un parallèle hardi entre le contrôle aux frontières et l'impérialisme du XIXe siècle : « C'est donc à l'avènement d'un régime inédit de ségrégation planétaire que vise la politique européenne de lutte contre l'immigration. Celle-ci est, à plusieurs égards, l'équivalent de la "politique des races" d'hier. L'Afrique est sa cible principale. » Il y a, semble-t-il, une différence entre filtrer les arrivées aux frontières et occuper un pays étranger : dans un cas on refuse l'accès au territoire national, dans l'autre on envahit et on contrôle un territoire lointain. On peut critiquer les deux attitudes mais non les confondre. Il est étonnant d'autre part que notre philosophe ne fasse silence sur la politique désastreuse de nombreux gouvernements africains, sur la dictature, la corruption, les putschs à répétition la crise du surendettement au sud du Sahara[2] ou la réalité de l'islam radical qui ravage

1. Rama Yade, « Seule l'Afrique avec sa jeunesse en perpétuel mouvement apparaît en capacité de penser la destinée collective de l'humanité », *Le Monde,* 6 avril 2020.

2. Selon Dominique Strauss-Khan, le ratio dette/PNB en Afrique subsaharienne est passé de 30 % en 2012 à 95 % fin 2019 (*Jeune Afrique*, 23 mars 2020). Une nouvelle crise de la dette se profile qui risque de saper pour de longues années l'essor de pays par ailleurs en pleine explosion démographique. D'où l'appel de nombreux chefs

toute l'Afrique subsaharienne : par exemple, en 2020, l'État du Burkina Faso et le Mali s'effondrent, en proie à une quasi-guerre civile, attaqués de toutes parts, rongés par la bureaucratie, l'incompétence, le djihad mais, bien entendu, tout est de la faute de l'Europe et d'elle seule[1].

En matière de flux migratoires, nul ne semble s'étonner que « les migrants », ce néologisme caoutchouteux, choisissent exclusivement de venir vers l'Europe occidentale plutôt qu'au Maghreb ou au Machrek, dans les pays du Golfe ou dans l'immense Russie inocupée. C'est qu'ils savent que seule l'Europe est un espace de droit et le siège de scrupules exacerbés : accéder à ses rivages, si possible sous l'œil d'un média, c'est être un peu plus sûr d'être recueilli et au moins écouté. Sur ce plan, c'est le pape François qui donne le la depuis sa visite sur l'île de Lampedusa, le 8 juillet 2013, où il avait fustigé « la

---

d'États africains en mai 2020 pour une nouvelle annulation des dettes analogue à ce que la communauté des bailleurs de fonds avait concédé en 1996 à l'égard des PPTE (pays pauvres très endettés), réduisant leurs dettes de 90 %. Mais de nombreux pays du Sud se sont endettés, pour plusieurs milliards de dollars, auprès d'institutions privées moins accommodantes.

1. Selon le statisiques de l'OFPRA, en 2019, quatre demandeurs d'asile sur dix (41 %) sont africains avec, derrière, les Afghans, l'Albanie et la Géorgie. Depuis deux ans, la demande en provenance du continent africain augmente régulièrement. Selon les statistiques du ministère de l'Intérieur pour 2019, la France a accueilli 276 576 immigrès réguliers. Pour l'asile, 132 614 plus 50 000 mineurs non accompagnés (MNA) qui représenteraient, selon la police, une part importante de la délinquance juvénile. Ces chiffres n'incluent pas les clandestins.

mondialisation de l'indifférence ». Pour le souverain pontife, la seule politique valable en la matière est l'hospitalité inconditionnelle (décembre 2017). « Accueillir l'Autre, c'est accueillir Dieu en personne. » Et François de prôner l'ouverture de corridors humanitaires, d'exiger que l'intégrité de la famille soit toujours privilégiée, « en favorisant le regroupement familial y compris des grands-parents, des frères et sœurs et des petits-enfants sans jamais les soumettre à des capacités économiques » (14 janvier 2018. Il atténuera ensuite cette recommandation). Que le chef de l'Église voie dans chaque réfugié la figure du Christ est dans l'ordre des choses. « Je me tiens à ta porte et je frappe », dit Jésus dans les Actes des Apôtres (9.20). Il réaffirme les principes de l'Évangile même s'il a semblé, plus tard, se soucier de l'état d'esprit des pays d'accueil. Mais dans le conflit entre la conscience et la réalité, le seul gagnant devrait s'appeler le compromis, qui est de la décision des politiques. Le pape a les mains blanches car il n'a pas de mains. L'alternative n'est pas entre le bien et le mal mais entre divers degrés d'imperfection. Nous n'avons le choix qu'entre plusieurs inconvénients dont nous devons préférer le moindre.

Sur un plan pratique, l'hospitalité ne peut se faire au détriment de la souveraineté et s'assimiler à de l'oblation pure et simple. La peur, non de l'étranger mais de devenir étranger chez soi, la crainte de l'insécurité culturelle (Laurent Bouvet) n'est pas qu'un fantasme « réactionnaire ». On a bien vu qu'en Angleterre, les partisans du Brexit étaient prêts à sacrifier leurs richesses économiques pour arrêter l'immigration (laquelle provient pour une bonne part d'Europe de l'Est). Il ne s'agissait pas de couper les flux migratoires mais de les contrôler pour garder la maîtrise sur leurs sociétés. Comment l'État providence, déjà saturé au niveau des prestations, va-t-il payer les retraites, les soins, les assurances maladie, s'il est démesurément sollicité par les nouveaux arrivants ? D'autant que, si les migrants, par leurs cotisations, contribuaient à financer le système des retraites, ce gain serait annulé par le coût de la scolarisation, de la formation et des soins de familles plus nombreuses que la moyenne[1].

En d'autres temps, on eût baptisé ces appels à l'accueil sans réserve des termes d'invasion, de colonialisme. Foin de ces mots péjoratifs. Désormais, il n'est question que d'amour, d'écoute, d'ouverture radieuse. Et ce sont les pays qui ferment leurs portes qui sont qualifiés d'odieux, tels les Grecs conspués par les belles âmes lorsqu'en février 2020, le président Erdoğan lança des milliers de migrants à l'assaut de leur frontière, pour faire oublier sa politique désastreuse en Syrie : insulter l'Europe, l'humilier, est la stratégie favorite du despote néo-ottoman qui veut relancer une guerre de religions entre l'islam et le christianisme[2]. Idéalement chaque réfugié qui arrive

1. Dans un sondage réalisé à Dakar, 92 % des personnes interrogées se disent soucieuses d'émigrer vers l'Europe et 40 % d'émigrer illégalement, même au risque de la mort. Les allocations envoyées aux familles de la part des membres de la diaspora à l'étranger sont une source de statut social élevé et de prestige (in Eric Kaufmann, *op. cit.* pp. 212-213).

2. « Tout projet, plan, politique ou économique dans la région et dans le monde est voué à l'échec si la Turquie en est exclue. Cela est

d'un pays en guerre devrait être accueilli, nourri, logé, pourvu d'un travail et même bénéficier d'un accès privilégié à la citoyenneté. C'est oublier les réactions de la population à cet afflux d'étrangers et le chômage qui sévit dans de nombreux pays. C'est oublier aussi cette loi simple : s'il ne s'agit que de quelques milliers de personnes à secourir, le devoir est évident. Mais quand on parle en dizaines, en centaines de milliers, voire en millions, l'échelle des priorités change : là où le nombre triomphe, la morale capitule[1]. Et c'est aux politiques alors de distinguer le préférable du détestable.

Seul un étranger nous sauvera ?

Quel est cet Autre qu'il nous est fait devoir de recevoir ? Un étranger qui m'est proche ou un sauveur qui brille dans son inaltérable splendeur ? Innombrables sont les procureurs qui parlent en son nom. C'est le professeur Didier Fassin qui s'exclame : « La France

---

valable des Balkans à la Méditerranée, du nord au sud de l'Afrique », Erdoğan, 18 mai 2020.

1. Stephen Smith, professeur d'études africaines à l'université de Duke, Caroline du Nord : « Quand j'écris que 7/10e des migrations d'Africains se font au sein de l'Afrique et 3/10e vers le reste du monde dont l'Europe, on me dit : Vous voyez bien, c'est peu ! Sauf que ces ratios appliqués à une population qui va passer de 1,3 milliard à 2,4 milliards en 2050, ça finit par faire beaucoup de monde » (*L'Express*, 25 septembre 2019). Et encore : « L'Afrique est une salle d'attente de 1,3 milliard d'habitants aux portes de l'Europe » (*Le Figaro Magazine*, 12 et 13 octobre 2019, propos recueillis par Alexandre Devecchio).

sera jugée par l'Histoire pour son attitude vis-à-vis des migrants[1]. » C'est l'africaniste Jean-François Bayart qui parle, à propos de notre politique de sous-traitance de la question migratoire aux Libyens et aux Turcs, d'« État d'abjection ». « Nous imposons à nos alliés africains de faire le sale travail de refoulement à notre place (...). La République, son administration, sa police, sa classe politique, perd son âme et son honneur[2]. » Plus étrange, le rapport du conseiller d'État Thierry Tuot du 11 février 2013 au Premier ministre Jean-Marc Ayrault sur « la politique d'intégration et en faveur d'une société inclusive » s'ouvre sur une citation de Novalis : « Et plus qu'eux tous, l'Étranger superbe aux yeux profonds, à la démarche légère, aux lèvres mi-closes, toute frémissante de chants. » Singulier exergue qui peut se lire comme une déclaration d'amour anticipée à un personnage imaginaire venu d'au-delà des mers.

Quiconque refuse d'aimer cet Étranger magnifique sera puni. Deux avocats, spécialisés dans « les droits de l'homme », Omer Shatz et Juan Branco, déposent en juillet 2019 une plainte auprès de la Cour pénale internationale en accusant l'Union européenne de « crimes contre l'humanité » envers les migrants, en raison d'une politique visant « à enrayer à tout prix les flux migratoires vers l'Europe, y compris par le meurtre de

1. Marie Lemonnier, « Migrants : "La France sera jugée par l'histoire" », *BibliObs*, 9 février 2018.

2. Jean-François Bayart, « Migrants : sortons de "l'État d'objection" ! », *Le Monde*, 19 avril 2018.

milliers de civils fuyant une zone de conflits armés » (3 juin 2019). C'est le prix Nobel de littérature J.M.G. Le Clézio qui dénonce « un déni d'humanité insupportable » dans la volonté du président de la République française de « vouloir faire le tri entre migrants économiques et réfugiés politiques »[1]. Quand on sait qu'une portion importante de demandeurs d'asile viennent de Géorgie et d'Albanie, il semble pourtant que cette distinction n'est pas absurde[2]. Si le droit d'asile est impératif, les solliciteurs économiques, eux, devraient n'être admis qu'en fonction des besoins des pays d'accueil. « Tout homme persécuté en raison de son action en faveur de la liberté a droit d'asile sur le territoire de la République[3]. »

De même, le professeur d'histoire médiévale au Collège de France, Patrick Boucheron, s'en prend-il au gouvernement qui, selon lui, n'a jamais été aussi loin dans le mépris des droits humains que lorsqu'il refuse de porter secours à ceux qui souffrent tout en s'en prenant à ceux qui leur viennent en aide, les ONG et les bateaux humanitaires. L'immigration nous renforce, écrit-il[4].

---

1. In *L'Obs*, 10 janvier 2018.

2. La France enregistre en moyenne 1 000 demandes de visas de Géorgie tous les mois (Tatiana Sevora, « Pourquoi les Géorgiens sont-ils si nombreux à venir en France ? », *La Vie*, 10 juillet 2019).

3. Article 53.1 de la Constitution de 1858.

4. « Les migrants seront de plus en plus nombreux, on doit les accueillir, c'est un devoir et c'est une chance. (...) Le pays serait plus fort s'il était plus libre et plus ouvert, s'il larguait les amarres du vieux monde, s'il cessait de se complaire dans des rancœurs recuites » (Patrick Boucheron, *L'Obs*, 10 janvier 2018).

Comme si, livrés à nous-mêmes, nous étions pauvres et manquions de tous les autres. Sans ces étrangers, nous ne serions que des petits Blancs pathétiques crispés sur leurs vieilles croyances, leurs coutumes désuètes.

Rappelons que depuis 2015, l'Europe a sauvé 730 000 migrants, ce que beaucoup contestent car ils soulignent, à juste titre, que des milliers d'autres ont péri noyés en Méditerranée[1]. Notre générosité se retourne contre nous : pour avoir voulu prendre en charge la question migratoire, nous devenons comptables de chaque personne qui est engloutie dans les flots. Par une étrange torsion, ceux qui sauvent et repêchent sont accusés d'être des bourreaux. C'est bien sur les rivages de l'Europe que viennent se réfugier les dissidents et les persécutés. C'est pourquoi il est si facile de retourner ses scrupules contre elle-même, de la mettre en difficulté. Le vertueux est pris à son propre piège : il a confondu l'intérêt avec le devoir.

Qu'est-ce qu'un migrant ? *Le nouveau héros de la martyrologie contemporaine qui a remplacé le prolétaire et le guérillero.* Il est à la fois l'étranger qui va nous régénérer et le damné de la terre. Tout doit s'arrêter devant lui, il lui est même interdit de réfléchir ou de tergiverser tant sa condition impose la charité. Le Vatican lui a édifié un monument sur son territoire[2]. « J'étais un étranger et

1. Audrey Tison, Insta d'Europe, France Culture, mai 2019.

2. Le 29 septembre, le pape François a inauguré une statue en bronze de l'artiste canadien Timothy Schmalz, appelée *Angels unaware* (Les anges inconscients), représentant 140 migrants sur une

vous m'avez accueilli », disent les Évangiles (Matthieu, 25/35). L'autodépréciation de l'Européen va de pair avec l'idéalisation de l'Étranger paré de toutes les vertus. Sans lui, nous végéterions dans un asile de vieillards. Il est à la fois le persécuté et le rédempteur, « l'ange » qui nous arrache à notre confort égoïste. Notre seul devoir à son égard est d'être des hôtes empressés. Il faut avoir, dit la revue *Esprit*, « le courage de l'hospitalité[1] ». Le philosophe Étienne Balibar demande l'instauration d'un droit de l'hospitalité qui impose aux États des obligations irréfutables en faveur des migrants : leur refoulement doit être interdit, la brutalité ou leur enfermement dans des camps également mais aussi la destruction des réseaux de passeurs qui pourraient mettre en danger la vie des errants que le philosophe français rebaptise « une partie mobile de l'humanité[2] ». Vous avez bien lu : il faut sauver les passeurs ! La fine fleur de la philosophie française au secours des trafiquants d'êtres humains.

Régénérer le vieil homme blanc

Les grandes nations d'Europe ne devraient avoir d'autre vocation que d'être des centres d'accueil, des salles des pas perdus, comme en témoignent nos

embarcation avec ce mot d'ordre : « Accorder une attention particulière à l'étranger ».

1. *Esprit*, été 2018.

2. Étienne Balibar, « Pour un droit international de l'hospitalité », *Le Monde*, 17 août 2018.

billets de banque de 10, 20 ou 50 euros représentant des arches, des ponts, des forums vides en attente d'être remplis de citoyens du monde entier. Le collapsologue Yves Cochet, adepte du retour aux calèches à cheval (il propose de remplacer les usines de construction automobile par des haras), l'expliquait en janvier 2019 au quotidien *Ouest France* : « Limiter nos naissances nous permettrait de mieux accueillir ces migrants qui frappent à nos portes. » En d'autres termes, le monde occidental devrait se suicider lentement. Paul Yonnet l'avait bien vu dès 2006 : on veut faire de l'immigration le vecteur de la régénération de la France qui doit collaborer à sa propre transformation[1].

Le mouvement migratoire est irréversible : on ne peut l'arrêter. Les déplacements sont inscrits dans l'ADN de l'humanité, comme l'a stipulé le pacte de Marrakech, un pacte mondial pour des migrations sûres signé le 10 décembre 2018 par 160 pays. Ce document considère la migration comme « un phénomène inéluctable et bénéfique ». Ce pacte de « soft law », c'est-à-dire de droit souple, qui établit « un cadre de coopération juridiquement non contraignant », demande cependant d'« organiser le remplacement des travailleurs » et de cesser de « subventionner les médias qui propagent systématiquement l'intolérance, la xénophobie, le racisme et les autres formes de discrimination envers les migrants dans le plein respect de la liberté de la presse ». Étrange formulation très orwellienne, qui semble assimiler toute

1. Paul Yonnet, *op. cit.*

critique de la politique migratoire à de la xénophobie ou du racisme. Qui décidera que tel texte est injurieux, tel autre tolérable ? On demande d'interdire au nom de la liberté ce qui équivaut à une censure de fait par privation de subsides. Un autre texte de l'ONU paru en mars 2000 envisageait déjà des « migrations de remplacement » comme solution au déclin et au vieillissement des populations. Face à cet élan irrépressible, aucun mur, aucune frontière, nous dit-on, ne peuvent tenir. Le démographe François Héran déplore quant à lui que « l'idéologie du confinement national » durant l'épidémie de Covid empêche les « migrants » de venir en France, dans un texte qui est aussi un éloge du vagabondage : « La tendance à franchir toujours plus les frontières n'est ni une mode, une anomalie. C'est une lame de fond[1]. » Les murs sont mauvais par nature car ils empêchent de voir l'Autre. Comme l'exprime Alexandra Novosselof, docteure en science politique, « aucun mur n'arrêtera les migrations vers l'Europe[2] ». Les murs existent en réalité dans nos têtes, selon cette chercheuse, et les États qui voudront se protéger ainsi seront plus emmurés que les personnes maintenues à l'extérieur !

Nous sommes tous des migrants, que cela nous plaise ou non : *Nos ancêtres les migrants*, explique

1. François Héran, « L'idéologie du confinement national n'est qu'un ruineux cauchemar », *Le Monde*, 26 avril 2020.

2. Cité par Rémy Ourdan, « Les murs dans le monde en réponse aux nouvelles peurs », *Le Monde*, 2 février 2018.

l'historien Gérard Noiriel dans une conférence donnée le 15 octobre 2019 à l'Université populaire de Fontenay-sous-Bois. Nous voici dans un *extrémisme de l'altérité*. À travers la question migratoire se trame un double enjeu : celui de notre honneur, celui du Tout Autre comme vecteur du Salut. Le Tout Autre, en théologie, est depuis toujours le nom de Dieu, de l'absolument transcendant, notamment chez le calviniste Karl Barth, et cette notion fut reprise par Emmanuel Levinas ou Jacques Derrida avec la certitude que « puisque tout le reste nous a perdus, seul un Autre vraiment autre peut encore nous sauver » (Phillippe Chevallier)[1].

Le fatalisme altruiste

Curieusement, ce christianisme sentimental s'accompagne en Europe d'une perte de la foi, au contraire des États-Unis : plus la piété recule, plus nous pratiquons, avec la ferveur des défroqués, une charité aussi ardente qu'étourdie. Nous faisons profession de bonté. C'est le cas de dire avec Chesterton : « Le monde moderne est plein d'idées chrétiennes devenues folles. » Nous voici entrés, depuis 2013, dans l'histoire sainte du migrant, nouvelle figure christique. Ce mélange étrange de passivité et de pitié, on pourrait l'appeler le « fatalisme altruiste ». Puisqu'on ne peut freiner les flux migratoires,

1. Philippe Chevallier, *Être soi. Actualité de Sören Kierkegaard*, François Bourin Éditeur, 2011, p. 106.

embrassons-les avec enthousiasme. L'autre n'est pas un autre moi-même, il brille, de par son dénuement même, dans une lointaine et inaltérable splendeur. On bénit chez lui le négatif de nous-même, l'envers de nos difficultés. Il est notre révélateur : je dois le considérer comme une partie de moi-même qui m'habite et me complète, quel qu'il soit, Afghan, Kurde, Éthiopien. Il est la contre-valeur exemplaire du monde que nous incarnons. Quelle meilleure illustration que la vision, il y a deux ans, sur une plage espagnole, de jeunes Africains débarquant en courant au milieu d'estivants vautrés sur leurs serviettes de bain et effarés par cette irruption ? L'inhumanité du repu d'un côté, l'énergie de l'opprimé de l'autre. Ce nouveau bon sauvage nous rudoie pour nous réveiller.

Pour accueillir l'étranger, faut-il devenir étranger chez soi ? Oui, répond la romancière Marie Darrieussecq : « Il faut une citoyenneté mondiale, des papiers planétaires (...) Les habitants des parties inhabitables de la Terre se déplaceront aussi mécaniquement que les marées et il faut faciliter ce déplacement à moins d'une catastrophe globale. La seule vraie menace est cette peur de se dissoudre, d'être avalé, que le blanc se dilue dans le noir. (...) Les petits Blancs d'Europe, au sens des déclassés du système, ont en fait la terreur d'être déjà noirs. » À tort, car « l'humain du futur sera beige foncé avec des cheveux bruns. La France, le monde se métisseront[1] ». Houari Boumédiène, président de l'Algérie

1. Marie Darrieussecq, « Je dédie mon prix Médicis à Christiane Taubira », *Le Monde*, 15 novembre 2013.

de 1965 à 1978, l'avait déjà dit : « Un jour des millions d'hommes quitteront les parties méridoniales pauvres du monde pour faire irruption dans les espaces relativement accessibles de l'hémisphère Nord, à la recherche de leur propre survie[1]. » Cet adversaire de la France était prêt à occuper à son tour les pays européens. Au-delà de cette double prophétie, retenons ceci : il n'y a plus de chez soi, chez toi c'est chez moi, le nouvel individu planétaire est hors-sol. Il faut reconstruire nos sociétés à la façon d'un Lego ou plus exactement d'un kaléidoscope dont les couleurs varient sans cesse au gré des rotations : l'hégémonie du vieil homme blanc européen doit le céder aux richesses de la diversité. L'identité des minorités, des migrants, est toujours positive, celle des vieilles nations toujours régressive. Le droit de migrer partout, à volonté, pour s'installer où on le souhaite, défendu par de nombreux chercheurs influents, dont Catherine Withol de Wenden[2], est en réalité une réhabilitation du colonialisme contre les anciennes nations coloniales, une sorte de prêté pour un rendu.

Mais cette généreuse idée du repeuplement du Vieux Monde par les enfants d'autres continents n'est pas toujours concluante : le simple exemple de la Suède, et de la ville de Malmö, aux multiples nationalités, au bord de la guerre civile, agit plutôt comme un répulsif. « Est-il

1. Cité in Paul Yonnet, *op. cit.*, p. 285.

2. Catherine Withol de Wenden, *Faut-il ouvrir les frontières ?*, Presses de Sciences Po, 2014. L'auteure, partisane d'un droit mondial à la mobilité, répond favorablement à cette question tout en admettant des arrangements selon les États.

raisonnable de penser que des comptables scandinaves et des guerriers pachtounes, des ouvriers britanniques et des pasteurs somaliens sont aptes à faire société, vivre en harmonie, encourager le métissage de leurs enfants ? Je réponds non mais les dogmes en vigueur ne cessent de nous sussurer, tel le souffleur du théâtre, qu'il faut répondre oui » (Pierre Brochand)[1]. Une société peut être multiraciale, c'est le cas de la France, elle n'a pas à être multiculturelle, c'est-à-dire à abriter des traditions incompatibles avec le credo républicain. Toutes les fois sont compatibles dans l'Hexagone mais subordonnées à une loi unique qui les dépasse : c'est la base de la laïcité. Pas de privilèges, pas de passe-droits au nom des racines, des mœurs ou de la religion. En France, Dieu est soumis au code civil comme n'importe quel ci-devant. Nous ne serons jamais anglo-saxons !

1. Pierre Brochand, ancien directeur de la DGSE, ancien ambassadeur de France, lors d'un colloque organisé par la fondation Res Publica (Eugénie Bastié, « Pierre Brochand : "L'immigration est le défi le plus redoutable auquel nous sommes confrontés" », *Le Figaro*, 21 février 2020).

CHAPITRE 17

La charité ou la fatigue ?

> « À chaque fois que l'un d'entre nous décide de ne pas ajouter un autre "d'entre nous" à la masse déjà énorme qui s'est amassée sur cette planète ravagée, un nouveau rayon d'espoir perce l'obscurité. Quand tous les êtres humains auront choisi de ne plus se reproduire, la biosphère terrestre retournera à sa splendeur d'autrefois. »
>
> Mouvement pour l'extinction volontaire de l'humanité[1]

Comment s'étonner que les peuples ne réagissent pas avec enthousiasme à ces contes de fées, que les vieux « Gaulois réfractaires », pour parler comme Emmanuel Macron, se rebiffent ? On ignore que c'est l'offre qui crée la demande et que la perméabilité de nos frontières, les chaînes de passeurs, la hâte de certains secouristes

1. Le Voluntary Human Extinction Movement a été fondé par un professeur de lycée soucieux d'écologie, Les U. Knight, dans l'Oregon au cours des années 1990. Il prône la stérilisation collective.

à se transformer en prestataires de services, à créer, via le téléphone satellitaire, une « uber-migration » (Stephen Smith) suscitent les vocations au départ autant que la misère ou la guerre. C'est entre 400 000 et 540 000 entrées qui relèvent de la migration non européenne chaque année en France[1]. C'est loin d'être négligeable si l'on n'est pas capable d'assurer à ces personnes des conditions de vie décentes et une intégration réussie au mode de vie français. Il faut sauver les corps mais il n'est pas mauvais non plus de dissuader les candidats à l'exode, dès leur pays d'origine. Une chose est de secourir les naufragés quand ils sont dans nos eaux territoriales, une autre de vouloir en finir avec « la géopolitique des frontières » (Michel Foucher).

Repenser les frontières

Une frontière n'est pas seulement une délimitation arbitraire entre deux territoires, c'est une blessure qui saigne, pour laquelle on s'est battu. Tout ou partie du malheur de l'Europe vient non de l'excès mais de l'absence de frontières, surtout dans ses parties centrales et orientales quand les mêmes régions furent tour à tour allemandes, polonaises, russes, ukrainiennes, austro-hongroises, ottomanes, les populations déplacées, les noms changés, les administrations modifiées. Protéger

1. Chiffres donnés par François Héran, article cité, *Le Monde*, 24 avril 2020.

les petits États de la convoitise des grands, les garantir dans leurs contours, tel fut le geste inaugural de l'Europe moderne. Mais Lampedusa en Italie, Lesbos en Grèce, Ceuta et Melilla en Espagne nous rappellent que l'Europe n'est pas le monde, pas même une deuxième ONU, et ne s'ouvre qu'avec réticence à ceux qui frappent à sa porte. Certes, elle a toujours considéré ses confins comme mouvants. Elle a érodé le sentiment national sans lui substituer un sentiment fédéral ou supranational, elle a limité la souveraineté des États sans la transférer à une instance supérieure, qui n'existera peut-être jamais. Cela suscite au centre et à l'est du continent une révolte contre les injonctions de Bruxelles à l'ouverture indiscriminée, alors même que la chute du Mur était pour ces pays le retour dans le giron européen mais aussi les retrouvailles avec le sentiment national. Opprimés et colonisés par l'Union soviétique, bridés dans leur identité, ils entendaient renouer avec leur langue, leurs traditions, sans avoir à se plier aux intimations d'un nouveau pouvoir, si généreux soit-il. Les pays du groupe de Visegrad, par exemple, Pologne, Tchéquie, Hongrie, Slovaquie, veulent décider eux-mêmes des travailleurs étrangers dont ils ont besoin (la majeure partie vient d'Ukraine ou d'autres pays voisins) sans se laisser dicter leur conduite par Bruxelles (mais eux-mêmes peinent à juguler l'effondrement démographique et se vident de leurs forces vives qui partent travailler ailleurs. Quoi qu'ils disent, ils participent du suicide général du Vieux Monde). Nous sommes passés d'un sentiment de claustration nationale à la peur du grand large, de la claustrophobie à l'agoraphobie, puisque l'Union est incapable de protéger ses citoyens et n'est jusqu'à maintenant qu'un simple espace économique ouvert à tous les vents. Les candidats à la sortie pourraient se multiplier si le Brexit réussissait, en raison, entre autres, d'une excessive perméabilité de nos frontières.

Timoré et boulimique, le Vieux Monde risque de mourir d'obésité, ectoplasme qui gonfle à mesure de son inconsistance et négocie sans fin pour intégrer de nouveaux membres (aujourd'hui encore, il est question d'accueillir l'Albanie et la Macédoine alors que la vieille maison craque de partout). L'Europe mêle impuissance politique et espérance infantile de pouvoir englober des millions d'hommes supplémentaires venus d'Afrique, d'Asie, du Moyen-Orient. La frontière n'est pas un archaïsme à supprimer, elle est la condition de l'exercice démocratique. Elle instaure un lien durable entre ceux qu'elle abrite et leur donne le sentiment d'une mémoire et d'un monde communs. Elle délimite autant qu'elle réunit, elle reste ouverte sur ce dont elle nous écarte. Elle est le pont qui relie et la porte qui sépare. Il faut être domicilié pour s'ouvrir sur l'extérieur et il est bon que les nations soient différentes pour exister. L'Europe doit avoir le courage de dire qu'elle est pleine, renoncer au vertige de l'illimité et surtout adopter une politique claire de l'accueil. Établir une frontière n'est pas acte d'hostilité mais volonté de bon compagnonnage.

Il faut ici comme partout trouver un équilibre entre les cloisons et les passages, c'est-à-dire le bon état de porosité qui permette les échanges sans verser dans la double impasse de l'ouverture et de la fermeture totales. (À l'été 2020, la Commission européenne semblait à la recherche d'un « pacte migratoire » plus réaliste qui ne crée « ni faux espoirs ni effets d'aspiration ».) Une frontière doit être une écluse plus qu'un mur. Les proclamations flamboyantes des artistes, stars du show-biz ou du sport qui appellent à accueillir toute la misère du monde, à condition de ne pas l'héberger chez eux, sont au mieux risibles, au pire obscènes. Les Français, comme tous les peuples, aiment à se penser généreux mais pratiquent une solidarité intermittente. Sans oublier qu'au devoir de l'assistance répond aussi l'impératif de l'intégration. N'avons-nous de choix qu'entre une charité irresponsable ou une responsabilité inhumaine ?

On confond trois choses, en l'occurrence : l'immigration régulière qui se poursuit en France, selon les règles édictées par la loi, la tragédie des personnes perdues en mer et que l'on doit sauver de la noyade et l'attitude à tenir face à ces vagues migratoires réitérées. Il ne suffit pas de répéter comme un mantra que « les migrations sont une chance et une opportunité pour tous » (Cécile Duflot[1]). La générosité, indispensable dans une situation de crise, ne peut tenir lieu de politique étrangère à l'Europe[2]. Il faudra un jour aborder sans tabou la ques-

---

1. Cécile Duflot, directrice générale d'Oxfam France, « Un mort de plus à Lesbos, un mort de trop, une honte pour l'Europe », *Le Monde*, 7 octobre 2019.

2. « L'Europe ne pourra pas se retrancher dans l'indifférence dans une forteresse qui donne envie sans donner accès. Et l'Afrique devra s'avouer qu'elle est surtout en panne d'espoir et que le départ de sa

tion du regroupement familial et du droit du sol (qui est déjà fortement limité sur l'île de Mayotte). Dans les années 1990, le congrès des USA accorda à cinq territoires du Pacifique (Samoa, les îles Marshall, Palaos, Micronésie, Mariannes) le droit de contrôler leur immigration pour maintenir leur majorité ethnique[1]. Pourquoi une telle attitude ne s'appliquerait-elle pas à certains pays européens ?

Les boursouflures du cœur

Quoi de plus admirable que l'admission par Angela Merkel, à l'été 2015, de près d'un million de réfugiés syriens fuyant la guerre civile ? Il s'agissait de la part de cette fille de pasteur d'une répudiation spectaculaire de l'ombre nazie. La chancelière s'affirmait une fois encore comme la patronne incontestable du Vieux Monde. Après la catastrophe de la Seconde Guerre mondiale, la République fédérale s'offrait en exemple au monde entier. L'Allemagne pratiquait la bonté dans un seul pays comme jadis Staline le socialisme dans la seule URSS. Berlin, déjà prééminent en Europe, restait maître du jeu dans la rigueur comme dans la compassion. Impitoyable

---

classe moyenne constitue une perte sèche pour elle », Stephen Smith, article cité, *Figaro Magazine*. L'auteur suggère, entre autres solutions, des formes de migration circulatoire limitées dans le temps ou des contrats de parrainage entre des particuliers européens et des candidats africains.

1. Eric Kaufmann, *op. cit.*, p. 481.

en juillet avec les Grecs que la chancelière voulait éjecter de la zone euro, tout sourire avec les Syriens en septembre, exerçant une dureté et une charité tout impériale. Mais ce fut une charité dangereuse. Cinq ans après, les Juifs allemands n'osent pratiquement plus se promener avec une kippa sur la tête tant est grand le risque d'être agressés par des réfugiés biberonnés au lait de l'antisémitisme de la dynastie Assad, tandis que l'extrême droite revient au Parlement et que des néonazis plongent dans le terrorisme, rêvant de tuer autant de Juifs, d'Arabes ou de Turcs qu'ils le peuvent. On estime à 24000 le nombre de ces suprémacistes armés en Allemagne, autant que les candidats potentiels au djihad en France.

La doxa médiatico-humanitaire ne s'appesantit que sur les gestes du sauvetage, ce moment émouvant où l'on recueille les êtres en perdition. On l'a encore vu à l'été 2019 quand le pape a soutenu l'acteur Richard Gere venu à bord du navire *Open Arms* pour inciter l'Italie de Salvini à ouvrir ses ports à 121 migrants. La plus-value du cœur sous l'œil des caméras est l'engagement favori du show-biz. Ce que les naufragés deviennent ensuite retient moins l'attention, qu'ils finissent rackettés par des gangs, exploités par des marchands de sommeil, employés à des salaires de misère par des patrons indélicats ou jetés dans des camps de fortune, dans des conditions indignes, comme à Lesbos en Grèce, Calais ou Grande-Synthe dans le nord de la France. Le summum de l'humanité risque de se transformer alors en comble de l'indifférence quand on ne se soucie pas du sort futur des rescapés.

Ne confondons pas les commandements de la charité avec la fatigue d'exister, même habillée d'un lyrisme de pacotille[1]. Le migrant, le réfugié ne sont plus alors qu'un bâton pour nous fustiger. On connaît la célèbre *Fable des Abeilles* de l'Anglais Mandeville (1714), bible du libéralisme économique, que Hegel théorisera plus tard sous le nom de « ruse de la raison » : en croyant répondre à leur égoïsme propre, les hommes concourent involontairement au bonheur collectif. La somme des vices privés contribue au Bien collectif. Inversement, quand des hommes se proposent de régner selon l'ordre exclusif du Bien, ne risquent-ils pas de produire l'effet inverse ? Si l'histoire va vers le mieux sous l'impulsion d'hommes égoïstes, cela veut-il dire qu'elle va vers le pire sous l'impulsion d'hommes altruistes ? En d'autres termes, le populisme, ses excès de toutes sortes, ne sont-ils pas la réaction à un dogmatisme du Bien qui précipite une partie des opinions dans les bras des démagogues et entretient, au cœur même de l'Union, un sentiment hostile à son projet[2] ? Ce qui effraie les peuples est un sentiment très simple de dépossession. Les choses arrivent sans que

1. « Toute personne qui franchit nos frontières est la bienvenue, qu'elle visite ou qu'elle séjourne. Toute personne qui passe nos frontières est sous la protection de la France. Ne comptons pas pour rien que les plus miséreux, dans leurs rêves infinis, pensent que la France est le seul lieu de leur réalisation » (rapport Tuot, p. 21).

2. Pour enrayer cette défiance dramatique, Hubert Védrine, ancien ministre des Affaires étrangères de François Mitterrand, propose de contrôler davantage les flux migratoires, de bien distinguer entre demandeurs d'asile et migrants économiques et d'instaurer un quota d'immigration légale (*Le Monde*, 28 juin 2018).

nous puissions les contrôler et on nous demande de les accepter avec entrain. D'où la fascination qu'exercent les despotes comme Erdoğan, Xi Jinping ou Poutine qui jouissent encore du privilège de l'efficacité. Pour eux, dire c'est faire, pour nous c'est tergiverser, parler dans le vide. L'Amérique périra peut-être de ses vices, l'Europe mourra de ses vertus.

La confusion des ordres

En France, par exemple, le Défenseur des droits, Jacques Toubon, s'indigne de la volonté du gouvernement de vouloir « maîtriser les flux migratoires[1] ». Il faudrait plutôt, selon lui, « organiser des parcours migratoires » et cela même alors qu'existe déjà une filière d'immigration légale. On songe à la fameuse phrase d'Épictète : « Veille à ce que les choses arrivent non comme tu le souhaites mais souhaite qu'elles arrivent comme elles arrivent et tu seras heureux. » Dans l'Étranger ce n'est pas une réconciliation future que l'on célèbre, c'est notre propre effacement. On est alors mis en demeure de perdre sur tous les côtés : la crainte de la submersion venant d'Afrique ou d'Asie persiste mais

1. Maryline Baumard, « Pour Jacques Toubon, "le demandeur d'asile est mal traité" par le projet de loi sur l'immigration », *Le Monde*, 22 février 2018. Jacques Toubon fait partie de ces hommes de droite qui se sont dotés, avec l'âge, d'un surmoi de gauche et embrassent sur leurs vieux jours le parti de la bienveillance. Dans son cas, le virage est de 180 degrés.

les réfugiés présents sur notre sol sont traités de façon dégradante, en tout premier lieu à Paris. Un rapport parlementaire de 2019 soulignait qu'en Seine-Saint-Denis, la situation était devenue incontrôlable et le spectacle de la « colline du crack », porte de la Chapelle, lieu de trafic et de désolation, constamment évacuée et réoccupée jusqu'en 2020, ne pouvait qu'horrifier toutes les personnes de bonne volonté. Les camps de fortune se déplacent, au gré des interventions de la police, ils ne disparaissent jamais.

Qu'importe : quand le président Macron veut s'attaquer sans tabou, en septembre 2019, au problème de l'immigration, les gardiens du temple sonnent l'alarme et lui rappellent que la France doit faire plus, que l'impératif de l'hospitalité commande d'accueillir toujours davantage de migrants. Il n'est aucun moyen d'échapper à ce destin[1]. L'historien François Dosse, qui lui avait présenté le philosophe Paul Ricœur, rompt avec lui pour cause de « dérive droitière », lui reprochant par ses propos d'« accentuer la désintégration de ces populations fragilisées[2] » et de s'écarter de l'éthique

1. Lire par exemple le démographe militant François Héran (*Le Monde*, 24 septembre 2019) : « Il est temps que nos dirigeants tiennent sur l'immigration une parole de raison plutôt que de peur » qui ferait le jeu de l'extrême droite. « La France est loin, très loin d'être le premier pays d'Europe pour la demande d'asile. » Comme s'il s'agissait de faire un concours de bonté.

2. François Dosse, « Emmanuel, tes propos sur l'immigration contribuent à la désintégration de ces populations fragiles », *Le Monde*, 3 décembre 2019.

prônée par leur maître commun. Encore une fois, le malentendu est total : on répond à un problème politique par une injonction morale. On confond les deux ordres de la décision et de la fraternité. L'humanité commande évidemment de venir au secours des personnes qui se noient. Mais la responsabilité commande aussi de réfléchir aux conséquences de ces migrations de masse. L'admonestation remplace la réflexion et quiconque objecte est basculé instantanément dans le wagon nauséabond de l'extrême droite. Le simple fait d'évoquer un « problème de l'immigration » (comme d'ailleurs un problème de l'islam) est déjà en soi, aux yeux d'une certaine gauche morale, un crime contre l'esprit. À cette simple évocation, les bonnes consciences s'offusquent, se bouchent le nez (alors qu'elles se font, par leur silence, les alliées objectives de l'extrême droite). Le débat est confisqué, préempté par tous les camps.

CHAPITRE 18

Les tabous de l'esclavage

Comment se fait-il que les premières nations qui ont aboli l'esclavage, après en avoir grassement profité, soient aussi les seules qui fassent l'objet d'accusations et de demandes de réparation ? Le crime n'est imputé qu'à celui qui s'en est repenti et a théorisé ce commerce humain comme barbarie. Pourquoi l'Occident est-il blâmé, et lui seul, quand le monde oriental et africain est exonéré de toute incrimination ? Parce que le premier est riche et sensible aux arguments moraux (les quakers américains furent les précurseurs de l'abolitionnisme dès 1688 et ils organisèrent des filières clandestines d'esclaves fugitifs, le *Underground Railroad*, du sud vers le nord des États-Unis et le Canada). C'est au nom de ces arguments, et à la suite des innombrables révoltes et marronnages de captifs[1], que le monde occidental en est venu, d'abord au Portugal en

1. Les negmarrons ou cimarrons étaient ces esclaves qui s'enfuyaient et se réfugiaient dans les montagnes ou les hauteurs à La Réunion, à Maurice, en Jamaïque, au Brésil, en Guyane, à Saint-Domingue. Ils résistaient par les armes aux tentatives des planteurs de les récupérer et de les châtier.

1761, puis au Danemark, alors associé à la Norvège, en 1782, puis en Angleterre en 1807 et en 1833, à abolir la traite et l'esclavage. En France une première abolition est votée en 1794, suivie d'un rétablissement de l'esclavage par Napoléon lors de la guerre contre Toussaint Louverture à Saint-Domingue. La traite ne sera supprimée qu'en 1815 et l'esclavage en 1848 sous l'impulsion de Victor Schœlcher. *L'Europe n'a pas inventé l'esclavage, elle a inventé l'abolition.* L'Europe seule, et ce bien avant les États-Unis, l'Afrique et le reste du monde.

Les outils animés

Tous les abolitionnistes se scandalisaient de la réduction d'une catégorie d'hommes et de femmes au rang d'« outils animés », « qui appartiennent à un autre » et que leur maître avait le droit de torturer, de marquer au fer rouge ou d'utiliser sexuellement (Aristote)[1]. Montesquieu, dès 1748 dans *L'Esprit des lois*, tourne en dérision les justifications matérielles et idéologiques des négriers. On peut dire qu'à peu près à la même époque, en Europe, aux États-Unis et plus tard au Maghreb et au Proche-Orient, sous l'impulsion des Lumières, un même esprit collectif dit son horreur de l'asservissement des

1. Cité in Christian Delacampagne, *op. cit.*, p. 62. L'esclave est exclu des liens de parenté ; il lui est interdit, dans la Grèce ancienne, de se marier. S'il a des enfants, ceux-ci appartiennent à son maître, à moins que ce dernier ne décide de les affranchir.

êtres humains[1]. Pour mémoire, le premier État arabo-musulman à abolir l'esclavage fut la Tunisie en 1846, mais la mesure ne prit effet qu'à partir du protectorat français en 1881. L'Empire ottoman suivra vers la fin du XIXe siècle. Le dernier marché aux esclaves fut fermé au Maroc en 1920 et l'esclavage légalement aboli deux ans plus tard. Ce trafic humain ne fut déclaré illégal au Yémen et en Arabie saoudite qu'en 1962, en Mauritanie en 1980, en 1992 au Pakistan et en 1999 au Niger (qui l'a criminalisé en 2003, premier pays de l'Afrique de l'Ouest à voter une loi spécifique dédiée à ce crime). Des formes plus ou moins ouvertes de servitudes subs-titueraient aussi au Soudan, en Mauritanie, au Tchad et dans le golfe Persique. Selon l'association Walk Free, le trafic d'êtres humains, le travail forcé, la mise en sujétion des femmes et des enfants, y compris sous forme de prostitution, toucheraient environ 45 millions de personnes, principalement au Pakistan, en Inde, en Afrique et en Chine.

Dire aujourd'hui qu'il y eut trois traites, l'orientale qui commença dès le VIIe siècle (17 millions de captifs selon les estimations), l'africaine qui cumula usage domestique et réseaux d'exportation (14 millions de personnes) et l'atlantique qui, dans un laps de temps plus court, entraîna la déportation de 11 millions de personnes (9 seulement arrivèrent saines et sauves), relève encore du tabou ou du moins de l'inconvenance. On se souvient qu'en 2005,

1. Le 3 juillet 1315, le roi Louis X dit le Hutin promulgue un édit qui affranchit tout esclave posant le pied sur le sol de France.

l'historien des traites négrières Olivier Pétré-Grenouilleau avait été l'objet d'une campagne calomnieuse de la part d'un collectif d'Antillais, Guyanais et Réunionnais, soutenu par Christiane Taubira et défendu par maître Gilbert Collard. Motif de cette colère : mû par un racisme congénital, l'auteur aurait nié le caractère génocidaire de l'esclavage. On n'extermine pas sa « marchandise », disait-il, la traite est liée à l'appât du gain, le génocide motivé par la haine des autres ou d'un groupe que l'on veut éliminer.

Il faudra le livre choc de l'historien franco-sénégalais Tidiane N'Diaye *Le Génocide voilé,* paru en 2008, pour que les mentalités évoluent peu à peu. L'auteur semble en apparence réfuter la thèse de Pétré-Grenouilleau mais la confirme en réalité. Son livre est bouleversant à plus d'un titre : par les informations peu connues qu'il délivre, par le renversement de perspectives qu'il induit, par la nouvelle hiérarchie qu'il propose dans la culpabilité des civilisations. La parution de cette étude aurait dû provoquer un séisme, surtout au Maghreb ou au Proche-Orient. Par un curieux lapsus, s'il fit l'objet de nombreux comptes rendus, il a été accueilli dans un relatif silence. Seul, à notre connaissance, le regretté Malek Chebel, grand anthropologue de la civilisation islamique, a brisé ce tabou en publiant un monumental *Esclavage en terre d'islam* (Pluriel, 2010). Envers Tidiane N'Diaye, lui-même africain et musulman, pas de polémique frontale mais une stratégie plus subtile de censure par élision.

La thèse qu'il défend est simple : si la traite transatlantique, qui a duré quatre siècles, est qualifiée à juste titre de crime contre l'humanité, la traite des Noirs d'Afrique par le monde arabo-musulman, commencée dès le VIIe siècle et terminée officiellement au XXe, peut s'assimiler à une extermination de masse : on estime qu'elle fit près de 17 millions de victimes, tuées ou castrées. Alors que 70 millions de descendants ou de métis d'Africains peuplent les Amériques, des États-Unis au Brésil en passant par les Caraïbes, seule une minorité de Noirs ont réussi à survivre en terre d'islam. La traite arabe commence lorsque les captifs blancs originaires d'Europe centrale et orientale viennent à manquer. Ce « déficit caucasien » oblige les conquérants à se tourner vers l'Afrique. Dès 652, l'émir et général Abdallah Ben Saïd impose aux Nubiens et aux Soudanais un accord leur demandant la livraison de centaines d'esclaves. « Les Arabes avaient ainsi ouvert une voie balisée d'humiliations, de sang et de morts qu'ils seront les derniers à refermer officiellement au XXe siècle, longtemps après les Occidentaux[1]. »

Subterfuge théologique

Ce trafic s'opère par un double subterfuge racial et théologique. Si l'islam divise les hommes entre croyants et non-croyants, il interdit d'asservir les fidèles du Coran. De nombreux peuples d'Afrique, séduits par le message

1. Catherine Coquery-Vidrovitch explique que la littérature arabe, « dès le VIIIe et le IXe siècle, associe la peau noire à des caractéristiques négatives comme une mauvaise odeur, une physionomie répulsive, une sexualité débridée, des signes extérieurs de sauvagerie ou de débilité » (in Marc Ferro, *op. cit.*, p. 867).

égalitaire du Prophète, vont bientôt se convertir à cette nouvelle foi. Pour contourner cet interdit, les trafiquants considèrent que la conversion ne suffit pas : l'homme noir peut être acheté ou vendu car il appartient à une humanité inférieure. Même le grand historien Ibn Khaldoun (1332, Tunis – 1406, Le Caire) estime qu'au sud du Nil existe une « race nègre (…) plus proche du stade bestial » dont les hommes « ressemblent plutôt aux animaux sauvages qu'à des êtres raisonnables (…) quelquefois ils se dévorent les uns les autres ; aussi ne méritent-ils pas d'être comptés parmi les hommes ». En arabe, le mot *abid* signifiant esclave est devenu à partir du VIIe siècle synonyme de noir, *Zenj*[1]. Bien avant les grands théoriciens européens du racisme, le monde arabo-musulman aura justifié la ségrégation raciale envers les Africains, au mépris de l'enseignement de Mahomet. Les pèlerins noirs qui se rendaient à La Mecque étaient parfois kidnappés par de riches marchands saoudiens et revendus sur les marchés. Le Coran aura, comme la Bible dans le monde chrétien, servi au pire et au meilleur. Des empires entiers furent détruits, comme celui du Ghana au XIe siècle par les Almoravides venus du Maroc et d'Andalousie, des civilisations dévastées et réduites en poussière. Le cheptel recherché devait être jeune et vigoureux : les villages étaient encerclés, la savane brûlée pour éviter que les fugitifs puissent s'y cacher, les vieux et les malades éliminés.

1. « La pire des injures qu'un Arabe puisse proférer à l'endroit d'un autre Arabe c'est de le traiter de Nègre, de l'appeler le Nègre » (in Ahmadou Kourouma, *op. cit.*, p. 262).

Les rabatteurs, souvent assistés d'aventuriers européens, organisaient des expéditions jusqu'au cœur du continent pour s'approvisionner en chair fraîche. Le bois d'ébène était traqué par des armées de guerriers qui nouaient des pactes avec les souverains locaux. Le djihad n'était qu'un prétexte pour s'enrichir et faire travailler des centaines de milliers d'hommes au service de leurs propriétaires soucieux de mener une vie oisive. Comme le disait le proverbe : « L'esclave se satisfait de la jouissance du maître. »

La traite orientale emprunte deux routes, la transsaharienne et la maritime. La première est celle des caravanes qui vont d'oasis en oasis, traînant avec elles des milliers de captifs enchaînés qui meurent de faim, de soif, d'épuisement. Les pistes sont parsemées de squelettes. Une fois acheminés à bon port, les survivants sont exhibés, évalués et mis en vente : au XIXe siècle, la ville de Khartoum constitue le plus grand entrepôt d'esclaves de la région[1]. L'autre route était celle du Nil et de la mer Rouge, avec l'importance prise par l'île de Zanzibar, possession du sultanat d'Oman. Ce dernier colonisa toute l'Afrique de l'Est, avec l'aide des banquiers indiens, des monarques locaux et l'accord tacite des Britanniques. Zanzibar, plus que l'île de Gorée, au Sénégal, surmédiatisée, fut l'épi-

1. Véronique Olmi racontera dans son roman *Bakhita* (Albin Michel, 2017) le martyre de cette femme née en 1869 au Soudan, enlevée par des négriers musulmans, vendue et revendue plusieurs fois jusqu'à ce que le consul d'Italie à Khartoum l'emmène à Rome. Elle se convertit au christianisme, meurt en 1947 et est canonisée par Jean-Paul II en 2000. Aujourd'hui, Véronique Olmi ne pourrait plus raconter cette histoire sans être taxée d'appropriation culturelle.

centre d'une traite phénoménale. Le « Nègre » y était inscrit dans le tarif des douanes telle une marchandise parmi d'autres. Les commerçants acheminaient les captifs en Perse, en Inde et jusqu'en Chine. Mais les révoltes contre cet état de fait furent innombrables, dont la plus célèbre fut celle des Zendj, dans l'Irak actuel, contre le pouvoir des Abbassides entre 869 et 883 qui tinrent tête pendant quatorze ans aux troupes des califes avant d'être écrasés.

Les captifs étaient castrés par des moines coptes en Égypte et en Éthiopie – l'islam interdisant cette pratique. Ils effectuaient l'ablation sur des jeunes garçons de 8 à 12 ans dans des conditons d'asepsie épouvantables. Près de 80 % des patients mouraient des suites de l'opération. Le fantasme des Noirs surpuissants risquant de déshonorer les dames des harems conduisit à cette fabrication massive d'eunuques, ces « gardiens de la vertu des femmes ». Quant aux femmes, elles étaient recherchées comme concubines autant pour leur beauté que pour leur réputation de sensualité. Mais les enfants nés de ces unions étaient tués ou châtrés à leur tour, si bien que ces liaisons forcées ne produisirent aucune descendance digne de ce nom[1]. Mulâtres et métis étaient rarissimes. « En castrant la plupart de ces millions de malheureux, l'entreprise ne

1. Tidiane N'Diaye est contredit par Catherine Coquery-Vidrovitch, pour qui l'assimilation eut lieu sans problèmes et la « descendance de ces Noirs finit par se fondre dans la population » (*op. cit.*, p. 868). Sa thèse est aussi nuancée par le sociologue Cahit Gungor, qui signale un métissage des descendants d'esclaves noirs dans la population arabe ou berbère, confirmé par l'étude génétique des populations nord-africaines.

fut ni plus ni moins qu'un véritable génocide, programmé pour la disparition totale des Noirs du monde arabo-musulman, après qu'ils furent usés, utilisés, assassinés. » À en croire Tidiane N'Diaye, la traite arabe fut donc bien la pire : « Bien qu'il n'existe pas de degrés dans l'horreur ni de monopole de la cruauté, on peut soutenir sans risque de se tromper que le commerce négrier et les expéditions guerrières menées par les Arabo-musulmans furent, pour l'Afrique noire et tout au long des siècles, bien plus dévastateurs que la traite transatlantique. » Le propos est ravageur, ses conséquences théoriques plus encore, et mériterait d'être abondamment discuté. Marc Ferro écrivait déjà en 1992 dans son *Livre noir du colonialisme* : « La main tremble dès qu'il s'agit d'évoquer les crimes commis par les Arabes alors que l'inventaire des crimes commis par les Européens occupe, pour sa part, à juste titre, des pages entières. » Il ne s'agit pas d'exonérer l'Occident de ses crimes mais de répartir équitablement la charge…

Le silence des élites

À la fin de son étude, l'auteur s'interroge sur le silence des élites devant ces événements, surtout en Afrique. Il l'explique par une solidarité face au colonialisme blanc, mais aussi par un syndrome de Stockholm où les descendants des victimes pactisent avec les descendants des bourreaux sur le dos de l'Occident. L'ancienne garde des Sceaux, Christiane Taubira, ne proclamait-elle pas avec condescendance : « Il ne faut pas trop évoquer la traite négrière arabo-musulmane pour que les jeunes Arabes ne portent pas sur leur dos tout le poids des méfaits des Arabes » ? (*L'Express*, 4 mai 2006.) Trop de chercheurs africains et afro-américains, déplore Tidiane N'Diaye, tentent de gommer cet épisode monstrueux, pour ne pas remettre en cause leurs préjugés ou leur confort. La conférence de Durban en 2000 aurait pu être l'occasion pour Arabes et Noirs de s'expliquer, de solder les comptes. Las. Par un refoulement révélateur, Durban se contenta d'accuser « l'entité sioniste » et de désigner les Juifs en fauteurs du malheur universel. Dans les Antilles, on le sait, la mémoire blessée de l'esclavage débouche parfois sur un antisémitisme plus ou moins assumé alors que le Code noir interdisait aux Juifs, race de pestiférés, de faire commerce d'esclaves.

La thèse de Tidiane N'Diaye bouscule la vision classique d'une Afrique dépecée par les seuls impérialismes européens. Pour l'historien, c'est l'arrivée des conquérants arabes dès le VIIe siècle, alliés aux notables africains[1], qui fit le malheur de ce continent, et les Européens se greffèrent sur cette première hémorragie pour l'étendre, l'approfondir. Au moins l'Europe a-t-elle reconnu ses zones d'ombre. On attend du monde arabo-musulman qu'il

1. « L'esclavage de l'Afrique par les Arabes et la colonisation par les "notables africains" existaient déjà avant l'arrivée des Européens. La colonisation et l'esclavage n'étaient pas des "inventions" extérieures à l'Afrique, apparues sur le continent en même temps que le "visage pâle" », écrit Alain Mabanckou à propos du livre de Yambo Ouologuem, *Le Devoir de violence*, paru en 1968 au Seuil (Alain Mabanckou, *op. cit.*, pp. 155-156).

fasse son mea culpa pour son rôle dans la « chasse au bois d'ébène » et s'interroge enfin sur ses zones d'ombre. On a eu raison d'instituer une journée de commémoration de l'esclavage (qu'il faudrait baptiser plutôt *des* esclavages, le singulier est restrictif) puisque c'est l'humanité entière qui a été souillée dans cette ignominie[1]. Mais cette journée devrait aussi être un jour de liesse puisqu'elle commémore la sortie collective de l'espèce humaine d'un de ses plus affreux péchés. Il est indispensable de mieux enseigner les tenants et aboutissants de cet « infâme trafic », de restituer le phénomène dans toute sa complexité. Que font d'ailleurs nos protestataires ardents d'Amérique et d'Europe contre l'esclavage moderne ? Où étaient-ils quand des milliers de femmes et d'enfants, chrétiens, yézidis, chiites, étaient mis en servitude domestique et sexuelle par les djihadistes de Daech, ont-ils hurlé quand des marchés aux esclaves ont été révélés par CNN en Libye le 15 novembre 2017 dans la banlieue de Tripoli ? On ne les a ni vus ni entendus. Que tous les acteurs du crime, du Bénin aux Amériques, de l'Aquitaine au Proche-Orient, d'Oman jusqu'à la Chine, soient convoqués, que le forfait soit connu, explicité dans ses ramifications, son étendue. Comment ne pas se scandaliser d'apprendre qu'en Martinique, des statues de Victor Schœlcher, le grand

1. La loi Taubira sur la reconnaissance de l'esclavage comme crime contre l'humanité, adoptée le 21 mai 2001, est à cet égard hémiplégique car elle ne reconnaît que la traite transatlantique à partir du XVe siècle et ne parle ni de la traite africaine ni de la traite orientale ; elle ne dit pas un mot non plus de l'esclavage blanc qui perdura jusqu'au XVIIIe siècle

abolitionniste, ont été abattues en mai 2020 par des activistes sous le prétexte qu'étant « blanc », Victor Schœlcher ne pouvait pas ne pas être esclavagiste et raciste ? Un nouveau risque apparaît : celui de l'ethnicisation de la mémoire[1]. « L'abolition de 1848, et tous les actes qui l'ont permise enfin, n'est ni noire ni blanche. Elle est universelle, elle est de la couleur de la liberté et nous appartient à tous, aujourd'hui, en tant que citoyens français, égaux en droits » (Mario Stasi).

Rappelons enfin ceci : l'esclavage a été rétabli en Europe par deux fois au XXe siècle, en 1917 avec la révolution bolchevique et en 1933 avec l'arrivée au pouvoir du nazisme. L'invention du goulag dès 1918, la déportation de millions de « contre-révolutionnaires » et koulaks dans la Sibérie désolée d'un côté, les camps de concentration allemands de l'autre, divisés entre camps de travail et camps d'extermination, constituèrent une double traite « blanche » qui fit en moins de soixante-dix ans des dizaines de millions de morts, par épuisement, torture et liquidation.

1. Ainsi le Cran, regroupé avec d'autres associations, a-t-il tenté d'interdire à une professeure de Nantes, Virginie Chaillou-Atrous, de venir enseigner « l'histoire de l'esclavage, de l'engagisme et de l'économie des colonies dans les îles du sud-ouest de l'océan Indien au XVIIIe et au XIXe siècle » à La Réunion au motif qu'étant métropolitaine, elle lèse un candidat local. On l'a qualifiée de « zorey imbue de ses compétences » : les zorey, rappelons-le, étaient, dans les plantations, les mouchards qui parlaient créole et rapportaient au maître les propos séditieux de leurs esclaves. Si la nomination a été annulée par la justice réunionnaise, la professeure, épuisée par ces querelles picrocholines, a décidé de porter plainte pour discrimination (*Le Monde*, 5/6 juillet 2020).

CHAPITRE 19

Vers l'Europe compliquée avec des idées simples

« Je m'en fiche de notre Dame de Paris car je m'en fiche de l'histoire de France (…) les gens ils vont pleurer pour des bouts de bois, wallah vs aimez trop l'identité française alors qu'on s'en balek objectivement, c'est votre délire de petits blancs. »

Hafsa Askar, membre de l'Unef,
sur Twitter, 15 avril 2019,
après l'incendie de la cathédrale

On connaît la célèbre phrase de Karl Marx sur le coup d'État de Louis-Napoléon Bonaparte : « Hegel fait quelque part cette remarque que tous les événements et personnages historiques se répètent pour ainsi dire deux fois. Il a oublié d'ajouter : la première fois comme tragédie, la seconde fois comme farce[1]. » Et Marx d'ajouter : « La tradition de toutes les générations mortes pèse d'un

1. Karl Marx, *Le 18 Brumaire de Louis Bonaparte*, 1852.

poids très lourd sur le cerveau des vivants. » D'où vient le sentiment que certaines générations actuelles sont à bien des égards des générations parodiques qui répètent maladroitement ce que leurs aînés avaient dit avec talent ? Dans le domaine qui nous occupe, on voit bien que les grands ancêtres de l'anticolonialisme, Frantz Fanon, Léopold Sédar Senghor, Patrice Lumumba, Aimé Césaire, Albert Memmi, Edward Saïd, que l'on soit d'accord ou non avec leurs écrits, n'ont pas été remplacés mais simplement pastichés. On oublie que ces figures illustres, souvent formées au marxisme, étaient elles-mêmes universalistes, comme plus tard Nelson Mandela et Martin Luther King, et se battaient pour la réconciliation du genre humain, non pour l'affrontement tribal. Elles ambitionnaient d'élargir l'universel pour y faire entrer les colonisés, les esclaves, les damnés de la terre. Leurs héritiers autoproclamés dévoient leur message et le corrompent. C'est toute l'ambiguïté des études postcoloniales ou décoloniales.

À cet égard, « colonialisme » est devenu un mot-valise utilisé à tort et à travers et qui est sorti du temps. Chacun peut, selon ses inclinations, habiter le pays virtuel de l'esclavage ou du colonialisme devenus des concepts flous, des habitats temporaires qu'on investit pour dire sa colère ou sa stupeur. Il permet de se réinscrire dans une tradition glorieuse, au prix de toutes les distortions. Des générations d'intellectuels et de militants, inconsolables des anciens combats, reprennent le vocabulaire des luttes de libération, soixante ans après les indépendances, et ânonnent gâteusement un catéchisme écrit par d'autres. Comme si rien n'avait eu lieu. Ils font penser à ces soldats japonais éparpillés dans les îles du Pacifique et qui ne savaient toujours pas, dans les années 1960, que la Seconde Guerre mondiale était achevée. C'est une vocation que d'être un héros, une fois les combats terminés, cela vous donne un lustre de franc-tireur sans vous exposer au moindre risque.

La philosophie occidentale est-elle raciste ?

La critique de l'universel dirigée contre l'Occident est en réalité une querelle très occidentale qui remonte à la fin du XVIIIe siècle. Elle comprend deux volets : la philosophie allemande reprochera au rationalisme français son oubli de la diversité humaine, des cultures et des traditions. Elle dénoncera en lui une volonté de domination qui s'étendra ensuite à travers les conquêtes napoléoniennes et le colonialisme. Ce courant, illustré en Allemagne par Herder et Fichte (ce dernier a été fasciné par la Révolution de 1789), était déjà en germe chez l'abbé Raynal, farouche dénonciateur des « barbares européens », et surtout chez Rousseau, critique acerbe des illusions des Lumières et fondateur indirect du romantisme et de l'anthropologie. L'Europe impériale prétendait incarner l'universel, elle se révéla terriblement provinciale : Anglais et Français se contentaient d'imposer, au nom de la Civilisation, qui le pudding et le cheddar, qui la baguette et le vin rouge.

Le courant dit « décolonial » entend porter le fer au sein des forteresses de l'hémisphère Nord et les désagréger. L'Occident doit être colonisé par ses anciens colonisés, vaincu par ceux qu'il a soumis jadis comme les Romains l'ont été par les Grecs. L'Afrique avant les invasions coloniales était, nous dit-on, un Éden qui a été brisé[1]. Même si ce mythe est démenti par tous les historiens, cette destruction présumée doit se payer. Le temps du repentir ne suffit plus : il s'agit désormais de dynamiter l'Europe (et ultérieurement les États-Unis) de l'intérieur et les Européens éclairés doivent prêter main-forte à cet effort. Par exemple, le parti d'extrême gauche Podemos exigea en 2016 que l'Espagne demande pardon à l'Islam pour la *Reconquista* de l'Andalousie et l'expulsion des musulmans ! On aurait pu imaginer l'inverse, que le Maghreb présente des excuses solennelles à l'Espagne pour l'avoir occupée sept siècles durant, mais non ! La lutte de libération dura plusieurs siècles et constitua la première guerre anticoloniale de l'Europe. Elle fut d'une grande férocité, via l'Inquisition espagnole, fondée en 1478, envers les musulmans et les Juifs et transforma la religion catholique en idéologie de conquête. Mais décrire la Reconquista comme « fasciste et génocidaire » devrait alors nous porter

1. Il y eut comme partout d'immenses royaumes, l'empire du Mali par exemple, et d'immenses violences. Un exemple entre mille : Chaka, fondateur de la nation zulu (1787-1828), guerrier redoutable, fut aussi responsable de la mort de millions d'Africains au cours de ses guerres et d'une politique d'épuration ethnique et de terre brûlée chez ses voisins. Mais le juger comme on jugerait n'importe quel conquérant européen, c'est avoir un regard de Blanc biaisé.

à reconsidérer beaucoup de guerres d'indépendance des années 1960 qui furent des bains de sang et virent l'expulsion, par exemple, des Juifs de tout le monde arabe ! L'Andalousie heureuse fait partie, on le sait, de ces mythes qui ne résistent ni aux faits ni aux analyses et demandent plus que tout à être nuancés[1].

La fureur iconoclaste qui pousse, aux États-Unis, à décapiter des statues de Christophe Colomb ou de généraux confédérés, en Belgique à couvrir de peinture rouge celles de Léopold II, en France à vouloir en finir avec celles de Colbert, promoteur du Code noir, ou du général Faidherbe à Lille témoigne d'une volonté de faire du passé table rase. Pourquoi pas ? Toutes les époques ont agi de même. Mais sur la table, les dossiers s'empilent, les procureurs rivalisent de zèle. Ils ne savent plus que faire pour redresser les torts du passé et réparer l'histoire à moindres frais. On barbouille de rouge la statue de Cervantes à San Francisco alors qu'il fut lui-même esclave des Barbaresques durant cinq ans, on tague les bustes de De Gaulle ou Churchill, les deux vainqueurs du nazisme. Leur vrai crime, en réalité, au-delà de la duplicité réelle des personnages, c'est d'avoir été blancs, conservateurs et imbus des préjugés de leur époque[2]. Mais la statue du

1. Voir Abdelwahab Meddeb et Benjamin Stora, *Histoire des relations entre Juifs et musulmans des origines à nos jours*, Albin Michel, 2013. Dans cet ouvrage, qui réunit des dizaines de contributions, les auteurs n'entendent éluder ni les jours fastes ni les malheurs, ni les pogroms ni les massacres.

2. « Les statues publiques des maudits, Colbert, Napoléon, du général de Gaulle, rejoindront les poubelles de l'Histoire de

Mahatma Gandhi a, elle aussi, été déboulonnée au Ghana pour cause de racisme car le leader de l'indépendance indienne aurait eu des a priori négatifs contre les Africains, ce que Nelson Mandela lui avait pardonné en raison du contexte et des circonstances. Et demain, pourquoi pas Aimé Césaire, coupable de collusion avec les autorités de la République, ou Toussaint Louverture, le libérateur d'Haïti, parce que lui-même avait rétabli le servage et une pompe d'Ancien Régime, ou Gaston Monnerville, grand serviteur de l'État français, ou Félix Éboué, administrateur colonial ? Tous les personnages du passés sont imparfaits : ils ont été novateurs d'un côté, rétrogrades de l'autre, immergés dans leur temps. Nous les jugeons avec l'arrogance des héritiers, nous les traînons au tribunal du présent sans voir comment ils se sont extirpés des préjugés de leur époque et ont anticipé la nôtre. Fanatisme de la pureté : nous cherchons des irréprochables, des immaculés. Or il n'y a pas de héros absolus : les grands personnages historiques ont tous une face d'ombre qui désespère leurs admirateurs : même « l'icône des droits civiques » Angela Davis, qui donne son nom en France à tant de lycées, a manifesté une complaisance, pour ne pas dire une complicité, avec l'URSS et le dirigeant stalinien est-allemand Erich Honecker, refusant de militer en faveur des prisonniers politiques derrière le rideau de fer. Pour elle, il était inconcevable que des êtres humains veuillent

l'Humanité : ainsi on effacera du dessous des Cieux leurs souvenirs pour le bénéfice des jeunes générations » (Ligue de défense noire africaine, printemps 2020).

retourner au capitalisme après avoir bénéficié des avantages inespérés du communisme !

Ceux qui n'ont joué aucun rôle dans l'abolition de l'esclavage ou du colonialisme s'attaquent à des fantômes : ils voudraient faire disparaître de la terre toute allusion à cette période dans une sorte d'épuration éthique rétrospective, jusqu'à rebaptiser les rues à leur convenance, reconstruire tout le paysage urbain de l'Europe selon leurs lubies. Pourquoi démolir les monuments au lieu d'en faire les outils d'une pédagogie de la mémoire ? Pourquoi ne pas les diversifier et suivre l'exemple de ces villes de la Côte d'Azur, telle Bandol, qui ont érigé des plaques commémoratives en faveur des combattants africains, nommément désignés, morts pour la France lors du débarquement de Provence en août 1944 ? C'est l'enseignement de l'Histoire, et surtout de l'histoire coloniale et de l'esclavage, qui doit remplacer l'imprécation et l'effacement. Mieux vaut une conviction informée qu'une pureté ignorante. (On peut regretter d'ailleurs que sur les plaques en hommage aux victimes du Bataclan, de *Charlie Hebdo*, de l'HyperCacher ou de Nice, on parle d'attentats terroristes et non de terrorisme islamiste.) C'est le paradoxe du crétinisme vandale : il maudit au lieu d'instruire, il gomme au lieu d'instruire, il oublie cette recommandation de Martin Luther King suppliant les jeunes Américains de ne « pas détruire leur héritage mais d'être à la hauteur de cet héritage ».

« L'Europe n'est plus le lieu d'où l'on parle des autres mais ce dont on parle entre Asiatiques et Africains », dit le philosophe Souleymane Bachir Diagne[1]. Parce qu'une pluralité de cultures a fait irruption sur la scène de l'Histoire après guerre, il faudrait donc « décoloniser les imaginaires » et comprendre désormais que la philosophie passe par Bagdad, Fès, Tombouctou, aussi bien que par Amsterdam ou Königsberg. De même, dit la Franco-Congolaise Nadia Yala Kisukidi, spécialiste de Bergson, il s'agit de « déracialiser » la pensée européenne pour en finir avec le pseudo-« miracle grec », pur de toute influence orientale ou africaine, et pointer dans l'universalisme des Lumières un oubli fondamental de l'Autre. « L'histoire de la philosophie, c'est-à-dire le récit de sa genèse grecque et de sa filiation exclusivement européenne qui s'est construite à l'époque moderne, revêt ainsi un caractère discriminatoire et identitaire[2]. » Il faut sortir de la « bibliothèque coloniale » (V.Y. Mudimbe) qui oblige les Africains à se penser avec les concepts forgés par les anciens colonisateurs.

Tous ces auteurs reprennent une critique déjà formulée par Jean-Jacques Rousseau au XVIIIe siècle sur le narcissisme de l'Europe : « Depuis trois ou quatre cents ans que les habitants de l'Europe inondent les autres parties du monde et publient sans cesse de nouveaux recueils de voyages et de relations, je suis persuadé que nous

1. « En Afrique, il est temps de décoloniser nos imaginaires », entretien de Souleymane Bachir Diagne avec Nicolas Truong, *Le Monde*, 17 août 2019.

2. Nadia Yala Kisukidi, « Bagdad, Fès, Tombouctou sont d'autres lieux de la vie philosophique », *Le Monde*, 14 août 2019.

ne connaissons d'hommes que les seuls Européens[1]. » L'anthropologie n'aura d'autre ambition que de briser ce regard circulaire des colonisateurs sur eux-mêmes, à commencer par le grand rousseauiste que fut Claude Lévi-Strauss qui prit le parti de se voir à travers les yeux des autres. En soi, les revendications de ces penseurs sont légitimes mais leur vision de la philosophie occidentale pèche par simplification. Elle n'a jamais été cette réflexion solipsiste qui tourne autour d'elle-même. Aucune culture n'a été aussi curieuse des autres civilisations que celle de l'Europe, jusqu'à proclamer la supériorité des Barbares (c'est-à-dire des Égyptiens) dans la philosophie grecque tardive qui va de pair avec la dévalorisation de la langue, des institutions, de l'histoire grecques[2]. On oublie la dette que Karl Jaspers reconnaissait au milieu du XXe siècle envers Bouddha et Confucius, la fascination exercée sur Schopenhauer et Nietzsche par les philosophies orientales[3], sans compter l'influence des « gymnosophistes », c'est-à-dire de l'hindouisme et du bouddhisme, sur Pyrrhon et certains Grecs anciens. C'est au XIXe siècle que s'effectua, selon Roger-Pol Droit, le partage entre un Orient qui ne serait

1. Jean-Jaques Rousseau, *Discours sur l'origine et le fondement des inégalités*, cité in Antoine Lilti, *L'Héritage des Lumières*, Le Seuil, 2019, p. 76.

2. Roger-Pol Droit, *Généalogie des barbares*, Odile Jacob, 2007.

3. Sur les contresens et les mésinterprétations occidentales dans la réception du bouddhisme et de l'hindouisme, voir Roger-Pol Droit, *Le Culte du néant*, Le Seuil, 2004.

que terre de sagesses et une Grèce patrie de la philosophie[1].

On nous explique que nous méconnaissons les grandes écoles philosophiques de l'Afrique. Si c'est vrai, alors qu'on les traduise, qu'on les édite ou réédite comme on a traduit Saint Augustin, Maïmonide, Avicenne et Averroès, qu'on nous démontre leur originalité. Mais pourquoi masquer cette méconnaissance en invoquant un pseudo-racisme grec ? Frantz Fanon avait déjà répondu à ce type d'objections : « Nous sommes convaincus qu'il y aurait un grand intérêt à entrer en contact avec une littérature ou une architecture nègres du IIIe siècle siècle avant Jésus-Christ. Nous serions très heureux de savoir qu'il exista une correspondance entre tel philosophe nègre et Platon. Mais nous ne voyons absolument pas ce que ça pourrait changer dans la situation des petits gamins de huit ans qui travaillent dans les champs de canne en Martinique[2]. » Si le moment est venu de mondialiser la philosophie, ce n'est pas en calomniant la pensée occidentale qu'on y parviendra. Il ne s'agit pas de décoloniser mais de décloisonner, de lancer des passerelles, d'ouvrir de nouveaux horizons.

1. *Ibid.*

2. Frantz Fanon, *Peau noire, masques blancs*, Le Seuil, 1952, p. 187.

Au bon temps des colonies

Il faut distinguer ici le colonialisme qui fait partie, pour nous Modernes, comme le fascisme et le communisme, des condamnables par principe, de la colonisation qui fut diverse et complexe, malfaisante et bénéfique à la fois et dont la chronique relève du travail scrupuleux de l'historien dans le respect des faits et des nuances. Elle n'aura empêché en tous les cas ni de tisser des liens, ni de maintenir des relations d'estime et d'amitié avec les peuples jadis sous tutelle, plus d'un demi-siècle après sa liquidation. Dans le discours de nos militants, le « colonialisme » ressemble un peu à l'effet de traîne d'un nuage après l'orage : il n'en finit jamais, il est comme Dieu, visible nulle part et présent partout. Il est un processus qui se perpétue à notre insu. Françoise Vergès explique, par exemple :

> « Les féministes décoloniales étudient la manière dont le complexe racisme/sexisme/ethnicisme imprègne toutes les relations de domination, alors même que des régimes qui étaient associés à ce phénomène ont disparu. La "colonialité" serait la persistance du racisme républicain français sur le territoire de la métropole et ailleurs dans le monde. Il faut penser ensemble patriarcat, État et capital, justice reproductive, justice environnementale et critique de l'industrie pharmaceutique, droit des migrant.e.s, des réfugié.e.s et fin du féminicide, lutte contre l'Anthropocène-Capitalocène racial et criminalisation de la solidarité[1]. »

1. Françoise Vergès, *op. cit.*, p. 34.

On est là dans une liste à la Prévert, écriture inclusive comprise, où le lecteur est invité à faire ses courses militantes contre le racisme blanc hétéronormatif ! Surtout ne rien oublier. Un grammairien se penchera un jour sur ce volapuk et en déduira peut-être la mort cérébrale d'une certaine gauche. Pour Achille Mbembe, qui souhaite rendre l'Afrique aux Africains, l'Europe a décolonisé sans « s'autodécoloniser ». Ce qu'il entend par là n'est pas clair : pour lui l'Europe, nous l'avons vu, devrait d'un côté ouvrir ses frontières aux Africains mais il explique ailleurs que « les Africains doivent se purger du désir d'Europe[1] ». Où est la cohérence ?

Qu'il faille repenser notre relation à l'Afrique ou aux Afriques, car seul le pluriel rend justice à cet immense continent, que le salut des Africains soit l'œuvre des Africains eux-mêmes est une évidence (même si cette partie du monde est aujourd'hui très largement recolonisée par la Chine[2]). Le paradoxe de ces intellectuels me semble être le suivant : en traînant l'Europe au banc des accusés, ils la remettent au centre malgré eux. Ils oublient que sur les 27 pays de l'Union européenne, seules 8 nations ont été colonisatrices, soit un peu moins d'un tiers, et que toutes les autres furent colonisées, par les Arabes, l'Empire russe, l'Empire ottoman, l'URSS, maintenues en servi-

1. *Le Monde*, 10 février 2019.

2. Serge Michel et Michel Beuret, *La Chinafrique. Pékin à la conquête du continent noir*, Grasset, 2008.

tude jusqu'à la fin du XIXe siècle[1] pour les unes et 1989 pour les autres. En voulant marginaliser l'Europe, ou plus exactement la « provincialiser » (Dipesh Chakrabarty)[2], on en fait toujours le point de référence absolu. Les surenchères politiques, les affèteries stylistiques de certains, les bricolages conceptuels ont même pu faire parler de « carnaval académique » (Jean-François Bayard)[3]. C'est donc soixante ans après que huit pays de l'Europe occidentale ont cessé toute colonisation qu'ils sont blâmés comme jamais. On continue à les accabler alors qu'ils jouent un rôle marginal dans les affaires du monde, en dépit de la puissance commerciale de l'Union européenne. L'on veut absolument que celle-ci reste marquée par son inconscient colonialiste : c'est une façon de lui rendre hommage tout en l'attaquant.

Si l'Europe est détestable à tant de titres, et elle l'est sans aucun doute, si elle conjugue à la fois le racisme,

---

1. Dates d'abolition du servage, du serf paysan en Europe orientale ou centrale : Hongrie, 1853 ; Autriche, 1848 ; Croatie, 1848 ; Bulgarie, 1880 ; Russie, 1861 ; Pologne russe, 1864 ; Bosnie-Herzégovine, 1918.

2. Dipesh Chakrabarty, *Provincialiser l'Europe. La pensée postcoloniale et la différence historique*, éditions Amsterdam, 2009. Dipesh Chakrabarty est un historien indien, anciennement marxiste, professeur distingué à l'université de Chicago et récipiendaire en 2014 du prix Arnold Toynbee. Mais au contraire de ses collègues décoloniaux, Dipesh Chakrabarty maintient que l'Europe a fait un don au monde et qu'on ne peut parler de la sorte que « dans un esprit anticolonial de gratitude » (cité in Jean-François Bayard, *op. cit.*, p. 12).

3. Jean-François Bayard, *op. cit.*

l'oppression, la bestialité, pourquoi vouloir à tout prix s'y installer ? Pourquoi tant de brillants esprits africains souhaitent-ils y enseigner, y publier ? Ils sont mus par la volonté d'être reconnus dans ces pays dont ils dénoncent la politique avec virulence. Ils sont par ailleurs philosophes, écrivains ou romanciers, célébrés, récompensés, invités partout, dotés de prix divers, mais ils continuent à vitupérer. On pourrait appeler cette stratégie la *séduction par l'insulte* : accueillez-moi que je vous maudisse. C'est une position très confortable. On morigène l'Europe en lui intimant l'ordre d'ouvrir grand ses bras aux réprobateurs : il y a une jouissance à manipuler la culpabilité « blanche »[1]. « Tu m'as enseigné le langage, et le seul profit que j'en ai tiré, c'est de savoir maudire » (Shakespeare). L'écrivain anglo-ghanéen Kwame Anthony Appiah a résumé avec ironie cette situation de la façon suivante : « La postcolonialité est la condition de ce que nous pourrions appeler un peu méchamment une intelligentsia compradore : un groupe relativement restreint d'écrivains et de penseurs de style occidental et formés à l'occidentale, qui servent d'intermédiaires dans le négoce des produits culturels du capitalisme mondial avec la périphérie[2]. » Le statut d'intellectuel

1. On pourrait dire la même chose des militantes dont Maboula Soumahoro, Mariétou Mbaye Bileoma ou la romancière Léonora Miano qui prétend déconstruire « l'invention européenne de la race ». Même si elle ne donne pas quitus aux Africains de leurs échecs et se tient, en bonne « Afropéenne », à mi-distance entre l'éloge et le blâme.

2. Cité in Jacques Pouchepadass, *Le Projet critique des* postcolonial studies *entre hier et demain* (in Jean-François Bayard, *op. cit.*, p. 7).

africain « victime » qui explore les niches de la mauvaise conscience occidentale fonctionne comme un excellent créneau. La relation est figée entre deux rôles : l'inquisiteur qui foudroie et l'accusé qui se flagelle.

L'impôt moral

Ces injections de honte sont fondées sur un postulat : l'Europe aurait une dette illimitée vis-à-vis de l'Afrique. L'histoire des traites négrières est difficilement contestable mais pourquoi, nous l'avons dit, n'en faire peser le poids que sur les seuls Occidentaux et en exonérer les Orientaux et les Africains eux-mêmes ? L'Europe devrait tout à l'Afrique sur tous les plans : aucun dédommagement financier ne peut compenser cette perte incalculable.

Tels sont les intellectuels « décoloniaux » : ils s'autoproclament collecteurs de dettes. Ils viennent toucher leurs dividendes compassionnels. À leurs yeux, l'Europe serait la création du tiers-monde, comme on le disait dans les années 1960, et sa richesse serait celle de ses anciennes colonies. La thèse est contestable, le colonialisme aurait coûté plus cher aux pays européens qu'il ne leur a rapporté[1] et ni le pillage ni le vol n'ont jamais construit une économie solide. L'Espagne du Siècle d'or, écrasée par sa

---

1. C'est la thèse de Jacques Marseille, *Empire colonial et capitalisme francais. Histoire d'un divorce*, Albin Michel, 1984. Raymond Aron, mort en 1983, estimait quant à lui que la question est indécidable tant les économies des métropoles et des colonies étaient imbriquées. Voir

fièvre aurifère, en est la preuve. Coloniser un pays, c'est stériliser la capacité d'innovation de la métropole. À tous ces intellectuels qui viennent chercher en Occident la légitimité académique, on aurait envie de dire : oubliez-nous ! Travaillez plutôt à construire ou reconstruire vos pays. La romancière franco-sénégalaise Fatou Diome l'a bien dit qui ose briser le tabou : « La rengaine sur la colonisation et l'esclavage est devenu un fonds de commerce[1]. »

Remarquons que la problématique de la restitution des œuvres d'art est fondée sur les mêmes présupposés : la muséographie occidentale serait un vol, une spoliation. Même l'Élysée, selon Louis-Georges Tin, président d'honneur du Cran, serait un « palais négrier », comme d'ailleurs la plupart des monuments de la République, puisqu'il a été bâti et financé par un des plus riches négriers de l'histoire de France, Antoine Crozat, pour y loger sa fille et son gendre Louis-Henri de La Tour d'Auvergne. Et s'adressant aux époux Macron qu'il traite presque de trafiquants d'esclaves, Louis-Georges Tin écrit : « Vous êtes logés dans une résidence somptueuse dont les ors sont l'envers de l'enfer subi par nos ancêtres. Derrière les murs de l'Élysée, errent encore les fantômes des esclaves. Le silence de votre palais résonne des cris et des souffrances des Africains déportés. Vous êtes les

---

aussi Ferghane Azihari, « Ni la colonisation ni l'esclavage n'ont enrichi l'Occident », *Le Point*, 28 août 2020.

1. *Le Monde*, 25 août 2019 : « La décolonisation de la pensée a déjà été faite par des penseurs tels que Aimé Césaire ou Frantz Fanon : après tous leurs efforts, en sommes-nous encore à nous demander comment nous libérer ? »

héritiers de cette histoire. C'est du sang des Africains réduits en esclavage qu'est sortie la splendeur du toit qui vous abrite[1]. » Une remarque : le palais de l'Élysée n'a pas été construit par des esclaves africains mais par des artisans et des ouvriers français, à une époque, l'Ancien Régime, où sévissaient le servage et l'engagisme, des formes atténuées d'esclavage. C'est leur labeur et leur douleur qui résonnent dans les couloirs de l'Élysée mais aussi leur talent, leur ingéniosité d'artisans et de bâtisseurs qui éclatent, comme dans la majorité des bâtiments de l'Hexagone. Tout à sa fureur rectificatrice, l'historien improvisé oublie un acteur essentiel, le peuple de France, le tiers état dont l'espérance de vie ne dépassait pas alors 27 ou 28 ans et qui vivait dans des conditions d'extrême dénuement. On nous explique que le capitalisme français s'est construit sur l'esclavage, que de grandes firmes, Marie Brizard, AXA, la Banque de France, ont bénéficié de ce commerce infamant et doivent rembourser[2]. Vraiment ? Selon Frédéric Régent, spécialiste de l'esclavage, « la traite négrière représentait à la fin du XVIIIe siècle 4 à 5 % de l'économie française ». C'est sans doute trop, mais on ne peut occulter les 95 % restants.

C'est le problème avec les petits boutiquiers de la mémoire : au lieu de se demander ce qu'ils doivent à

1. Louis-Georges Tin, « Palais de l'Élysée, palais du négrier », *Libération*, 13 juillet 2020. L'auteur se trompe, d'ailleurs : le comte d'Évreux a seulement bénéficié d'un prêt de son beau-père qu'il a remboursé au moment où il a répudié son épouse.

2. Julien Bouissou, « La traite négrière, passé occulté par les entreprises françaises », *Le Monde*, 8 août 2020.

la France, ils exigent qu'elle leur rende des comptes et lui présentent la facture. Il s'agit toujours de déligitimer la République en l'associant à une origine honteuse et impardonnable puisque rien, jamais, ne pourra solder le passif. Conclusion : tout ou partie de ce qui est à vous est à nous. Ce que vociférait un petit commando d'agitateurs venu au musée du quai Branly le 14 juin 2020 « récupérer » et desceller un poteau funéraire Bari du XIXe siècle en criant : « Ces biens nous ont été volés sous la colonisation. On part avec notre bien, on le ramène à la maison[1]. » L'Occident est le continent du recel : il doit rendre, réparer, rembourser jusqu'à la fin des temps.

Il y a au moins deux usages de la mémoire : une mémoire de la macération narcissique qu'aucun dédommagement ne pourra apaiser et qui s'est prise pour fin, et une mémoire de la mobilisation qui nous sensibilise aux injustices. La première est une mémoire du ressentiment qui cherche des cibles pour sa vengeance, la seconde est une mémoire de l'honneur qui maintient vivante la source de l'indignation, accroît notre allergie à l'infamie actuelle.

Colons chez nous ?

Le procès du colonialisme est rouvert non parce qu'il est ignoré ou refoulé à l'école – il est au contraire

1. « Jugés fin septembre pour avoir voulu "récupérer" une œuvre africaine au musée du Quai Branly », *Le Monde Afrique*, 15 juin 2020.

enseigné dans les collèges avec la complexité nécessaire à ce sujet – mais parce qu'il est pourvoyeur de clarté pour les nostalgiques des anciennes divisions. De même qu'il y a des inconsolables de la Seconde Guerre mondiale qui rejouent inlassablement le combat contre le fascisme, il est des intellectuels qui n'ont jamais accepté mentalement l'indépendance des anciens territoires sous administration française. Ils étaient trop jeunes pour y jouer un rôle : ils se rattrapent aujourd'hui. Ils constituent, autant que les anciens rapatriés d'Algérie en France, le nouveau lobby néocolonial. Ils ne peuvent plus faire le deuil de l'oppression d'hier car elle procure trop d'avantages psychologiques.

Ainsi la mauvaise situation des Maghrébins et des Noirs dans certains quartiers de nos villes se comprendrait « par la persistance et l'application de schémas coloniaux à certaines catégories de la population, principalement celles issues de l'ex-Empire[1] ». Curieusement, on n'évoque jamais dans ce schéma les immigrés venant de Chine, du Vietnam, du Cambodge. À en croire les nouvelles vulgates, les problèmes sociaux seraient d'abord des problèmes ethniques et les banlieues rien d'autre que nos nouveaux dominions où les habitants seraient réduits au silence, contraints à un système de sous-citoyenneté.

Paris ferait donc main basse sur les cités, exploiterait leurs richesses, mènerait à leur égard une violente

1. Pascal Blanchard, Nicolas Bancel et Sandrine Lemaire, *La Fracture coloniale*, La Découverte, 2006, pp. 24-25.

politique de prédation. Certains voudraient faire de ces zones de non-droit l'équivalent des territoires occupés de Palestine, une bande de Gaza à elles seules aux environs de Lyon, Toulouse, Paris. Voilà que les Français deviennent des colons chez eux et qu'il faudrait les exproprier de l'Hexagone. On s'invente une généalogie fantastique, on lit les Minguettes ou les quartiers nord de Marseille avec les lunettes des Territoires occupés, on confond La Courneuve et les ghettos de Chicago. On se tient dans une sorte de télescopage spatio-temporel, une superposition des époques et des continents où tout se mélange, le 93 et Ramallah, les caïds de l'Hexagone et les Narcos sud-américains, Clichy et Minneapolis[1]. Chaque fois que des émeutiers affrontent la police, des pétitions circulent pour exiger le retrait des forces de police et l'autoadministration de ces territoires par les gangs ou les islamistes. Or la situation dans les banlieues relève d'« une véritable contre-société en rupture culturelle profonde » (Gilles Kepel), non de la subordination à des fins commerciales qui fut le propre des Empires. Les colons tenaient ou exploitaient un pays, ils ne le délaissaient pas, n'en faisaient pas un « territoire perdu de la République » abandonné aux trafiquants de toutes sortes ou un « territoire conquis par l'islamisme » (même

1. En 2005, Achille Mbembe pointe le traitement colonial des banlieues et parle à ce sujet de « palestinisation ». À l'en croire, c'est le problème de la race qui constituerait la face cachée de Marianne, le revers de sa médaille qu'il nomme pour cette raison sa « bête ». Cité in Jean-Loup Amselle, *L'Occident décroché. Enquête sur les postcolonialismes*, Stock, 2008, p. 248.

si des milliards ont été dépensés pour leur rénovation). D'où l'importance de la reprise républicaine de ces cités contre les bandes qui les occupent et qui passe par l'éducation, des écoles sûres, le retour des services publics, des médecins, des pompiers, la fin des contrôles au faciès, le désenclavement et surtout la dépénalisation du cannabis, source de toutes les convoitises et tueries. Qu'un certain nombre de citoyens noirs ou maghrébins veuillent devenir des « Français à part entière et non des Français entièrement à part », qu'ils dénoncent les discriminations au faciès ou au patronyme est juste. Mais que dire de tous les autres, Pakistanais, Sri Lankais, Kurdes, Tamouls, Turcs, dont on ne parle pas et qui sont encore plus passés sous silence ? On reproche souvent à la France une citoyenneté abstraite : en privilégiant le droit à la ressemblance sur le droit à la différence, elle oublierait tous ces hommes et ces femmes, issus d'autres horizons, qui peinent à entrer dans le cercle enchanté du semblable. Le reproche est fondé, même si l'Hexagone pratique de fait la discrimination positive en de nombreux domaines. Tout l'enjeu consiste à savoir au nom de quoi ces personnes se mobilisent : d'une égalité bafouée des droits qui les laisse à la porte de la République ou d'un outrage tellement profond qu'il les placerait en position d'extériorité absolue. Au lieu d'intégrer les différentes minorités, la société devrait s'adapter à elles et embrasser leur vocation messianique. Leur martyre passé ou présent les mettrait en état de créance illimitée. On oublie qu'en France l'ascenseur social fonctionne depuis des décennies, que de nombreux citoyens issus d'Afrique du Nord ou subsaharienne, de l'océan Indien ou de l'Outre-mer deviennent avocats, médecins, entrepreneurs, chercheurs, hommes ou femmes politiques, à tel point qu'on ne les remarque plus tellement ils sont entrés dans le paysage.

Se dire victime de naissance, c'est poser sa candidature à l'exception, s'octroyer un passe-droit moral qui va au-delà de tous les recours juridiques ou politiques. Même quand on commet le mal, on reste innocent. Mais c'est une arme à double tranchant. On ne fonde pas un sentiment d'appartenance sur un malheur théâtralisé, imaginaire ou non, on le fonde sur une expérience collective partagée, une responsabilité croissante dans la vie publique et professionnelle. Les lobbies de suppliciés professionnels ne font pas de bons citoyens : la nation n'est jamais assez belle pour eux, qui implique l'oubli des torts passés, l'adhésion symbolique à un principe spirituel, fruit d'une chronologie singulière, l'association librement consentie à une communauté nationale avec ce que cela suppose d'apprentissage de la langue et d'initiation à la culture propre. Pour faire l'histoire, il faut commencer par l'oublier, ou plutôt la réserver aux seuls historiens quand la mémoire divise, condamne, foudroie, toujours guettée par le ressentiment. Elle réveille les morts, les torturés, les jette au visage des vivants et s'écrie : vous n'avez pas honte de garder la tête froide, demandez pardon. Réciter la liste interminable des boucheries, déportations, exploitations dont nos pères se seraient rendus coupables, c'est ouvrir un coffre sans fond où puiser de la rancœur, de la vengeance, c'est faire payer aux contemporains les crimes de leurs aïeux. C'est exactement ce qui s'est passé hier en ex-Yougoslavie avec les nationalistes serbes qui ont invoqué les hécatombes passées pour justifier leurs exactions présentes. Déterrer tous les cadavres, c'est déterrer toutes les haines, appliquer la loi du talion à des siècles de distance. C'est moins exalter les vertus pédagogiques de la connaissance que les vertus punitives de l'inculpation. Entre le refoulement et le ressassement, il y a aussi la voie du relèvement, la dissipation des ténèbres, le passé tranquillisé ou du moins neutralisé. On peut dévider sans fin la ritournelle des infortunes ou célébrer la sortie du malheur, la victoire sur la servitude et l'abjection. La voie du salut est dans la mise entre parenthèses de ce qui a failli nous tuer. Un exemple parmi des centaines : catholiques et protestants devraient-ils continuer à s'invectiver, sortir les dagues et les couteaux au motif qu'ils se sont entre-égorgés avec férocité pendant trois siècles dans l'Hexagone ? L'histoire est faite autant de souvenirs que d'oublis communs, elle est aussi abolition des dettes de sang contractées par les sociétés humaines entre elles. Il faut abandonner l'idée d'une réparation terme à terme des blessures passées : les torturés, les déportés, les humiliés ne seront pas vengés, aucune compensation financière ne les ramènera à la vie. C'est la vérité historique qui leur est due, non une volonté de châtiment insatiable de la part de leurs descendants.

On a raison de blâmer les grands pays pour leurs défaillances à intégrer les fils ou petits-fils d'immigrés. On oublie qu'il existe aussi un despotisme des minorités rétives à l'assimilation si celle-ci ne s'accompagne pas d'un statut d'extra-territorialité. Si l'on veut contrecarrer la séduction vénéneuse du discours ethnique, la

République ne peut pas se contenter d'incantations vertueuses : elle doit inventer une voie originale, pour l'instant balbutiante, au risque d'avoir le pire de la situation nord-américaine, sans les recours de la religion et du patriotisme qui constituent le grand ciment des États-Unis. À tous ceux qui se sentent « Français malgré eux[1] », on ne peut que conseiller la réconciliation avec les valeurs républicaines et la transformation de leur rage en action politique. Leur rêve, encouragé par l'ultragauche vert-brun-rouge, de soumettre la France à leurs divagations indigéno-raciales risque de rencontrer une certaine réticence dans la population, pour ne pas dire une franche hostilité. Au lieu de remercier la France pour ses bienfaits et de lui manifester toute la gratitude qu'elle mérite, ils préfèrent la vomir. À moins que ces âmes égarées ne préfèrent, comme les djihadistes des années 2013-2019, l'exil dans des régions du monde plus compatibles avec leur humeur. On ne peut durablement habiter un pays que l'on méprise, sauf à se mépriser soi même.

Tourner la page ou ruminer

On s'en veut de rappeler, une fois encore, cette évidence. La décolonisation a eu lieu. Très imparfaite sans doute et laissant des traces innombrables mais enfin la

1. Anne-Sophie Nogaret et Sami Biasoni, *Français malgré eux. Racialistes, décolonialistes, indigénistes : ceux qui veulent déconstruire la France*, L'Artilleur, 2020.

France, comme l'Angleterre ou la Belgique, ont tourné la page. Les jeunes générations n'ont aucun rapport avec cette période et leur amnésie est en la matière la conséquence de leur détachement. Dans l'Hexagone, ce qui émeut nos opinions, c'est plus que jamais le souvenir des deux conflits mondiaux, l'humiliation de la défaite de 1940, la collaboration d'une partie de nos élites avec l'occupant nazi d'un côté, avec la barbarie stalinienne de l'autre, dont nous nous remettons avec peine. La vitesse avec laquelle la métropole, au début des années 1960, a fait le deuil de l'Empire et surtout de l'Algérie, oubliant au passage quelques centaines de milliers de Pieds-noirs et de harkis, les uns contraints à l'exil forcé au nom de l'adage « la valise ou le cercueil », les autres massacrés par les nouveaux maîtres, prouve que l'entreprise coloniale n'était sans doute pas aussi chère au cœur des Français qu'on l'a dit. Le projet impérial n'a jamais été en France un projet populaire, mais l'entreprise d'un parti.

Comment ne pas évoquer ici le débat extraordinaire et houleux qui a opposé en juillet 1885, à la Chambre, Jules Ferry à Georges Clemenceau sur l'opportunité d'élargir l'expansion coloniale ? Aux arguments du premier qui entend rétablir la grandeur de la France après la défaite de 1870 devant l'Allemagne et qui fait devoir aux « races supérieures de civiliser les races inférieures », Clemenceau, adversaire farouche du colonialisme, a cette réponse magnifique qu'il faut citer longuement :

> « Races inférieures, races supérieures, c'est bientôt dit ! Pour ma part, j'en rabats singulièrement depuis que j'ai

entendu des savants allemands dire que la France devait être vaincue dans la guerre franco-allemande parce que le Français est d'une race inférieure à l'Allemand. Depuis ce temps, je l'avoue, j'y regarde à deux fois avant de me retourner vers un homme et vers une civilisation, et de prononcer : homme ou civilisation inférieurs. Race inférieure, les Hindous ! Avec cette grande civilisation raffinée qui se perd dans la nuit des temps ! Avec cette grande religion bouddhiste qui a quitté l'Inde pour la Chine, avec cette grande efflorescence d'art dont nous voyons encore aujourd'hui les magnifiques vestiges ! Race inférieure, les Chinois ! Avec cette civilisation dont les origines sont inconnues et qui paraît avoir été poussée tout d'abord jusqu'à ses extrêmes limites. Inférieur, Confucius ? (...) Vous verrez combien de crimes atroces, effroyables, ont été commis au nom de la justice et de la civilisation. (...) Non, il n'y a pas de droits de nations dites supérieures contre les nations dites inférieures. (...) La conquête que vous préconisez, c'est l'abus pur et simple de la force que donne la civilisation scientifique sur les civilisations rudimentaires, pour s'approprier l'homme, le torturer, en extraire toute la force qui est en lui au profit du prétendu civilisateur. Ce n'est pas le droit : c'en est la négation[1]. »

Clemenceau perdra, malgré son éloquence, et la France s'engagera dans une aventure dont on peut dire, avec une lucidité toute rétrospective, qu'elle fut une catastrophe morale, économique et politique dont nous payons encore le prix.

1. Réponse de Georges Clemenceau du 30 juillet 1885 à la Chambre des députés.

La décolonisation a été pour la Métropole une véritable libération, le délestage d'un poids mort qui a coincidé avec l'essor des Trente Glorieuses. Nous nous sommes allégés des colonies autant qu'elles de nous. Qu'il faille reconstruire nos « mémoires coloniales », comme nous l'avons fait pour d'autres périodes, est sans doute exact. Mais s'il s'agit d'une mémoire, c'est que les événements sont passés. Parler de l'impact considérable de la perte de l'empire en 1962 et de la blessure narcissique qui s'ensuivit (Benjamin Stora) était peut-être vrai à l'époque, surtout pour les Pieds-noirs, mais ne l'est plus soixante ans après. Quelle « blessure narcissique », d'ailleurs ? À la simple évocation de l'« Empire français », la jeunesse sourit aujourd'hui. Ce fut un soulagement d'être débarrassé de ces possessions d'outre-mer. Qu'allions-nous faire dans cette galère ? Nul n'avait envie de mourir pour le Tonkin ou la Mitidja alors que débutaient sur le Vieux Monde la révolution des mœurs et la construction européenne. On nous explique, grand lieu commun, que la guerre d'Algérie est un « impensé » de notre conscience nationale ! Mais c'est un impensé dont tout le monde parle, le non-dit le plus bavard de l'époque, des milliers de livres, d'articles, des dizaines de films, des émissions à n'en plus finir. Le freudisme du « refoulement » ne marche pas. Curieusement, l'Empire ottoman qui occupa près de trois siècles l'Algérie n'est jamais tenu pour comptable de ses forfaits et de sa tutelle par les autorités locales. Étant musulman, il est d'emblée gratifié de circonstances atténuantes. À Alger, des éditorialistes réclament le retour dans le giron turc et la résurrection du califat aboli en

1924. Ah ! que le désir de servitude est fort chez certains ex-colonisés.

À ce propos, l'on ne relit pas sans tristesse les beaux textes de Camus, certes rédigés au plus fort du conflit, avant les accords d'Évian de 1962, sur un possible maintien de la présence francaise en Afrique du Nord, ses appels à la trêve alors que la guerre d'indépendance doublée d'une guerre civile et d'un djihad religieux rendait tout compromis impossible. Dans la classe intellectuelle, le plus lucide fut, comme d'habitude, Raymond Aron, le plus sommaire Jean-Paul Sartre qui, dans sa préface aux *Damnés de la terre* (1961) de Frantz Fanon, appelait à tuer des colons et simplifiait à outrance la situation pour paraître engagé. L'auteur de *La Tragédie algérienne* (1957) jugeait, lui, l'indépendance inéluctable pour des raisons économiques et morales. La France allait devoir partir à plus ou moins court terme et aménager cette sortie avec sagesse. Quoi qu'il arrive, il fallait rompre les ponts, opter pour « la solution héroïque de l'abandon ». On ne dira jamais assez que l'issue à un certain nombre de tensions, c'est de séparer pacifiquement les peuples plutôt que de prôner entre eux une improbable entente qui mène à la guerre (ce fut le cœur du conflit atroce en ex-Yougoslavie). On a inventé le divorce pour régler les différends entre les couples, on ne peut forcer les citoyens d'un même pays à s'aimer malgré eux, encore moins à aimer leurs voisins. Tout le malheur de la relation franco-algérienne fut et reste que les ponts ne furent jamais assez rompus. La terrible violence de la conquête à travers, entre autres, les enfumades des généraux Cavaignac et

Bugeaud, l'impossible octroi de la citoyenneté française aux musulmans, la répression brutale des révoltes, l'usage de la torture par l'armée française et par l'autre camp, les bombes, les attentats du FLN, l'élimination par ses militants des autres factions nationalistes, surtout le MNA de Messali Hadj, dont le massacre de Melouza en mai 1957 où plus de 300 villageois ont péri, le conflit transporté au cœur de Paris entre groupes rivaux qui ont creusé un « fossé de sang au sein de l'immigration » (Benjamin Stora[1]), près de 4 000 morts et 12 000 blessés[2], tout ceci devrait aujourd'hui nous inciter à restituer à cette guerre la complexité nécessaire, loin des images d'Épinal.

Pardon à l'Algérie ?

Il faut aborder ici la question des excuses que le président Macron envisage de présenter à l'Algérie[3]. En Afrique sub-

1. Benjamin Stora, « La question postcoloniale », *Hérodote*, n° 120, 2006, p. 172. Dans la même revue, Bernard Alidières, professeur à Paris VIII, rappelle « les souvenirs oubliés » de la guerre d'Algérie en France métropolitaine, les égorgements, liquidations, règlements de comptes entre partisans immigrés du FLN et du MNA, dans les quartiers, les arrêts de bus, les cafés, les usines de 1955 à 1962, autant de violences qui ont fortement contribué au stéréotype de l'Arabe violent en France. La manière dont l'Algérie a mené la guerre d'indépendance a anticipé le climat d'arbitraire qui a présidé ensuite dans le pays nouvellement décolonisé.

2. Comme le rappelle Boris Cyrulnik en dialogue avec Boualem Sansal, *France-Algérie*, Odile Jacob, 2020, p. 117.

3. Le 14 février 2017, Emmanuel Macron, alors candidat, avait déclaré au journal algérien *Echorouk News* à propos de la colonisation :

saharienne, au début de son mandat, le président français invite ses interlocuteurs, la plupart jeunes comme lui, à tourner la page de la colonisation et à regarder l'avenir : « Pour moi l'Afrique, c'est Mandela, pas le colonialisme », dira-t-il à Ouagadougou devant la foule étudiante en octobre 2017. Trois ans après, en janvier 2020, il veut, tel Chirac reconnaissant la responsabilité de l'État français dans la déportation de 70 000 Juifs vers les camps de la mort entre 1940 et 1944, porter à son tour l'offrande d'un pardon solennel. Étrange volte-face, mais pourquoi pas ?

La démarche a sa cohérence et couve au sein des hautes sphères de l'État depuis longtemps. À condition de la mener jusqu'à son terme. Déjà, le 13 septembre 2018, Emmanuel Macron avait reconnu la responsabilité de l'armée française dans la disparition du mathématicien Maurice Audin en 1957. Comme l'a dit l'historien du monde arabe Pierre Vermeren : « Alger est l'œil qui regarde Paris, sa mauvaise conscience[1]. » La France devrait admettre la réalité de la sale guerre, l'usage dégradant de la torture contre laquelle François Mauriac s'était insurgé dans *Le Figaro*, le racisme de certains colons, la sauvagerie et l'absurdité de la colonisation. Mais sans oublier *in petto* d'inviter la partie adverse à s'interroger sur elle-même. Que les Algériens à leur tour reconnaissent les bavures de leur « libération », admettent

---

« C'est un crime. C'est un crime contre l'humanité. C'est une vraie barbarie et ça fait partie de ce passé que nous devons regarder en face en présentant aussi nos excuses à l'égard de celles et ceux vers qui nous avons commis ces gestes. »

1. Pierre Vermeren, *Le Monde*, 26 décembre 2019.

leur part d'ombre, la violence fondatrice de la nouvelle République qui a connu, trente ans après l'indépendance, une guerre civile atroce qui fit près de 200 000 morts. Et puisque le président algérien Abdelmadjid Tebboune souhaite la « simple reconnaissance des faits », il faut les restituer dans toute leur complexité. Les opinions publiques veulent savoir ce qui s'est passé, mais des deux côtés. La raison consiste à élargir l'examen de conscience à tous et non à le cantonner aux seules contrées occidentales. La meilleure chose qu'on puisse souhaiter aux « pays du Sud », c'est d'être touchés à leur tour par la grâce du repentir ! Un peu de mauvaise conscience à Alger, Riyad, Téhéran, Pékin, La Havane, Caracas, Damas ferait le plus grand bien à ces gouvernements et à leurs nations.

Le confort du ressentiment

Il est probable que les choses ne se dérouleront pas ainsi. Colonie de peuplement (comme les États-Unis, l'Australie ou Israël) à la suite de la décision désastreuse des autorités françaises après 1871 d'y envoyer des « soldats laboureurs » basques, lorrains ou alsaciens, avec expropriation des « indigènes »[1], l'Algérie officielle préfère se cantonner au rôle du paria éternel : le président Bouteflika n'a-t-il pas jadis évoqué le « génocide de l'identité algérienne » par la France et mentionné l'existence de « fours analogues

1. Marc Ferro, *op. cit.*, p. 659 sqq.

aux fours crématoires des nazis » où les troupes tricolores auraient jeté des centaines de fellaghas ? La métaphore de la Shoah est resservie à toutes les sauces. L'essentiel est de continuer à pointer un doigt vengeur sur l'Hexagone pour retarder la normalisation et n'être jamais entraîné dans un examen de conscience. Disons-le tout net : il est probable que l'Algérie est le pays qui supporterait le moins des excuses officielles de la France[1] même si elle prétend le contraire. Car cela priverait le régime et ses séides d'une rente de ressentiment indispensable à l'unité. (Dans l'hymne national algérien, certes écrit en 1955, la France est citée encore aujourd'hui deux fois comme l'ennemi par excellence. Ne serait-il pas temps d'actualiser ?) Cela l'obligerait à regarder sa propre histoire dans les yeux et à faire la lumière sur les ténèbres de cette jeune indépendance. Admettons que des excuses officielles soient énoncées, que le gouvernement français saute le pas : la partie algérienne serait sans doute satisfaite de cette deuxième victoire symbolique sur l'ancien colonisateur. Mais ce bref contentement ne suffirait pas, il faudrait relancer la mise. Demander pardon, c'est reconnaître une erreur, c'est aussi s'alléger d'une dette. Alger ne nous tiendra jamais pour quitte : la dette pèsera sur nos épaules jusque dans les siècles des

1. En 2005, Benjamin Stora évoquait déjà « le manque d'enthousiasme des autorités algériennes devant le mea culpa des généraux français », in *L'Esclavage, la colonisation et après...*, sous la dir. de Patrick Weil et Stéphane Dufoix, PUF, 2005, p. 596.

siècles, les excuses ne seront jamais assez sincères, suffisantes.

Où est le problème en l'occurrence ? *La France reste une passion algérienne alors que l'inverse n'est pas vrai.* L'Algérie n'existe aujourd'hui que dans sa dénonciation de la France qui accueille ses dissidents et compte une forte communauté binationale de près de 4 millions de personnes aux sentiments partagés, jusqu'à la schizophrénie (les supporters brandissent, par exemple, le drapeau algérien et sifflent *La Marseillaise* lors des matchs de football mais ne pourraient en rien revivre là-bas, déchirés entre deux allégeances). Près de soixante ans après les accords d'Évian, cette jeune nation, au contraire du Maroc, par exemple, conforté par la double nature temporelle et spirituelle du roi, reste vulnérable, gangrenée par la violence islamiste et la corruption militaire, la recolonisation du pays par l'État-parti FLN (Boualem Sansal). À l'inverse de Rome qui se pensait en grec, colonisée par ceux qu'elle avait vaincus, Alger se pense toujours en français, incapable de conjurer cet ennemi intime qui la hante. Plus cette République nous maudit, plus elle nous invoque. Quelle humiliation pour les anciens moudjahidines de voir tant de leurs compatriotes rêver de la France ! Devra-t-on bientôt rendre Marseille et le 93 à l'Algérie pour apaiser le malaise ? L'antigallicisme hystérique y demeure le ferment de l'identité. Ou la nation est un projet collectif ou elle est un rejet, une construction négative contre un tiers diabolisé. Mais cette diabolisation est précisément ce qui empêche de surmonter le traumatisme du divorce et d'entrer dans un travail de réflexion sur soi. Les Algériens nous ont chassés et ils ne peuvent plus se passer de nous.

Paris demeure donc l'alibi de toutes les frustrations qui fleurissent au sud de la Méditerranée. Même le *Hirak* (le mouvement) actuel de protestation en Algérie contre la démocratie confisquée rejoue à sa manière une guerre contre la France : les éditorialistes veulent le grand remplacement du français par l'anglais, voient dans cette langue « la cause de tous nos retards ». Comme l'a bien établi Kamel Daoud, c'est une nouvelle lutte imaginaire que son pays mène contre la France[1]. Une grande puissance gagne à reconnaître ses forfaits et se grandit à divulguer ses crimes. Du même coup, elle fait du récipiendaire son obligé, le prive d'un argument rhétorique récurrent. C'est l'honneur de l'Europe que de confesser ses abominations et de les enseigner dès l'école. (À ce sujet, le gouvernement Macron devrait sans tarder ouvrir les archives du génocide rwandais pour dissiper les soupçons sur le soutien éventuel de François Mitterrand aux génocidaires hutus.)

On sait que la Turquie actuelle refuse toujours de reconnaître le génocide des Arméniens et des Assyro-Chaldéens en 1915 et de 1914 à 1920 et ne se gêne pas pour recoloniser la Libye. Que le gouvernement de Poutine se montre soucieux de ne pas critiquer Staline et les horreurs du soviétisme. On attend avec fébrilité que Moscou demande pardon à toutes les nations de

1. Kamel Daoud, « Où en est le rêve algérien ? », *Le Point*, 12 janvier 2020. Six mois après le soulèvement démocratique, l'Algérie fait de l'anticolonialisme un djihadisme.

l'est de l'Europe, colonisées et pillées par l'URSS sous couleur d'amitié entre les peuples. On sait que la Chine communiste manifeste les mêmes pudeurs vis-à-vis des massacres de masse de Mao Tsé-Toung qui ont fait des dizaines de millions de morts. Sans oublier l'islam sunnite et chiite qui, au contraire du catholicisme lors du concile de Vatican II (1962-1965), n'est pas près de faire son examen de conscience. La Vieille Europe est certes couverte de sang, elle s'est montrée à maintes reprises ignominieuse : elle est pourtant l'un des rares continents à avoir su penser sa barbarie et à s'en être distancié. L'Histoire se divise moins que jamais entre nations pécheresses et continents angéliques, races maudites et peuples intouchables, mais bien plutôt entre démocraties qui confessent leurs égarements et dictatures, théocratiques ou autocratiques, qui les dissimulent en se drapant dans les oripeaux du martyre. Il n'y a pas de nation innocente, il n'y a que des États qui ne veulent pas savoir la vérité. Pour continuer à écraser leur population en toute candeur, trop de pays anciennement colonisés adoptent la posture du Réprouvé et continuent de se décharger de leurs erreurs sur les anciennes métropoles. Ils cherchent dans leur oppression de jadis des excuses à leur malfaisance d'aujourd'hui. On leur devrait tout en raison des torts endurés : l'Europe est celle qui, toujours, porte la faute des autres. Et ce jusqu'à la fin des siècles puisque, parti comme il est, le « postcolonial » risque de durer plus longtemps que le colonialisme lui-même.

Oubliez-nous !

Ce que l'on devrait dire à Alger, comme à toutes les capitales qui nous présentent l'addition plus d'un demi-siècle après l'indépendance, c'est tout simplement ceci : Aidez-nous à divorcer[1] ! Et commencez par vous interroger sur vos propres manquements. Cela permettra de reconstruire une relation plus saine. Contrairement à ce que l'on croît, le colonialisme rassure ; il constitue l'explication magique, la causalité fabuleuse. N'a-t-on pas vu circuler au Liban, après la terrible explosion qui a ravagé Beyrouth le 4 août 2020, une pétition demandant à la France de reprendre pour dix ans la gouvernance du pays ? Funeste idée : au bout d'un an, la « tendre mère » se transformerait en marâtre et dresserait contre elle toutes les communautés. En Afrique comme au Proche-Orient ou en Amérique latine, on n'en est qu'au début de la remise en question. Il faudra une deuxième décolonisation, mentale celle-ci, pour en arriver à un changement des esprits, porté par les artistes, les intellectuels, les politiciens les plus audacieux. Mais l'existence du bouc émissaire occidental est une béquille dont on ne peut se passer. L'attaque contre l'Occident colonialiste est, de la part d'un intellectuel du Sud, ce qu'on appelle en rhétorique une *captatio benevolentiae*. Cette précaution oratoire consiste, dans l'exorde d'un discours, à s'attirer les bonnes grâces d'un auditoire par une pétition de

1. Selon le fameux titre d'Amos Oz sur la question israélo-palestinienne, Gallimard, 2004.

principe : si vous n'accablez pas la France, l'Angleterre ou les États-Unis, dès le départ, vous n'êtes pas écouté. Alain Mabanckou raconte combien il a été vilipendé pour avoir invité, il y a près de dix ans, les Africains à une démarche d'autocritique[1]. Et de convier ses interlocuteurs à une « relecture apaisée et courtoise de notre passé commun[2] ». On ne saurait mieux dire.

Que dirait-on si la Grèce, la Serbie, l'Albanie, la Bulgarie mais aussi l'Égypte, la Syrie, l'Irak présentaient l'addition aux héritiers de l'Empire ottoman, l'actuel pouvoir turc, pour avoir été dominés près de six siècles durant par la Sublime Porte ? Ce qu'on doit demander aux uns et aux autres, c'est bien de couper le cordon ombilical pour redémarrer les relations sur une autre base. Cesser de raisonner en termes de dettes ou de dépendance, privilégier le partenariat sur la rancune, ce qui n'interdit ni la solidarité ni les responsabilités en cas de crise grave. Il y a peut-être là une révolution spirituelle à accomplir entre Paris et les différentes capitales africaines, qui ne sera pas moins ardue que la première. Par exemple, quand Alger autorise en janvier 2013 les appareils de l'armée française à survoler son territoire pour aller frapper les terroristes

1. Dans son livre *Le Sanglot de l'homme noir*, dont le titre renvoie à mon *Sanglot de l'homme blanc*, Alain Mabanckou s'insurge contre « la tendance qui pousse certains Africains en larmes à n'expliquer les malheurs du continent noir – tous ses malheurs – qu'a travers le prisme de la rencontre avec l'Europe, comme si la vengeance pouvait résorber les ignominies de l'Histoire et nous rendre la prétendue fierté que cette Europe inculpée aurait violée » (Fayard, 2012).

2. *Huit leçons sur l'Afrique*, *op. cit.*, p. 16.

au Nord-Mali, elle transgresse un tabou et démontre que les intérêts communs peuvent dépasser les contentieux du passé. Quant aux adjectifs substantivés « décolonial » ou « postcolonial », ils ont le tort de marquer encore un lien de subordination avec l'ancien système, de confondre la rupture avec la séquelle, la sécession avec la continuité. Il faut se sentir très sûr de soi pour dire, tel le président de la République de Chine accueillant Mme Thatcher en 1985 : « L'occupation britannique a réveillé la Chine de son sommeil séculaire » ou pour souligner, tel le Premier ministre indien d'alors, Manmohan Singh, recevant à l'université d'Oxford le titre de docteur honoris causa le 8 juillet 2005, les aspects positifs de l'Empire britannique, que l'Inde fut fondée à combattre mais dont elle doit également reconnaître « les conséquences bénéfiques ». Il est vrai que l'on parle de deux superpuissances dont l'une, une dictature communiste, est en train de prendre le leadership économique de la planète tandis que l'autre, une démocratie, s'est arrachée en moins de quarante ans à la famine et au sous-développement et constituera d'ici peu le deuxième ou troisième géant. Quel plus beau symbole de la réussite indienne que le groupe Tata rachetant en 2008 les bijoux de la Couronne britannique, Jaguar et Land Rover ? Tous les pays n'ont pas eu la chance comme la Grande-Bretagne d'avoir pour colonies les États-Unis ou l'Inde qui ont à la fois éclipsé et rehaussé la métropole en universalisant la langue anglaise. Dans le cas du sous-continent, le passé n'est pas oublié, il est tranquillement remis à sa place, digéré.

CONCLUSION

Le suicide ou le sursaut

> « Aucune puissance ne peut détruire l'Esprit d'un peuple soit du dehors, soit du dedans s'il n'est déjà en lui-même sans vie, s'il n'a déjà dépéri. »
>
> HEGEL, *La Raison dans l'Histoire*

Si l'Occident venait à s'effacer et les « Blancs » à disparaître ou s'ils survivaient en tribus éparses dans quelque fjord lointain de Scandinavie ou de Nouvelle-Zélande, vallée des Alpes ou des Appalaches, le monde deviendrait-il meilleur ? Qui accuserait-on des malheurs de la planète ? Les opprimés professionnels seraient orphelins de leur cible favorite. On créerait peut-être des zoos humains, comme on le fit à l'époque coloniale, où les parents emmèneraient leurs enfants contempler ces créatures farouches et hirsutes du monde d'avant, pour leur édification. Peut-être même, tout ce qui est rare devenant précieux, encouragerait-on ces survivants à se reproduire et se désolerait-on de leur paresse génésique. Des anthropologues se pencheraient sur le cas de ces primitifs voués à l'extinction ; ils célébreraient chaque nouveau-né comme on célèbre la naissance d'un panda dans les zoos chinois. Mais l'espoir d'une résurrection de cette race maudite resterait faible. Pas de Jurassic Park pour le visage pâle !

Pendant des décennies, les intellectuels les plus influents d'Europe et des États-Unis ont décrit la société occidentale comme le summum de la barbarie, tout en louant les barbaries étrangères comme le summum de la civilisation. Nous sommes à peine sortis de cette période qu'une partie de nos intelligentsias, prise dans une débâcle spirituelle, nous presse de détruire nos démocraties « blanches » au nom d'on ne sait quelle fatalité biologique. Le tiers-mondisme fut en partie une faillite, il avait au moins une structure et une colonne vertébrale. Et il a suivi la longue aventure des indépendances. Cette fois nous entrons, avec cette idéologie pigmentaire, dans une longue nuit de l'esprit. La malédiction de l'homme blanc, renversement de son règne passé, est la dernière étape de l'autodestruction de l'Europe. Les gauches européennes ne peuvent pactiser avec ces excroissances fascisantes qui prolifèrent sous leur étendard, à la faveur de leur confusion. Il n'y a pas de place pour la race à gauche. Il n'y a pas de gauche ethnique : celle-ci ne reconnaît les différences de langues, de cultures, de croyances que pour les fondre dans un universalisme pluriel, toujours à venir. Elle recherche la justice, non la vengeance. Relisons ces phrases de Frantz Fanon :

> « Il n'y a pas de mission nègre ; il n'y a pas de fardeau blanc. (…) Ma vie ne doit pas être consacrée à faire le bilan des valeurs nègres. Il n'y a pas de monde blanc, il n'y a pas d'éthique blanche, pas davantage d'intelligence blanche. Il y a de part et d'autre du monde des hommes qui se cherchent. (…) Je ne suis pas esclave de l'Esclavage qui déshumanisa mes pères[1]. »

Détruire l'Occident c'est, qu'on le veuille ou non, détruire la conscience du monde. Si imparfait, décrépit soit-il, il y a encore en lui trop d'exigence, de rayonnement pour ne pas déplaire aux tyrans. En tant que berceau des valeurs morales, l'esprit de l'Europe n'appartient plus aux seuls Occidentaux, il s'est détaché de sa patrie d'origine, est devenu le patrimoine du genre humain. Ce legs est contemporain de la perte d'influence du Vieux Monde, rétracté sur son territoire. À ceux qui l'auraient oublié, l'Europe n'est plus le maître de l'univers depuis au moins trois quarts de siècle. Elle ne constitue qu'une petite partie de la planète, loin derrière l'Inde, la Chine, le Brésil, l'Afrique. Quant aux États-Unis, ils n'ambitionnent depuis Barack Obama que de se soustraire aux conflits qui embrasent la planète. À l'évidence, l'Ancien et le Nouveau Monde devraient renouer leurs liens. Ils ne sont forts qu'ensemble, soudés par leurs différences autant que par leur proximité. Hélas, ils sont tous deux aux abonnés absents, le premier par inconsistance, le second par isolationnisme.

1. Frantz Fanon, *op. cit.*, p. 185.

L'Amérique survivra à Donald Trump comme elle survivra au délire identitaire et au racialisme des campus. Mais dans quel état ? Aujourd'hui elle se rabougrit et voudrait rejoindre l'Europe qu'elle ne cesse par ailleurs d'humilier et de disloquer pour devenir un second nain politique à ses côtés. Le colosse américain rêve d'être un gnome et le gnome européen rêve de ramener le géant US à ses dimensions pour se sentir moins seul.

L'Europe est désormais un ensemble de dominions divisés et mis à la découpe, offert aux plus gourmands. Les charognards affluent pour la dépecer. Le partage des dépouilles a commencé, entre la Chine, la Russie, la Turquie. Combien de villes chez nous sont déjà, en partie, soumises qui à la charia, qui aux règles des gangs, et soustraites à la loi démocratique ? Nous ne sommes pas à la fin de l'Empire romain mais plutôt dans la situation de Byzance, à la veille de la prise de Constantinople (1453), ravagée par des querelles théologiques absconses. Nous nous déchirons sur des inepties, le genre, la race, l'appropriation culturelle, dont la vacuité fera rire nos descendants. Il faut moins craindre la virulence de nos ennemis à notre égard que la violence de la haine que nous nous portons. Celle-ci est inexpiable. Et explique cette préférence pour la mort d'une partie de nos élites. Celles-ci se proposent de nous administrer les soins palliatifs avant le Grand Effondrement.

Mais au désir d'extinction répond un véhément désir de résurrection de la part des peuples. Une civilisation peut disparaître, une civilisation peut renaître et sortir grandie des pires aberrations. « Que répondre à un homme qui vous dit qu'il aime mieux obéir à Dieu qu'aux hommes et qui, en conséquence, est sûr de mériter le ciel en vous égorgeant ? » se demandait Voltaire à propos du fanatisme[1]. Que pouvons-nous objecter à cette fraction du Vieux Monde, percluse de nihilisme, qui veut mourir, persuadée que son éclipse favorisera la justice climatique, la revanche des peuples opprimés, l'éradication de la pauvreté ? Simplement ceci : après vous. Si vous désirez mourir, ne vous privez pas. Mais laissez les autres vivre. Nous ne souhaitons pas tous disparaître. Nous sommes encore nombreux à préférer les Lumières de la Raison aux ténèbres de la Race. Aucune société ne peut survivre en se blâmant d'exister. La nôtre est profondément imparfaite, donc réformable. Reconnaissons nos fautes quand nous en commettons ; réparons les torts s'il y en a.

Mais surtout ne nous excusons pas d'être blancs, noirs, arabes ou juifs. Ne nous excusons pas d'être français, anglais, allemands, hollandais. Ne cédons pas à ce somnambulisme de pénitents béats. Nous avons toutes les raisons de vouloir défendre l'Europe, une des plus grandes civilisations de l'Histoire.

Ne cédons pas au chantage !

---

1. *Dictionnaire philosophique portatif*, 1764.

REMERCIEMENTS

Je tiens à exprimer ici ma gratitude envers Olivier Nora et François Samuelson qui m'ont encouragé, au printemps 2019, à entreprendre cet essai.

Je remercie également Delphine Meillet et Marie Dosé pour leurs conseils juridiques.

Merci également à tous ceux, amis, proches, qui ont lu ce texte et m'ont épargné des erreurs, des incohérences, des contresens. Et particulièrement à Caroline Thompson et Patrice Champion.

Enfin, un salut particulier à ceux qui m'ont dissuadé de réaborder ce thème, craignant pour moi l'opprobre et le discrédit. Leurs réticences m'ont donné des ailes.

TABLE

DEUXIÈME PARTIE

L'antiracisme exterminateur

TROISIÈME PARTIE

Fermer les yeux du vieil Européen ?

DU MÊME AUTEUR (*suite*)

LE SANGLOT DE L'HOMME BLANC, « L'HISTOIRE IMMÉDIATE », Seuil, 1983 ; Points Actuels, 1986.

LA MÉLANCOLIE DÉMOCRATIQUE, « L'HISTOIRE IMMÉDIATE », Seuil, 1990 ; Points Actuels, 1992.

LA TENTATION DE L'INNOCENCE, Grasset, 1995 (prix Médicis) ; Le Livre de Poche, 2008.

L'EUPHORIE PERPÉTUELLE ; Essai sur le devoir de bonheur, Grasset, 2000 ; Le Livre de Poche, 2008.

MISÈRE DE LA PROSPÉRITÉ ; La religion marchande et ses ennemis, Grasset, 2002 ; Le Livre de Poche, 2004.

LA TYRANNIE DE LA PÉNITENCE, Grasset, 2006 ; Le Livre de Poche, 2008.

LE PARADOXE AMOUREUX, Grasset, 2009 ; Le Livre de Poche, 2011.

LE MARIAGE D'AMOUR A-T-IL ÉCHOUÉ, Grasset, 2010.

LE FANATISME DE L'APOCALYPSE ; Sauver la Terre, punir l'Homme, Grasset, 2011 ; Le Livre de Poche, 2013.

LA SAGESSE DE L'ARGENT, Grasset, 2016 ; Le Livre de Poche, 2017.

UN RACISME IMAGINAIRE, Grasset, 2017.

UNE BRÈVE ÉTERNITÉ, Grasset, 2019.

Cet ouvrage a été imprimé
par CPI Brodard & Taupin
pour le compte des éditions Grasset
à La Flèche (Sarthe)
en septembre 2020

Mise en pages PCA, 44400 Rezé

PAPIER À BASE DE
FIBRES CERTIFIÉES

Grasset s'engage pour
l'environnement en réduisant
l'empreinte carbone de ses livres.
Celle de cet exemplaire est de
900 g éq. CO_2
Rendez-vous sur
www.grasset-durable.fr

N° d'édition : 21663 – N° d'impression : 3040126
Dépôt légal : octobre 2020
Imprimé en France